プロジェクト・シン・エヴァンゲリオン

―実績・省察・評価・総括―

株式会社カラー 編

xapa
株式会社カラー

目次

6章　外部評価 ・・・・・・・・・・・・・・ 186

本書の位置付けと概要

本書は、2021年3月8日に日本国内で劇場公開した映画『シン・エヴァンゲリオン劇場版』（以下、基本的に『シン・エヴァ』と表記）の制作を「プロジェクト」と捉え、「プロジェクト・シン・エヴァンゲリオン」の遂行の様態を振り返り、その実績の記録と、省察、評価、総括を目的に、『シン・エヴァ』の制作・製作会社である株式会社カラーに所属し、制作進行を務めた成田和優（以下、執筆者と表記）が取材、インタビュー、構成、執筆を行い、全編にわたって取りまとめたものである。従って本書には執筆者個人の所感が含まれる。また、本書は『シン・エヴァ』の映像表現・技術等に関する解説を目的としていないので、その旨ご了承いただきたい。

本書のアプローチ

「プロジェクト・シン・エヴァンゲリオン」（以下、基本的に「本プロジェクト」と表記）という特定のプロジェクトの遂行について検分・検討を行ったものである。よって本書に示される多くは本プロジェクトに固有なものが多いと思われるが、一般性に接続できるようなものが見出され、役立つような本にもしたい、という思いもある。

そのため本書では、具体的な実践や対処を事例やエピソードの形で紹介するのではなく、実践や対処の源泉となった考え方や態度を抽出し、アニメ制作固有の用語・表現に頼らず解説することに力点を置いた。

また、本書は『シン・エヴァ』を含む『ヱヴァンゲリヲン新劇場版』関連作品の視聴を前提にしたものにならないよう心掛けたつもりである。

本書の構成

1章から7章、及び終章までの本文と、付録によって構成される。

1章「プロジェクト概要」では『シン・エヴァ』にまで連なる『エヴァンゲリオン』の系譜を振り返ったうえで、本プロジェクトにおける目標と、遂行結果について記した。

2章「プロジェクト実績」では本プロジェクトに要した費用、期間、成果物量といった定量的な実績と、工程、体制、コミュニケーションや新型コロナウイルスの影響と

いった定性的な実績を記録した。

　3章「プロジェクト省察」ではプロジェクト遂行によって生成されうる結果は複数あり、別の結果になり得た可能性がある中で、今あるこの結果に導いた主要因を本プロジェクトの遂行における「中枢」と定義し、中枢を担ったとみなせるものについて検討した。

　これらは株式会社カラー内外の多数のスタッフによる振り返り、聞き取り、議論及び、『シン・エヴァ』制作時に交わされた実際のコミュニケーション記録等を基にした。これらの章の中で「我々」という一人称複数の主語が現れるのもそのためである。

　4章「内部評価」では株式会社カラーに所属して、本プロジェクトに主要な立場で関わった者たちによって評価と振り返りを行った。

　5章「ライセンスと宣伝」では『シン・エヴァ』におけるライセンスと宣伝について、担当者による振り返りを行った。

　6章「外部評価」では株式会社カラーには所属しておらず、そのうえで本プロジェクトに縁のある者たちによって評価を行った。

　7章「プロジェクト総括　庵野秀明」では本プロジェクトの企画・原作・総監督・プロデューサー等であり、株式会社カラーの代表取締役社長である庵野秀明による総括を行った。

　終章「シン・エヴァンゲリオン劇場版 全参加スタッフ一覧」では本プロジェクトに参加した全スタッフ・企業等の名を掲載した。

　その他、本文には収められなかった参考情報・関連情報等を「付録」に掲載した。

成田和優 略歴

1984年生。2008年に宇宙航空研究開発機構（JAXA）に入社し約9年半勤務したのち、2017年に株式会社カラーに制作進行として入社。有限会社ゼクシズに出向し『あさがおと加瀬さん。』に制作進行として携わったのちカラーに復帰し、『シン・エヴァ』AvantTitle2及びAパートの制作進行を担当。

【備考①】

　商業的な映像作りにおいて「制作」は作品を実際に作ることを、「製作」は制作資金の出資から、作品を商品として成立させ、販売し、利益を上げることまでのビジネスとしての営み全般を指す。これらは密接な関わりを持ちながら、業務としては対象も責任範囲も異なっている。

　本書は「制作」に重心を置いたものになっているが、『シン・エヴァ』においては「制作」「製作」ともに株式会社カラーが担っているため、「製作」についても言及している。

【備考②】

　本書で示している数字等各種のデータは、本プロジェクトの遂行に際して実際に取り扱ったデータを基にし、正確を期することを心掛けたが、細部においては、また解釈によっては実務の都合上、差異がある場合もある。この点についてはご容赦願いたい。

【備考③】

　『シン・エヴァ』の画面（コンテ、設定、作画、美術、2DCG、3DCG、撮影処理など）の成立過程や技術的解説といった、本書では取り扱わない領域に関しては『シン・エヴァンゲリオン劇場版 アニメーション原画集』及び、『シン・エヴァンゲリオン劇場版 EVANGELION:3.0+1.11 THRICE UPON A TIME』（DVD、Blu-ray）の映像特典で紹介されている。また、今後刊行予定の資料集『全記録全集』でさらに多くの資料が収録される予定である。『シン・エヴァ』の画面と技術に興味がある方はぜひそちらをお読み頂きたい。

【備考④】

　本書における「クリエイター」は、監督、脚本、デザイン、演出、作画（手描き、2DCG、3DCG）、美術、色彩、特殊効果、特殊技術（VFX）、撮影、音声、音楽、音響効果、編集など、アニメ制作において創造性を発揮する役職やスタッフを指す。

【備考⑤】

　本書における「プロジェクト」はプロジェクトマネジメント協会（Project Management Institute (PMI)）が定義する、"A temporary endeavor undertaken to create a unique product, service or result." （ユニークなもの（プロダクト、サービス、成果）を作るために行う時限的な努め）を参考にした。

【凡例】

1. 以下の略称を使用することがある。
   - 『シン・エヴァンゲリオン劇場版』→『シン・エヴァ』または『シン・』
   - プロジェクト・シン・エヴァンゲリオン → 本プロジェクト
   - 『新世紀エヴァンゲリオン』→『新世紀』
   - 『新世紀エヴァンゲリオン劇場版 Air ／まごころを、君に』→『劇場版』
   - 『ヱヴァンゲリヲン新劇場版』→『新劇場版』
   - 『ヱヴァンゲリヲン新劇場版：序』→『エヴァ：序』または『：序』
   - 『ヱヴァンゲリヲン新劇場版：破』→『エヴァ：破』または『：破』
   - 『ヱヴァンゲリヲン新劇場版：Q』→『エヴァ：Q』または『：Q』

2. 『エヴァ：序』、『エヴァ：破』、『エヴァ：Q』及び『シン・エヴァ』をまとめて、『新劇場版』シリーズと呼ぶことがある。

※本書に掲載している情報は2023年3月時点のものです。

本書の試み
プロジェクト遂行の記録及び、プロジェクト知見の共有に向けて

　本プロジェクト遂行の過程で経験したことと、そこから得られた知見を記録し、散逸せぬようまとめ、残しておきたい。執筆者がそう考え、『シン・エヴァ』総監督であり株式会社カラー代表取締役社長である庵野秀明をはじめ、関係各位にその旨を説明し同意を得て本書の制作は始まった。

　本書制作の参考やお手本にすべく資料を探したところ、「プロジェクト全般」に関する汎用的な知識体系については充実しており、ジャンルとしても確立していて検索も容易な反面、「具体的な特定プロジェクトの遂行」に焦点を当てた資料は古今東西に遂行されてきたプロジェクトの数に比して、様々な事情もあるだろうがそれにしても非常に少ないうえ、検索と発見も難しいようにうかがえた。

　これには不可思議さを覚えた。というのも、汎用的な知識体系が充実している以上、その対となる特定プロジェクトの遂行に関する個別の経験や知見も同様に充実していて、それらを交互に参照し、補完できる状態の方が自然だと感じられたからである。

　そこで本書は、当初の動機である本プロジェクト遂行の記録を主として試みながら、「具体的な特定プロジェクトの遂行」に関する知見の充実化への一助としたく、以下の３点も試みた。

形式の「たたき台」の作成

　特定プロジェクトの遂行に関する知見や経験の記録を増やすためには、第三者（作家、記者、有識者等）による記録だけに頼るのではなく、プロジェクト当事者による記録を増やすことが必要だと考える。しかしながら、プロジェクトに直接携わる者の多くは、プロジェクト中はもちろん、プロジェクト終了後にも次のプロジェクトや仕事が控えており、それら「本業」を差し置いて、すでに完了したプロジェクトについて手間暇をかけて資料を作ることは現実的ではない。

　そのため、流用可能な汎用形式を確立し、少しでも手間暇を減らすことが必要と考えた。本書はそのような形式確立に向けた「たたき台」になることも意識して制作を試みた。

「プロジェクト」と見なせるものを増やす

「本書の位置付けと概要」備考⑤でも言及した「ユニークなもの（プロダクト、サービス、成果）を作るために行う時限的な努め」をプロジェクトの定義とするならば、明らかにプロジェクトに見えるものの他に、一見プロジェクトらしく見えなかったとしても定義に照らせばプロジェクトと見なせるものが多くあると考える。そして本プロジェクトのような商業アニメ制作をプロジェクトと見なすならば、一見そうは見えない多くのものをプロジェクトとして見なせるはずであり、成果物や携わる人の性質がかけ離れているプロジェクトであったとしても、プロジェクトという共通基盤において相互に参照できる知見が見出せる可能性がある。本書はその可能性を探るものでもある。

「プロジェクトのお手本」を目指さない

本書に記されているのは「本プロジェクトの場合はこのように遂行された」ということのみである。

プロジェクトが「ユニーク（他にはない唯一）なもの」を作るために遂行されるならば、プロジェクトそれ自体にも固有で、偏ったものや変なものさえ含むはずである。ならば特定プロジェクトの知見を共有するということは、良し悪しや、新しい古い、といったことを棚に上げて「このように遂行されたプロジェクトもあった」という、プロジェクトの有りようの複数性を提示することだと考える。よって本書はプロジェクトにおける正解やお手本の提示を目指すことはせず、あくまで本プロジェクトの有りようの提示を試みた。

結びに

本書は当事者性が極めて高いものになっており、中立的ではないことを承知している。

本プロジェクトの遂行には様々な問題や障害があったはずだが、本書はそれらよりも、それらを乗り越えたことの方に焦点を置いたものになっている。なぜなら執筆者も、インタビューや取材に協力してくれた者の多くも本プロジェクトの当事者であり、最終的に作品を完成させてプロジェクトを遂行できたことに強い影響を受けているためである。この点についてご理解いただければ幸いである。

1章

プロジェクト概要

本章では、本プロジェクトに至るまでの経緯、本プロジェクトの目標、及び遂行結果についてまとめた。

1-1　プロジェクト経緯

　『シン・エヴァ』の出自は1995年にテレビ放映されたアニメシリーズ『新世紀エヴァンゲリオン』に遡る。

　『新世紀エヴァンゲリオン』は企画・原作・監督等を庵野秀明が務め、キングレコード株式会社が主幹事を務める製作委員会のもと、株式会社ガイナックスと株式会社タツノコプロによって制作され、1995年10月4日から1996年3月27日にかけて26話構成でテレビ放映された（一部地域では放送日が異なる場合もある）。同作は若い世代のアニメファンを中心に認知され、大きな話題作となった。

　1997年3月15日には『新世紀エヴァンゲリオン劇場版 シト新生』、同年7月19日に『新世紀エヴァンゲリオン劇場版 Air／まごころを、君に』が劇場公開され『新世紀エヴァンゲリオン』は完結した。完結後も商品展開等は続き、定期的に話題となった。

　その後、2006年5月に庵野は新しい体制での作品づくりに臨むべく、自らが代表取締役社長として株式会社カラーを設立。同年10月に企画・原作・総監督等を庵野が務め、カラー制作のもと『新劇場版』シリーズとして『エヴァンゲリオン』を再映画化することを発表した。

　以下は再映画化に際して庵野が発表した「所信表明」と呼ばれる文章である。

我々は再び、何を作ろうとしているのか?

「エヴァンゲリオン」という映像作品は、様々な願いで作られています。

自分の正直な気分というものをフィルムに定着させたいという願い。
アニメーション映像が持っているイメージの具現化、表現の多様さ、原始的な感情に触れる、本来の面白さを一人でも多くの人に伝えたいという願い。
疲弊しつつある日本のアニメーションを、未来へつなげたいという願い。
蔓延する閉塞感を打破したいという願い。
現実世界で生きていく心の強さを持ち続けたい、という願い。

今一度、これらの願いを具現化したいという願い。

そのために今、我々が出来るベストな方法がエヴァンゲリオン再映画化でした。
10年以上昔のタイトルを何故今更、とも思います。
エヴァはもう古い、とも感じます。
しかし、この12年間エヴァより新しいアニメはありませんでした。

閉じて停滞した現代には技術論ではなく、志を示すことが大切だと思います。
本来アニメーションを支えるファン層であるべき中高生のアニメ離れが加速していく中、彼らに向けた作品が必要だと感じます。
現状のアニメーションの役に少しでも立ちたいと考え、再びこのタイトル作品に触れることを決心しました。

映像制作者として、改めて気分を一新した現代版のエヴァンゲリオン世界を構築する。
このために古巣のガイナックスではなく自身で製作会社と制作スタジオを立ち上げ、初心からの再出発としました。
過去にとらわれず、現状に甘えず、進歩ある未来を目指すためです。
辛いにも旧作からのスタッフ、新たに参入してくれるスタッフと素晴らしい画々が集結しつつあります。
旧作以上の作品を作っている実感がわいてきます。

「エヴァ」はくり返しの物語です。
主人公が何度も同じ目に遭いながら、ひたすら立ち上がっていく話です。
わずかでも前に進もうとする、意思の話です。
曖昧な孤独に耐え他者に触れるのが怖くても一緒にいたいと思う、覚悟の話です。
同じ物語からまた違うカタチへ変化していく4つの作品を、楽しんでいただければ辛いです。

最後に、我々の仕事はサービス業でもあります。
当然ながら、エヴァンゲリオンを知らない人たちが触れやすいよう、劇場用映画として面白さを凝縮し、世界観を再構築し、
誰もが楽しめるエンターテイメント映像を目指します。

2007年初秋を、御期待下さい。

原作/総監督　庵野秀明
2006 09/28 晴れの日に　鎌倉にて

初出：『：序』の宣伝チラシ裏面

　2007年9月1日に1作目『エヴァンゲリヲン新劇場版：序』を劇場公開し興行収入20億円、2009年6月27日に2作目『エヴァンゲリヲン新劇場版：破』を公開し興行収入40億円、2012年11月17日に3作目『エヴァンゲリヲン新劇場版：Q』を劇場公開し興行収入53億円となった。いずれもカラー自身の出資による自主制作・自主製作である。

　『エヴァ：Q』内における次回予告にて4作目のタイトルを『シン・エヴァンゲリオン劇場版』と発表した。

　本プロジェクトは1995年に放映が始まり、1997年に一度完結した『エヴァンゲリオン』の、その再映画化作品として2006年に制作を開始した『新劇場版』シリーズの完結作である『シン・エヴァンゲリオン劇場版』を制作するものであった。

1-2　プロジェクト目標

　目標という観点で本プロジェクトを振り返ると、「『シン・エヴァ』という作品を完成させ、それによって『新劇場版』シリーズを完結させること」がプロジェクト目標だったと言えるだろう。

　そのうえでスタッフは、どうすればその目標を達成できるかわからないが、「庵野秀明は（総監督として、エグゼクティブ・プロデューサーとして、代表取締役社長として）目標を達成するための構想を持っており、具体的な方法を発見して実現するだろう」と感じていた。ゆえにスタッフは『シン・エヴァ』に関するあらゆることへの最終的な判断は庵野がするべきであり、庵野にしかできないと考えていた。

　そのためスタッフは「できる限り庵野の希望・要望に応える」「できる限り品質の良い成果物を庵野に届けたうえで、その成果物をどのように使うか、どのように修正するか、あるいは使わないことにするか、それらをひっくるめて庵野に委ねる」という態度で本プロジェクトに臨み、庵野からの判断と指示に対応し、コミュニケーションを積み重ね、庵野が目指しているもの、求めているものを各々が感じ取ろうとし、汲み取ろうとした。

　そうして汲み取ったものは作品全体規模のマクロなものではなくミクロなものがほとんどのうえ、実際に庵野がそう考えているかは不確実でありながらも、各々がそれを制作に取り入れて軌道修正し、成果物に反映してみて庵野に是非を問う、ということが繰り返された。

　『シン・エヴァ』の劇場公開に合わせて庵野は以下の文章を執筆し、発表した。

我々は三度、何を作ろうとしていたのか？

本作は初期のプリプロダクションスタートから11年、
本格的なプロダクションスタートから4年の制作期間を費やし、膨大な製作費を注ぎ込んで、
アニメーション映像の持つ様々な感覚的・技術的な粋を凝らした面白さを、可能な限り詰め込んでいます。

デザインの面白さ。
画面・構図の面白さ。
手描きの絵や動きの面白さ。
3DCGの画面や動きの面白さ。
色彩の面白さ。
美術背景の面白さ。
撮影の面白さ。
カット割りの面白さ。
カット変わりの面白さ。
編集の面白さ。
声の芝居の面白さ。
音楽や効果音の面白さ。
音響配置やバランスの面白さ。
これらを統合する演出の面白さ。

加えて、ヱヴァ：破の頃から試みていた特撮映像の手法と感覚を取り入れたアニメ映像の面白さ。
ヱヴァ：破の頃から願っていた実写映像の方法論と技術論を取り入れたアニメ映像の面白さ。

そして、映画としての面白さ、即ち脚本や物語が僅かでも面白くなる様に、
作品にとって何がベストなのかを常に模索し続け、時間ギリギリまで自分の持てる全ての感性と技術と経験を費やしました。

結果、完成したのが本作です。

観客の皆様に、アニメーション映画の面白さと魅力と心地良さをエンターテイメントとして少しでも楽しみ、堪能して頂ければ幸いです。

最後に、「エヴァンゲリオン」という作品を三度完成へと導いてくれた全てのスタッフ、キャスト、ファンの皆様、
そして公私に渡り作品と自分を支え続けてくれた妻に感謝致します。

ありがとうございました。

原作・脚本・総監督等　庵野秀明

初出：『シン・エヴァ』劇場用パンフレット

　同文が本プロジェクト中に明示されたことはないが、本プロジェクトを振り返ると、同文に書かれていることが「プロジェクト目標を達成するための方法」であり、徹底して実践されていたと感じられる。

　なお、『シン・エヴァ』劇場公開後に「興行収入100億円の達成」という目標が明確に立ち上がったことにも触れておきたい。この目標が本プロジェクト中にスタッフへ通達されたことはないが、庵野は100億円達成を目指しているようだ、ということは本プロジェクト中から多くのスタッフが感じ取っていたように思う。
　「100億円の達成が可能な作品」の実現に至る構想を持っている庵野の要望にできる限り応え、目標達成に貢献したいという思いがスタッフ間には間違いなくあった。

1-3 プロジェクト遂行結果

本プロジェクトの遂行結果は以下のとおりである。

完成作品名：シン・エヴァンゲリオン劇場版

上映時間：155分

プリプロジェクト含めた制作期間：2009年末から2020年12月

プロジェクト費用：約32.65億円

参加スタッフ数：1,172人（延べ数）

参加企業数：216社

公開期間：2021年3月8日から2021年7月21日[1]

動員数：約672万人

興行収入：102.8億円[2]

1　7月21日以降も一部劇場においては公開が継続されたが、多くの劇場において終映となった2021年7月21日を区切りとした。

2　興行収入は劇場鑑賞チケットの販売総額と同義で、劇場用パンフレットや各種グッズ類の売上は含まない。

2章

プロジェクト実績

本章では、本プロジェクトの実績として確定した定量的、定性的な情報を記録した。

2-1 プロジェクト費用

本プロジェクトの遂行に要した費用を以下に示す。なお、本プロジェクトはカラーが自社単独で出資したものである。

単位: 百万円

項目		支出	主な内容
社内制作費		722	各セクションによる社内制作作業
設備導入・維持等		225	スタジオ設備、各種ハードウェア・ソフトウェア等の導入
P&A（プリント＆宣伝）費		785	配給営業及び配給宣伝
その他		65	
外注費		1,468	
	設定	37	キャラクター設定、メカニック設定、美術設定、色彩設定、小物設定等
	プリヴィズ	61	ミニチュア模型制作、社外Virtual Cameraワーク等
	演出	38	社外監督、副監督、演出協力
	作画	271	総作画監督、作画監督、レイアウト・原画、動画、ディテールワークス
	着彩・美術背景	206	仕上げ、特殊効果、美術背景
	3DCG	527	社外3Dモデリング、社外3Dリギング、社外3Dアニメーション
	撮影処理・2DCGグラフィックス	202	社外撮影処理（コンポジット）、社外2DCGグラフィックス
	音響	42	声の出演、収録、ダビング（DB）等
	編集	38	編集、グレーディング（DI）、エンドクレジット制作等
	制作管理	10	運搬等
	その他	36	
合計		3,265	

2-2 期間

　本プロジェクトのスケジュール実績をプリプロジェクト（プロジェクト準備段階）とプロジェクト（実制作段階）に分けて示す。

シン・エヴァンゲリオン劇場版 / プリプロジェクトスケジュール

2009年	2010年	2011年	2012年	2013年	2014年	2015年	2016年	2017年 1 2 3 4

脚本開発

イメージボード・画コンテ

● ヱヴァンゲリヲン新劇場版:破 公開　　　● ヱヴァンゲリヲン新劇場版:Q 公開　　　● シン・ゴジラ 公開

2017年	2018年	2019年	2020年
1 2 3 4 5 6 7 8 9 10 11 12	1 2 3 4 5 6 7 8 9 10 11 12	1 2 3 4 5 6 7 8 9 10 11 12	1 2 3 4 5 6 7 8 9 10 11 12

脚本開発

イメージボード・画コンテ　　　追加画コンテ

設定・デザイン

画面表現開発　　画面表現開発

ロケーション撮影

ミニチュアセット撮影

Virtual Camera撮影

Vコンテ編集

シン・エヴァンゲリオン劇場版 / プロジェクトスケジュール

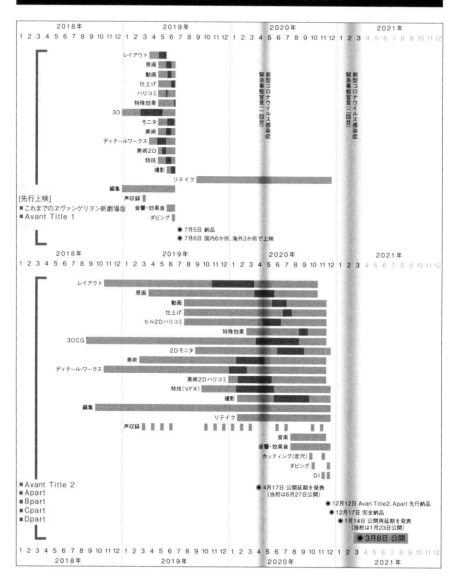

補足と備考

　1-2「プロジェクト目標」の「我々は三度、何を作ろうとしていたのか？」にあるとおり、『シン・エヴァ』は「アニメーション映像の持つ様々な感覚的・技術的な粋を凝らした面白さを、可能な限り詰め込んで」おり、「観客の皆様に、アニメーション映画の面白さと魅力と心地良さをエンターテイメントとして少しでも楽しみ、堪能して」もらうことを目指して制作されていた。

　加えて『シン・エヴァ』は2006年から制作の始まった『新劇場版』シリーズの完結を課した作品でもあり、また、それまでの『新劇場版』シリーズ3作品と同様に制作費用を自社で出資しているため、出資費用を回収しながら、企業として利益を得なければならない。つまり『シン・エヴァ』は「アニメーション映画の面白さと魅力と心地良さをエンターテイメントとして楽しめる」作品としてシリーズを「完結」させ、なおかつ商業的に「利益」を生むことを求められた作品であった。これら全てを充足した作品に至るために、本プロジェクトは長い時間を要することになった。

2-3　工程

　本プロジェクトにおける工程を説明するにあたり、まずは『シン・エヴァ』の作品としての構成を以下に示す。

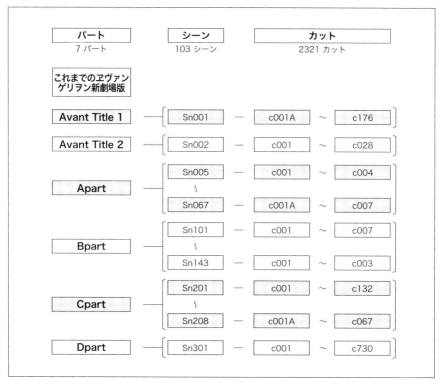

『シン・エヴァ』の構成

　左図のとおり『シン・エヴァ』は「これまでのヱヴァンゲリヲン新劇場版」からDパートまでの7つの「パート」によって構成されている。

　『エヴァ:序』から『エヴァ:Q』までの要約である「これまでのヱヴァンゲリヲン新劇場版」を除いて、各パートは「シーン」に分割され、シーンは「カット」の集合で成立している。カットとは、あるカメラアングルから次のカメラアングルに切り替わるまでの画面（絵）と捉えてもらえれば問題ない。

　『シン・エヴァ』全体では103シーン、2,321カットとなる（制作途中で削除（欠番）となったシーンは4シーン、300カットで、これを含めない。また「これまでのヱヴァンゲリヲン新劇場版」は過去の『ヱヴァンゲリヲン新劇場版』各作品で制作されたカットを流用しているため含めない）。

　以上を前提とし、本プロジェクトの全体工程を図として次ページに示す。

本プロジェクトの全体工程（本図中の①〜⑦は細分した別図を参照）

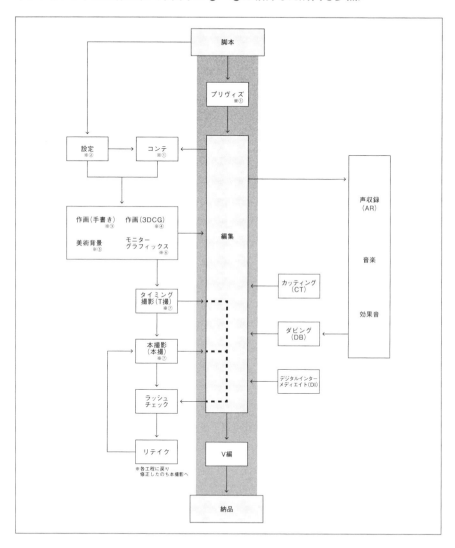

　まず「脚本」が作られ、「脚本」をもとに「設定」に進む。同時に「プリヴィズ（previ-sualization・プリビジュアライゼーション）」を行って「コンテ」を完成させた。「コンテ」は全ての制作スタッフが参照する基幹資料であり「コンテ」の完成後にアニメの実制作が開始される（「コンテ」の詳細は本項の「補足と備考　ベースライン」p036を参照）。「コンテ」以降はセクションが分岐・並行し、ここから実制作が始まる。各セクションの成果物は「タイミング撮影」や「本撮影」で統合されてひとつの「カット」として出来上がる。一日のうちに出来上がった「カット」を一本のムービーファイルにまとめ、総監督以下スタッフに当該ムービーが共有され、各々の目で出来上がりをチェックしてもらう。これが「ラッシュチェック」である。「ラッシュチェック」の結果、修正点の指摘や改善提案等が出される。これに対応するのが「リテイク」である。

　他方、各セクションが成果物を作るごとに当該成果物を「編集」に渡して「コンテ」は更新されていく。もともと静止画、仮の映像素材、ラフな映像素材で構成されていた「コンテ」が、最終的には「ラッシュチェック」と「リテイク」を経て修正や改善箇所のなくなったものに差し替わっていく。差し替わりがある程度進んだところで、そのムービーをもとに「声収録」、「音楽」制作、「効果音」制作も行う。

　「カッティング」にて全カットの尺（時間）を確定させ、「声」「音楽」「効果音」を「ダビング」にて統合し、「デジタルインターメディエイト」にて全てのカットの色彩を最終調整する。

　「V編」にてそれらの最終チェックを行い、スタッフクレジット、映倫番号等を加え、各劇場に配布する映像データの原本となるデータが完成し、納品となる。

　なお、各アニメ作品や、制作会社によって工程に差異はあるが、本プロジェクトに限らず日本国内で作られる商業アニメは、基本的に制作工程を細分化し、分業によって作られている。また、各工程の具体的な成果物形態は2-5「成果物量」（p052）に紹介した。合わせて参照されたい。

　以下からは、全体工程をより細分化したものである。

①プリヴィズ・コンテ

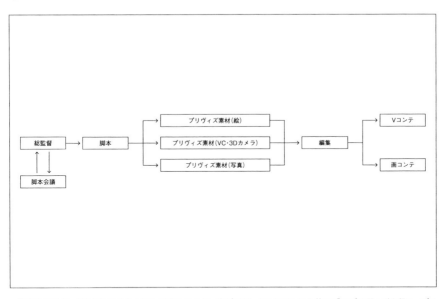

一般的なプリヴィズはコンテをもとにして作られるが、本プロジェクトはコンテを使わずにプリヴィズを行い、プリヴィズの結果としてコンテが作られた。

②設定

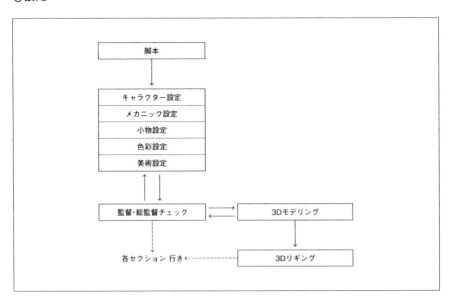

③作画 (手描き)

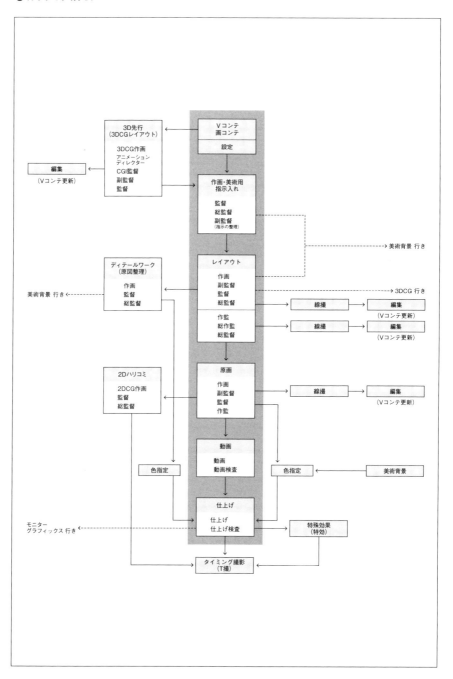

④作画 (3DCG)

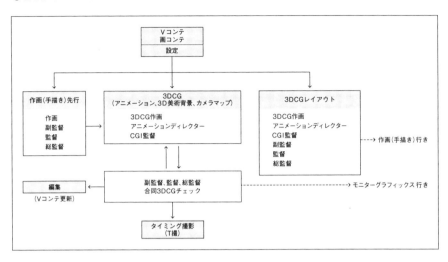

⑤美術背景

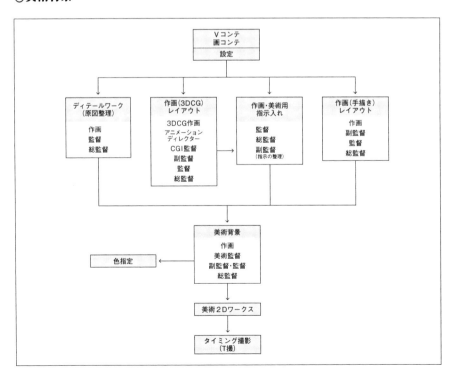

⑥モニターグラフィックス (2DCG)

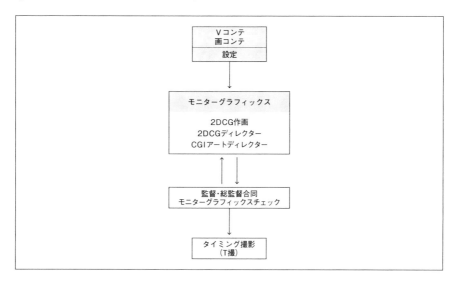

⑦撮影

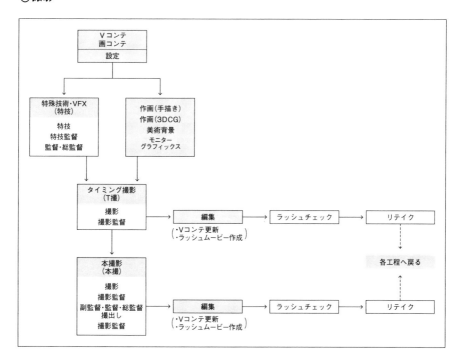

補足と備考

ベースライン

　構想・検討・試作といった準備段階を「プリプロジェクト」、実制作からを「プロジェクト」とした場合、商業アニメ制作においてプロジェクトは「コンテ」工程の完了直後から始まり、以降、工程が分岐・細分化していく。本プロジェクトでは作品を「これまでのヱヴァンゲリヲン新劇場版」からDパートまで7つのパートに区切り、『ヱヴァ：Q』までの素材を用いて作られた「これまでのヱヴァンゲリヲン新劇場版」を除いて、各パートのコンテが完成するごとに、パート単位で順次プロジェクトに移行していった。

　コンテは、脚本という連なりの文字・物語情報を「カット」に分割したうえで、イメージとして具体化・具現化したものである。コンテは全てのカットの要求を記述した作品制作における基幹資料であり、制作スタッフがプロジェクト中に一貫して参照し続けるものである。本プロジェクトではプリヴィズをもとにして、動画形態であるビデオコンテ（Vコンテ）と、Vコンテをベースとした静止画形態の画コンテを制作した。

　以下に実際に使用した脚本とコンテの、同一箇所の抜粋を示す。

Sn011 から抜粋

1.【脚本】同・居間

襖を開けて出てくるヒカリ。場の空気を読んで、手早くお開きにする。

ヒカリ　　「お父さん、ツバメが起きるわよ。さ、後片付けして、布団引きましょ。
　　　　　　ほら、あなた。そっくりさんと碇君の分も」

ケンスケ　「いや、碇は俺が引き受けるよ。その方が良さそうだ」

2.【V コンテ】

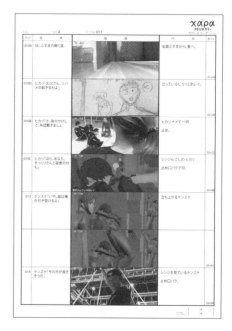

3.【画コンテ】

Sn035Bから抜粋

1.【脚本】電車図書館

電車の下で雨宿りしている野良猫たち。

電車の中の図書館。窓から子供のぬいぐるみのネコも見える。数人の子供が本を読んでいる。

中を覗き込む別レイ。

2.【Vコンテ】

3.【画コンテ】

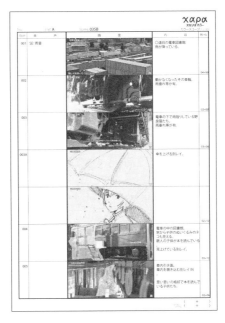

コンテに使用されるひとつひとつのカットには以下が素材として用いられた。

コンテ素材1 絵：特定のクリエイターが考え、設計し、絵の形態に落とし込んだもの。商業アニメ制
作における画コンテとしては最も一般的な素材

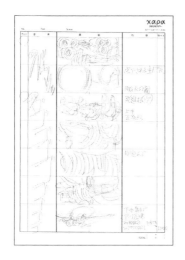

コンテ素材2 実写写真・動画（ロケ）：各地へ取材に行き、複数のクリエイターがカメラマンとなって
取材先で撮影した写真や動画

コンテ素材③ 実写写真（ミニチュアセット）：およそ1/45スケールで特注したミニチュア模型を複数のクリエイターがカメラマンとなって撮影した写真

コンテ素材④ 実写写真・動画（その他）：ひとり〜少数名が市販の模型、小道具や自身の体を使って、机や会議室等身近で撮影した写真や動画

コンテ素材⑤ 実写写真（アーカイブ）：総監督が自身で撮影してきた約15年間の写真アーカイブから選んだもの

コンテ素材 6 Virtual Camera（VC、またはヴァーチャルカメラ）：VCとは3DCGによって空間を作成
し、その空間を画面に投影することのできるハードウェア（スマートフォン等）をカメ
ラとして使用し、物理的に動き回るのと同じような感覚で3DCG空間を撮影できる技
術である（2-7「システムマネジメント」p076にて詳述）。複数のクリエイターがVCカメ
ラマンとなって撮影した写真や動画

コンテ素材 7 3DCGカメラ：3DCGによって空間を作成し、複数のクリエイターがPC上のソフトウェ
ア操作によって撮影した写真や動画（みかけ上はVCと同様なため実例は割愛した）
コンテ素材 8 流用：他のカット（『シン・エヴァ』以外のカラー制作作品も含む）からの部分的、または
完全な流用
コンテ素材 9 コンテ化しない（あえてイメージとして具体化・具現化しない）：メモ的な簡易指示だけ記
載し、作りながら決めていく。この場合、コンテ時点では具体的にどんな内容で、どれだ
けの量のカットが必要になるのかは不明

　コンテは主要な制作スタッフ全員に共有されるもので、何度も改稿され、その都度展開される。改
稿を判断するのも総監督が行う。コンテに描写・記述されている内容と、コンテをもとに監督と各セク
ションとの間で行われる「発注打ち合わせ」での指示が本プロジェクトにおけるベースラインとなる。
　本プロジェクトにおいてこのベースラインはプロジェクト中に制作スタッフが一貫して参照し続け
る基幹情報だが、ベースラインにおける決定は後戻りできない変更不能な約束事ではなく、総監督
の判断においていつでも変更される更新可能なものである。

完成までの道のり

　以下は『シン・エヴァ』における実際のカットの作業分解図（Work Breakdown Structure（WBS））
である。カットごとに内容は異なっているため、必要とする工程も異なっていることがわかるだろう。

Part	Sn	Cut	Task	着手日	完了日
			3D先行・レイアウト	4/10	4/23
			3D	4/10	4/12
			3Dディレクター	4/12	4/13
			3D監督	4/13	4/13
			監督	4/13	4/15
			監督指示入れ	4/15	4/23
			監督	4/15	4/22
			総監督	4/22	4/23
			原図整理(作画)	5/7	5/21
			原図整理	5/7	5/19
			監督	5/19	5/19
			総監督	5/19	5/21
			仕上げ	6/10	6/16
			色指定	5/21	6/10
			仕上げ	6/10	6/16
			仕上げ検査	6/16	6/16
Apart	007A	001A	原図整理(美術)	5/7	5/21
			原図整理	5/7	5/19
			監督	5/19	5/19
			総監督	5/19	5/21
			美術	5/21	6/9
			美術	5/21	6/4
			美術監督	6/4	6/4
			監督	6/4	6/8
			総監督	6/8	6/9
			3DCGアニメーション	10/13	4/6
			3D	10/13	3/26
			3Dディレクター	12/4	3/27
			3D監督	3/20	3/27
			監督・総監督	3/23	4/6
			T撮(テイク1)	6/16	6/16
			T撮	6/16	6/16
			本撮(テイク1)	6/17	6/24
			撮出し	6/17	6/24
			本撮	6/17	6/24

Part	Sn	Cut	Task	着手日	完了日
			監督指示入れ	1/8	8/28
			監督	1/8	8/28
			総監督	8/28	8/28
			3Dテスト	8/28	11/7
			テスト	8/28	10/25
			原画点指示	10/25	11/7
			先行・3Dレイアウト	11/12	11/22
			3D	11/12	11/22
			3Dディレクター	11/22	11/22
			3D監督	11/22	11/22
			監督	11/22	11/22
			先行・3Dキャラガイド	11/12	11/27
			3D	11/12	11/27
			3Dディレクター	11/27	11/27
			3D監督	11/27	11/27
			監督	11/27	11/27
			LO	11/27	5/20
			作画	11/27	5/12
			副監督	5/12	5/15
			監督	5/15	5/15
			総監督	5/15	5/15
			作監	5/15	5/20
			総監督	5/20	5/20
			原画	5/20	7/17
			作画	5/20	6/23
			副監督	6/23	7/6
			総監督	7/6	7/6
			作監	7/9	7/17
Apart	021	005	動画	7/17	9/14
			厳き前	7/17	8/7
			動画	8/7	9/9
			動画検査	9/9	9/14
			仕上げ	7/9	9/21
			色指定	7/9	9/14
			仕上げ	9/14	9/21
			仕上げ検査	9/21	9/21
			2Dハリコミ	7/21	7/22
			2Dハリコミ	7/21	7/22
			2Dディレクター	7/22	7/22
			美術	1/8	4/2
			美術	1/8	3/12
			美術監督	3/12	4/1
			監督	4/1	4/2
			総監督	4/1	4/2
			美術2Dハリコミ	5/8	5/12
			美術2Dハリコミ	5/8	5/12
			美術監督	5/12	5/12
			3DCGカメラマップ	9/21	10/8
			3D	9/21	10/8
			3Dディレクター	10/8	10/8
			3D監督	10/8	10/8
			監督	10/8	10/8
			総監督	10/8	10/8
			T撮(テイク1)	9/21	9/22
			T撮	9/21	9/22
			本撮(テイク1)	10/12	12/11
			撮出し	10/12	10/12
			本撮	12/8	12/11

Part	Sn	Cut	Task		着手日	完了日
Apart	067	001C	先行・3Dレイアウト		10/11	3/4
				3D	10/11	10/17
				3Dディレクター	10/17	10/18
				3D監督	10/18	10/22
				監督	10/22	11/23
			監督指示入れ		11/23	3/4
				監督	11/23	3/4
				総監督	3/4	3/4
			LO		3/5	4/1
				作画	3/5	3/20
				副監督	3/20	3/25
				監督	3/26	3/26
				総監督	3/26	3/26
				作監	3/26	3/30
				総監督	3/30	4/1
			原画		4/1	4/23
				作画	4/1	4/7
				副監督	4/7	4/21
				作監	4/21	4/23
			動画		4/23	5/19
				撒き前	4/23	4/26
				動画	4/26	5/19
				動画検査	5/19	5/19
			仕上げ		4/27	5/22
				色指定	4/27	5/19
				仕上げ	5/19	5/22
				仕上げ検査	5/22	5/22
			美術		4/1	7/7
				美術	4/1	7/7
				美術監督	7/7	7/7
				監督	7/7	7/7
				総監督	7/7	7/7
			美術2Dハリコミ		7/7	7/10
				美術2Dハリコミ	7/7	7/10
				美術監督	7/10	7/10
			モニター		4/23	5/27
				2Dモニター	4/23	5/27
				2Dディレクター	5/27	5/27
			特技		10/15	7/9
				特技	10/15	7/9
				特技監督	7/9	7/9
			T撮(テイク1)		5/22	5/23
				T撮	5/22	5/23
			本撮(テイク1)		7/20	7/29
				撮出し	7/20	7/29
				本撮	7/29	7/29

工程の多いカットに多くの時間を要することが一般的ではあるが、工程の少ないカットが短時間で作れるということでも、単純な画面になるということでもない

全てのカットのWBSが埋まり、全てのカットが出来上がったとしても完成ではない。一般的な「システム」の開発に例えて考えてみたい。

システムは、部品を組んでコンポーネントを作り、コンポーネント同士を繋ぎ合わせると、どこかで何らかの不適合が発生し、うまく動作しなかったり、計画とは異なる動作を示したりすることがままある。個々の修正で対応できる場合もあれば、修正したことが起因となりそれまで問題のなかった箇所に新たな不適合が現れてしまうこともある。

そのため全部のコンポーネントを作りきってから初めて、かつ、いきなり繋いでみるのではなく、一定の進捗を経るごとにテストしてみたり、大事な部分や新規開発要素の多い部分はチェックに手こずることや試行錯誤が生じることを見越して、通常より多い時間を確保して臨んだりもするだろう。

極めて単純化したシステム開発の捉え方だが、このように捉える限りにおいて本プロジェクトもシステム開発と同様である。カット（コンポーネント）単位の完成が作品（システム）の完成ではなく、作品（システム）としてうまく動作するまで、またはより良く動作することをねらってあらゆるカット（コンポーネント）のあらゆる工程に立ち戻って期限の到来まで制作を行う。

　ただし、多くのシステム開発と異なり、本プロジェクトでは適合か不適合かは二者択一的に、または定量的に判定できるものは少なく、総監督や監督の「目利き」によって定性的に判定されることがほとんどである。

　なお、カラーでは不適合が起きている状態を「うまくいかない」「うまくいっていない」と言い表すことが多い。これはカラーにおける共通語で、特に総監督と監督を中心にカラー内で頻繁に使われる言葉である。

2-4 体制

本プロジェクトの体制を以下に示す。

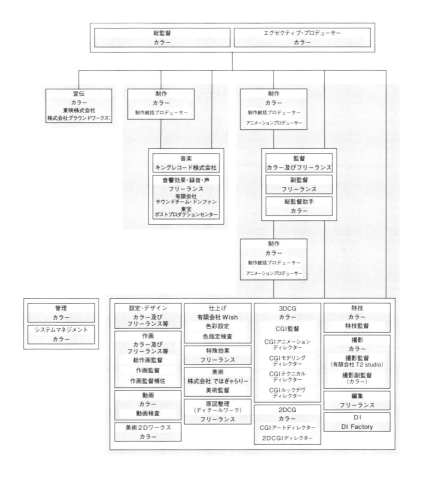

本プロジェクトは「総監督」と「エグゼクティブ・プロデューサー」を兼務する庵野秀明が統括してプロジェクト全体を束ねる体制となっていた。庵野を含む各セクションはプロジェクトの進捗管理・情報一元管理・仲介・連絡を担う「制作」セクションを介してコミュニケーションを行うことを基本としているが、セクション同士や、セクションから「総監督」・「エグゼクティブ・プロデューサー」への直通のコミュニケーションも行っていた。「制作」セクションを介するか、直通でコミュニケーションをするかについて明示したルールはなく、効率性、記録性、伝達ミス防止等の観点に照らして適した方

法をスタッフ自らの判断で自明的に選択されていた。

　体制をより詳細化した内訳は以下のとおりである（表記は基本的に『シン・エヴァ』のエンドクレジットに合わせた）。

	セクション	作業主体	役職等	人数	所属・備考
1	総監督	カラー	総監督	1	カラー
2	監督	カラー	監督	2	カラー
			監督	1	フリーランス
3	総監督助手	カラー	総監督助手	1	カラー
4	脚本	カラー	脚本（総監督）	1	カラー
			脚本協力	2	カラー及び、フリーランス
5	コンテ	カラー	総監督	1	カラー
			監督	2	カラー
			コンテ案・イメージボード	6	カラー及び、フリーランス等
6	副監督	フリーランス	副監督	2	フリーランス
7	設定・デザイン	カラー及び、フリーランス等	キャラクターデザイン原案、キャラクターデザイン、メカニックデザイン、美術設定、デザインワークス	25	カラー及び、フリーランス等
8	作画	カラー及び、フリーランス等	総作画監督	1	フリーランス
			作画監督	4	フリーランス
			メカ作画監督	1	フリーランス
			作画監督補佐	1	フリーランス
			作画	123	カラー及び、フリーランス等
9	動画	カラー	動画検査	1	カラー
			動画	148	カラー及び、カラーからの外注スタジオ単位で外注した6社は人数に含まれない
10	仕上げ	有限会社Wish	色彩設計	1	有限会社Wish
			色指定検査	3	有限会社Wish
			仕上げ検査補佐	6	有限会社Wish
			仕上げ管理	1	有限会社Wish
			仕上げ（外注含む）	99	有限会社Wish及び、Wishからの外注スタジオ単位で外注した5社は人数に含まれない
11	特殊効果	フリーランス等	特殊効果・ブラシワーク	5	フリーランス等
12	原図整理（ディテールワーク）	フリーランス等	ディテールワーク	3	フリーランス等
13	美術背景	株式会社でほぎゃらりー	美術監督	1	株式会社でほぎゃらりー
			美術	1	株式会社でほぎゃらりー
			美術アシスタント	1	株式会社でほぎゃらりー
			背景	19	株式会社でほぎゃらりー及び、でほぎゃらりーからの外注
			美術2Dワークス	1	カラー
			美術制作管理	1	株式会社でほぎゃらりー
			美術制作コーディネーター	1	株式会社でほぎゃらりー
			美術制作協力	2	フリーランス等
14	3DCG	カラー	CGI監督	1	
			CGIアニメーションディレクター	1	
			CGIモデリングディレクター	1	
			CGIテクニカルディレクター	1	
			CGIルックデヴディレクター	1	
			3DCG	221	カラー及び、カラーからの外注
15	2DCG	カラー	CGIアートディレクター	1	カラー
			2DCGIディレクター	1	カラー
			2DCG	14	カラー及び、カラーからの外注
16	特技	カラー	特技監督	1	カラー
			名誉特技監督	1	カラー
			特技	9	カラー及び、フリーランス等

	セクション	作業主体	役職等	人数	所属・備考
17	撮影	カラー	撮影監督	1	有限会社T2 studio
			副撮影監督	1	カラー
			撮影監督補佐	1	有限会社T2 studio
			撮影	19	カラー及び、カラーからの外注
			線撮（ラインテスト）	23	カラーからの外注 スタジオ単位で外注した2社は人数に含まれない
			撮影管理	1	フリーランス
18	編集	フリーランス	編集	1	フリーランス
			編集助手	3	フリーランス
19	テーマソング	Sony Music Labels Inc.	テーマソング	1式	
20	音楽	キングレコード株式会社	音楽	1式	
			指揮・演奏等、制作等	31	キングレコード株式会社からの外注 楽団、合唱団等は人数に含まれない
21	音響効果・録音・声	フリーランス、有限会社サウンドチーム・ドンファン及び、東宝ポストプロダクションセンター（東宝スタジオ株式会社）	音響効果	1	フリーランス
			録音	1	フリーランス
			台詞演出	1	有限会社サウンドチーム・ドンファン
			音響制作・台詞演出担当等	7	有限会社サウンドチーム・ドンファン
			声の出演	47	マネジメント事務所、フリーランス等
			ダビングステージ	5	東宝スタジオ株式会社（東宝ポストプロダクションセンター）
22	DI（デジタル・インターミディエイト）	DI Factory	デジタル・インターミディエイト	3	DI Factory
23	エグゼクティブ・プロデューサー	カラー	エグゼクティブ・プロデューサー	2	カラー
24	制作	カラー	制作統括プロデューサー	1	カラー
			アニメーションプロデューサー	1	カラー
			設定制作	1	カラー
			制作進行等	8	カラー
25	管理（スタジオマネジメント）	カラー	管理主任	1	カラー
			管理	4	カラー
26	システムマネジメント	カラー	技術管理統括	1	カラー
			SE	3	カラー
27	プリヴィズ	カラー	各種プリヴィズ作業・協力	131	カラー及び、カラーからの外注
			プリヴィズ制作担当	1	カラー
28	翻訳・外国語監修	フリーランス等	翻訳・外国語監修	1	フリーランス
			翻訳協力	12	フリーランス等
29	スタッフロール	サバタイトル	スタッフロール	1	サバタイトル
30	コーポレートマネジメント	カラー	コーポレートマネジメント	1	カラー委任監査役
31	社長室マネジメント	カラー	社長室	2	カラー
32	宣伝	カラー、東映株式会社及び、株式会社グラウンドワークス	宣伝	33	カラー、東映株式会社、株式会社グラウンドワークス及び、それぞれからの外注
33	版権管理	株式会社グラウンドワークス	版権管理	5	株式会社グラウンドワークス
34	配給	東宝株式会社、東映株式会社及び、カラー	配給	8	東宝株式会社、東映株式会社及び、カラー
35	協力		制作協力、画面協力、取材・考証協力、ロケーション協力、筆記協力、機材協力、音響協力、車両協力、宣伝協力、アーカイブ協力等	88	135の社・団体等及び、5曲
合計				1172	延べ人数 ただし同一セクション内における作業者の重複はカウントせず

アニメ制作は分業で行われていることを2-3「工程」(p030)で説明したが、各工程は固有で高度な専門性を必要とし、役職は多岐にわたる。ひとりが役職を複数兼務することもあるが、その場合は個人が複数の専門技能を有しているということである。

本プロジェクトでは国内外の多くのアニメ制作会社、フリーランスクリエイター等と連携のもと制作している。これは日本国内における商業アニメ作品においてはごく一般的なことであり、自社内部のみで作品が制作されることは稀と言っていい。

補足と備考

外部スタッフを要職として受け入れる

もの作りは内製だけでなく外注との協力体制で行われることも多い。商業アニメの制作も外注と協力して行われるが、アニメ制作が他の多くのもの作りと異なっている点は、制作主体(『シン・エヴァ』においてはカラー)に所属していない者が、監督や各工程の責任者といった、プロジェクトの要職に就いていることだろう。この点について説明したい。

他社に所属する者やフリーランスの者が要職に就くということは、カラーからは要職を「外注」、外部の人間はそれを「受注」するということになる。しかし実際の感覚はそのようなものではない。

アニメ制作において、ほとんどの役職は技術職であるとともに、クリエイターでもある。従って、限られた時間内に要求された成果物を生産しながら、同時にクリエイティブであることが求められるが、そのための知識、技術、感性、経験を持った人材を全て自社単独で育成し維持することは非常に難しい。

そのため、商業アニメの制作会社は基本となる部門を有しながら、自社で賄いきれない業務や持ち得ない専門業務については、専門に特化した制作会社やフリーランスクリエイター、あるいは自社作品の制作ラインに余力がある他の制作会社に外注する形になる。

加えて、商業アニメ制作は作品ごとにプロジェクトチームを作り、作品が完成したらチームは解散する。例えば毎週放送されるTVアニメシリーズのように、複数話によってひとつの作品を構成するものであれば当該タイトルがプロジェクト、各話がサブプロジェクトであり、監督やプロデューサー等の統括的な責任者を除いて話(=サブプロジェクト)ごとにチームは異なる(作品によっては統括的な責任者も複数名立てられ、話ごとに交代する場合もある)。

アニメ制作は、このように多数のプロジェクトチームが組成と解散を繰り返しており、スタッフの流動性が非常に高く、自社内外の様々な専門家、様々な人たちと関わることになる。限られた時間内でプロジェクトをうまく導くためには、格好良いと思うものやクオリティについての評価基準が合う、互いの考え方や特徴を理解している、仕事の進め方に対する意識が合う、といった部分が特に

重要になる。そのため、アニメ制作では要職に就く者の所属先よりも、この人は誰とどのような時間を過ごして、どのようなものを作ってきた何者かということを重視する。所属先や発注者・受注者という関係性が作業に影響していてはプロジェクトの遂行にたどり着けないため、そのようなことを重視していられないとも言える。

　本プロジェクトにおいても、カラーに所属しているスタッフ、カラーに所属していないスタッフの双方が要職に就いている。彼ら彼女らは過去長きにわたってともに作品を作り上げてきた信頼の厚い間柄ゆえに要職をお願いし、それを受諾しているものであり、所属や発注者・受注者の関係ではなく等しくプロジェクトメンバーという関係で机を並べている。

チームメンバーを募る

　前述のとおり本プロジェクトには制作主体であるカラー所属の者だけではなく、カラーの外から非常に多くの者が加わっている。彼ら彼女らをいかに募ったかを説明したい。

　呼びかければ参加希望者が押し寄せ、その中から上澄みを掬ってチームを構成しているとか、好みの人材を指名し呼びつけて参加させる、というようなことは本プロジェクトでは行われていない。各セクションの責任者やスタッフ等がひとりひとり、または一社一社個別に参加をお願いし、ときに繰り返し説得をすることによってプロジェクトに加わってもらっている。

　アニメ制作を担う者のほとんどが技術者でありクリエイターであることは前述したとおりである。彼ら彼女らが参加する作品を検討する際、賃金や環境等の待遇面を重視することはもちろんだが、ひとりのクリエイターとして独自の基準を設け、それに合致するかも同様に重視する。例えば作品の内容、作品のスタイル、参加メンバーの傾向といった、個人的、または定性的な評価基準である。

　作品内容を評価していたとしても、その表現スタイルが自身の追求しているものと異なっているため避ける場合もある（逆に、異なるがゆえに経験を積むために参加を選ぶこともある）。スタイルが合っていたとしても、参加メンバーの誰とも作品制作をともにしたことがなく、息が合うか不安を覚える場合もある。ぜひ参加したいと思ってはいるが、いち制作メンバーとして関わる作品よりも自身が作品の中核として企画の立ち上げ段階から携わることのできる作品を優先したい、という場合もある。あるいは尊敬する人や注目している人が中核メンバーにいるため仕事ぶりを見てみたくて参加する場合や、過去に自身が中核メンバーとして携わっていた作品に参加してくれて助けてもらったことがあり、その人が関わっている作品には恩に報いるため優先的に参加することを決めている、という場合もある。

　上記は一例だが、クリエイターとして活動できる時間は有限であり、どの作品に多大な時間と多大な労力を注ぐ価値があるかを、自身の基準に照らし合わせて総合的に、慎重に検討するのは当然である。

　さらに近年、日本で制作される商業アニメは非常に多く、劇場公開作品、テレビ放映作品、配信作品、ミュージックビデオ、据え置き型からスマートフォン用までゲーム全般、広告など多岐にわたる。その高い需要に対して人材は慢性的に不足しており、常に人材を巡って競合している状況にある。

つまり仕事の選択肢が多いということであり、仕事を厳選することが可能である。

よって、本プロジェクトにおいては「プロジェクト側が参加メンバーを選んだ」という意識ではなく「数多ある作品の中からこのプロジェクトを選んでくれた」という意識がある。彼ら彼女らがこのプロジェクトを選んでくれたから、カラーは本プロジェクトを進められたのである。

以上を踏まえて、本プロジェクトにおいてメンバーを募るために行ったことは信頼関係の構築という、古典的で曖昧なものに尽きる。

ここでいう信頼関係とは、その人が大事にしている一般的で定量的な、数値・数量で表せるものと、個人的で定性的な、数値化できないものの両方になるべく応えようと努めることであり、その人にプロジェクトに参加してもらえないかお願いをした時点ですでに決定されているものである。つまり信頼関係は当該プロジェクトが動いていない時、動く前に築かれるものでもある。

カラーが制作した過去のプロジェクトに参加した人であれば、その過去のプロジェクトが完了した際に「参加してよかった。次も参加してみたい」と感じてもらうことである。過去に参加したことがなく、これまで縁がなかった人であれば、まだ実制作まで時間のあるプリプロジェクト段階から時間をかけて対話し、その人が参加作品を選ぶ際に大事にしているものを知り、本プロジェクトの魅力を説明し、繰り返し説得することである。

信頼関係を結ぶことができたならば、その人が信頼する別の人を紹介してもらえることもある。あるいは評判を聞きつけ、興味を持った人が話を聞きに来てくれることもある。

監督と総監督の区分

既述のとおりアニメ制作は分業で成り立っている。各役職が担う工程は「領分」とも言えるもので、互いが互いの領分を尊重し余計な口出しはしないという気風がある（ただし大変そうな人や困っている人を手伝う、聞かれたら意見する、気付いたことを伝える、ということはもちろん日常的に行われる）。

監督は領分に影響されず、むしろどの領分に対しても内容の判断を行うこと、指示を出すことが求められる。本プロジェクトでは監督・副監督は特定のパートを担当しており、基本的には担当パート内に対して領分に影響されず判断と指示を行うが、総監督である庵野は本プロジェクトの全てのパートの全ての領分に、あらゆる時点で、あらゆる指示を出すことができ、かつそれを求められていた。なお、庵野からの要請で総監督以外の者が領分外に意見や指示をすることもある。本プロジェクトでは特に、監督の鶴巻和哉や、総監督助手の轟木一騎がパートを超えて意見や判断を要請されることが多かった。

スタッフクレジット

　商業アニメ作品では、実写映像作品、音楽作品、ゲーム作品等と同様に制作に関わったスタッフの名を公開することが一般的である。アニメ作品では作品本編の終了後にスタッフクレジットという形式で掲載されることが多い。これは、今しがたまであなたが見ていた作品において、誰が何を行ったのかという責任の表明であり、仕事の成果の表明であり、スタッフへの敬意の表れである。

　仕事の成果が（劇場やテレビ放映や配信という形で）一般公開され、かつその仕事を行った者「全て」の名も一般公開される仕事はあまり多くないだろう。この点からも、固有名としての「誰」を重視しているのが見て取れると言える。

　なお、特に商業アニメ作品については、誰がどの作品にどのような役職で参加したかという情報がアニメファン、様々な機関、研究者等の手によってデータベース化され、インターネット上で公開されている。

　近年の国内作品についてはもちろん、数十年前に遡ってもかなりの作品が細かく記録されており、アニメ業界関係者も参照することが多い。このように個人の仕事の成果と名前が第三者によってインターネット上に公開され、誰でも手軽に検索ができる仕事も多くはないだろう（各種検索サービスにおいて「作品名　アニメスタッフ」のように検索すれば容易に複数のデータベースが見つかるだろう）。

2-5 成果物量

アニメ制作は工程が細分された分業である。その工程は、前の工程で生まれた成果物を受け取って加工したり、結合したり、整えたりしたものを次の工程に渡し、さらに加工したり、結合したり、整えたりしてまた次の工程へ、という作業の繰り返しを経て進み、その結果最終的にカットが出来上がる。つまり工程ごとに成果物が生まれ、その成果物をもとに次の工程の作業が行われてまた成果物が生まれる。製造要素のある仕事の多くもこれと同様の工程を辿っているだろう。

以下は『シン・エヴァ』の完成までに制作された成果物の種類と量である。

工程	成果項目・作業	成果物量
脚本	改稿数	準備稿（プロット、箱書きを含む）：134（2009/7/23〜2017/2/7）
		Avant：6（2017/6/18〜2018/10/29）
		A：6（2017/7/27〜2018/10/26）
		B：7（2017/7/27〜2019/1/22）
		C：7（2017/8/15〜2019/6/3）
		D：7（2017/8/28〜2019/8/15）
プリヴィズ	バーチャルカメラショット数	約9,500ショット
	イメージボード、コンテ絵点数	約7,000点
	ロケ等による実写写真・実写動画点数	70,000点以上
設定・デザイン	総作成数	5,000点以上
	使用点数	約1,500点
コンテ	コンテ編集・コンテ改稿回数	Avant1：30（2018/11/26〜2019/5/14）
		Avant2+A：73（2018/3/1〜2020/10/23）
		B：35（2019/1/11〜2020/10/24）
		C：73（2019/5/7〜2020/9/24）
		D：76（2019/5/8〜2020/10/24）
	カット数	Avant1：総数 209 / 欠番 31 / 最終 178
		Avant2：総数 30 / 欠番 1 / 最終 29
		A：総数 727 / 欠番 161 / 最終 566
		B：総数 244 / 欠番 6 / 最終 238
		C：総数 618 / 欠番 39 / 最終 579
		D：総数 796 / 欠番 62 / 最終 734
		計：2,624 / 欠番300 / 最終 2,324
作画（手描き）	レイアウトカット数	1,810
	原画カット数	1,723
作画（3DCG）	レイアウト、ガイドカット数	1,172
	アニメーションカット数	670
モニター（2DCG）	カット数	438
動画・仕上げ	カット数	1,812
	枚数（リテイク枚数を含む）	約77,800枚
美術背景	美術カット数	1,435
	美術2Dハリコミカット数	232
原図整理	カット数	544
2Dハリコミ	カット数	341
特殊効果	カット数	208
特技	カット数	951
撮影	T撮カット数	2,168
	撮出しカット数	2,278
	本撮カット数	2,287

工程	成果項目・作業	成果物量
声の収録	日程	2019/3/1, 3/5, 3/9, 3/14, 3/19, 4/4, 4/11, 4/12, 4/18, 5/31, 6/20, 10/19, 10/20, 11/9, 11/12, 11/18, 11/19, 12/5, 12/24 2020/1/7, 1/9, 2/3, 2/25, 2/27, 3/12, 6/6, 7/20, 10/3, 10/13, 11/19 計30回
ダビング	日程	2020/10/26〜11/1, 2020/12/5〜12/13
DI	日程	2020/11/12, 11/30, 12/14〜12/17
ラッシュ	T撮ラッシュ回数	197回
	本撮ラッシュ回数	213回
リテイク	リテイク対象カット数	1,977カット
	リテイク数	6,844点
	参考：Amazon Prime Video配信用 リテイク対象カット数	169カット
	参考：Amazon Prime Video配信用 リテイク数	192点
	参考：パッケージ化用リテイク対象カット数	47カット
	参考：パッケージ化用リテイク数	54点

　以下に各工程で作成される実際の成果物の一部を例示する。

設定・デザイン

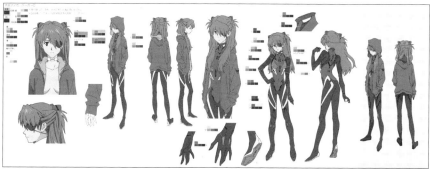

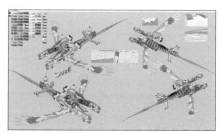

作画 (手描き)

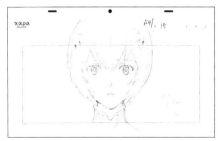

レイアウト

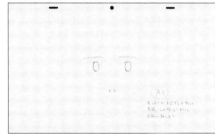

レイアウト副監督修正

レイアウト総作画監督修正

原画

レイアウト

レイアウト監督修正

レイアウトメカ作画監督修正

原画

動画、仕上げ (彩色)

動画

仕上げ

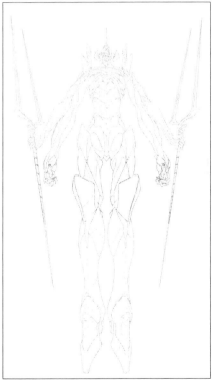

動画

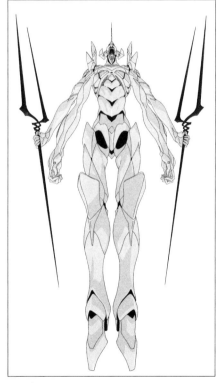

仕上げ

作画 (3DCG)

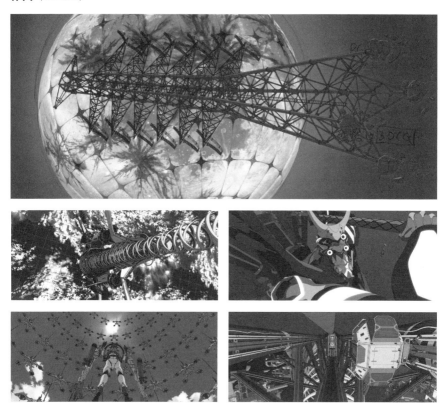

モニター (2DCG)

モニター無しの状態

モニター有りの状態

美術背景

美術2Dハリコミ

左：美術2Dハリコミ無しの状態　右：美術2Dハリコミ有りの状態（「診療所」の文字と下手の塔の銘板表示）

左：美術2Dハリコミ無しの状態　右：美術2Dハリコミ有りの状態（壁面の注意表示と注意書き）

ディテールワーク（原図整理）

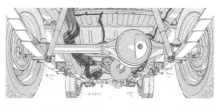

カラーでは特別なディテールを必要とする作画と、特別なディテールを必要とする美術背景用の線画素材を原図整理と呼び、専門の作業者によって行われる。ただし、他のアニメ制作会社では美術背景が作業をするための素材整理のことを原図整理と呼ぶ場合が多い。

2Dハリコミ

左：2Dハリコミ無しの状態　右：2Dハリコミ有りの状態（「k」「KREDIT」の文字とバーコード）

左：2Dハリコミ無しの状態　右：2Dハリコミ有りの状態（スマートフォン画面のひび割れ）

特技 (VFX)

放電と発光

川面の光と波紋

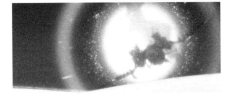

爆発

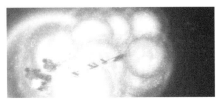

爆発

撮影 (本撮影)

未本撮影の状態

本撮影された状態（自転車全体を影にし、各パーツの位置や全体のフレームの位置を調整する等）

未本撮影の状態

本撮影された状態（光、画面ボケ、熱による空気の歪みを加える等）

　各成果物の具体的な内容に興味がある方は『シン・エヴァンゲリオン劇場版 アニメーション原画集』及び、『シン・エヴァンゲリオン劇場版 EVANGELION:3.0+1.11 THRICE UPON A TIME』（DVD、Blu-ray）の映像特典を参照していただけると、それらが掲載、収録されている。また将来的には『全記録全集』という形態で、多種多量の成果物が高精細なカラー画像で収録される予定である。

2-6 制作環境・コミュニケーション・進捗管理

A. 制作環境

　本プロジェクトにおけるカラー内の座席等は以下のようになっていた（プロジェクト完了後に変更しており、2023年現在のものとは異なる）。

フロア①

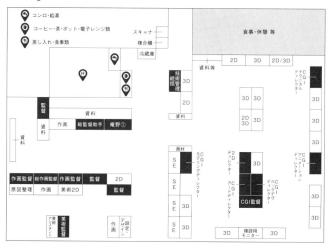

フロア②

フロア③

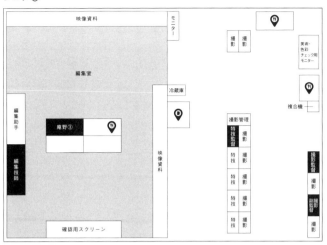

A-1. 総監督の居場所

　図のとおり、総監督の庵野が本プロジェクト中に社内で所在していた場所は各フロアにひとつ、計3つあった。

　プリプロジェクト中は資料に囲まれているフロア1の座席（庵野①）、プロジェクト中は両隣と背後にフリーランスの作画アニメーターが在席しているフロア2の座席（庵野②）で、資料類がなく作業スペースを広く確保できる場所として、空席となっていた座席を間借り的に使い始め、定席となった。もうひとつがフロア3の編集室である（庵野③）。庵野はプリプロ時におけるVコンテの制作からプロジェクト終了まで「編集」の工程を一貫して重視しており、日常的に編集を行うため、多くの時間を編集室で過ごしていた。

　編集室を除けばいずれの座席も、スタッフが使用するのと同じ「ただの作画用机」であり、庵野が何をしているかは誰からもよく見えるし、いつでも話しかけることのできる座席である。編集室は防音壁と防音扉によるクローズドな部屋だが「編集作業中」の札がかかっていない場合は同様にいつでも出入りして話しに行くことができた。

A-2. スタジオマネジメント

外部からの電話や訪問者の応対は一元的に管理部が対応した。清掃は管理部のもと、清掃業者にて毎日スタッフの出勤前に行われた。その他環境維持、備品管理、衛生管理、各種事務、経理等のスタジオマネジメントの一切は管理部で行われた。その他、差し入れ品がある時の呼びかけと配布や、スタジオ在席スタッフに向けて行う『エヴァ』等の作品グッズの定期的な「放出会」の呼びかけと対応等も管理部によって行われた。

B. コミュニケーション

本プロジェクトの基幹となるコミュニケーションには以下の5種類があった。

- コンテ
- 発注打ち合わせ
- チェック
- 質問回答
- アンケート

2-3「工程」(p036) のとおりコンテと発注打ち合わせは「ベースライン」である。これらベースラインを起点にチェック、質問回答、アンケートが行われ、ベースラインが更新されていく。

B-1. コンテ・発注打ち合わせ

コンテは脚本をカットに分割のうえイメージとして具体化・具現化したものであり、全てのカットの要求を記述した資料である。同時にコンテは (あえてコンテ化しないところも含めて) 本プロジェクトにおける総監督の意図が凝縮したものである。各スタッフはプロジェクト開始時にまずコンテの咀嚼を行い、本プロジェクトで自身は何と対峙し、何を行うのかのイメージを事前に持つようにする。そのあとコンテを手元に、各工程に対して具体的な作業を発注する打ち合わせを行う。主な打ち合わせは以下のとおりである。

- 設定打ち　　・美術ボード打ち　　・演出打ち　　・処理打ち　　・作画監督打ち
- 作画打ち　　・CG打ち　　・色背景打ち　・原図整理（ディテールワーク）打ち
- 特殊効果打ち　　・撮影打ち　　・効果音打ち　　・音楽打ち

　これらの打ち合わせに際しては監督（ときには総監督も）、副監督、関係セクションの責任者と主要な作業者、進捗管理と情報管理を担う制作部が集い「何をしてほしいか」「何はしなくていいか」「何はしてはならないか」等のねらいを、コンテをもとに1カットずつ伝達し質疑応答を交えながらスケジュールとセットで発注を行う。

　加えて、プロジェクトの進捗に従って発生する諸問題の解決を目的とする打ち合わせも適時に行われ、それらの打ち合わせの中で総監督や監督によってなされる判断や決定も発注打ち合わせと同様の重要さを持つ。これらの打ち合わせは録音または録画のうえ社内サーバーに保存され、ニュアンスを含んだ一次情報として参照可能な状態に置かれた。

B-2. チェック

　2-3「工程」（p030）における各制作工程図で示したとおり、総監督と監督はスタッフの作った成果物のほとんど全てをチェックする。チェックではOKかNGの判断（ときには判断保留）を行い、その際に総監督・監督から発せられる口頭、文章、絵など様々な形態、様々な抽象度での修正や追加指示、以降の工程への申し送り、発注内容の変更、実現手段や担当セクションの変更といった附帯情報によってベースラインは更新されていく。

B-3. 質問回答

　以下の場合には総監督や監督に質問がなされた。

- 作業を進める中で、成果物を仕上げるために必要な情報だがコンテや打ち合わせでは網羅されていない情報が発見された
- 作業を進める中で、カット内、あるいはカット間で矛盾が明らかになった
- 作業を進める中で、発注内容の実現に複数の筋道があり決めかねる

　質問への回答は都度ベースラインに反映・更新された。ほとんどの場合、質問は質

問に至る経緯と質問者の対応案（ビジュアルとして具体化させた案であることが多い）を伴ってなされた。

B-4. アンケート

　総監督の庵野から随時スタッフに対して行われた。総監督が意思決定をするための材料としてスタッフ個別の意見を募るもので、カット構成の検討から音楽選定まであらゆるタイミングで行われ、結果はベースラインに反映された。

　総監督・監督とスタッフのコミュニケーションにおける方向性を考えた場合、コンテと発注打ち合わせは総監督・監督からスタッフに「降ってくる」もの、チェックと質問回答はスタッフが総監督・監督に対して「刺激を加え／反応を引き出す」もの、アンケートはスタッフが総監督に「届ける」もの、というようにも表現できる。

B-5. コミュニケーションツール

　基幹コミュニケーションに加え、報告・連絡・相談・展開・共有・依頼・リマインド・催促などの定常的なコミュニケーションも当然行われた。それらのコミュニケーションにおけるツールの使い分けと用いられ方を紹介する。

　総監督とのコミュニケーションは主にメールで行った。監督とのコミュニケーション、セクション内とセクション間の意思疎通はチャットアプリのSlackを用いた。各種データの保存と共有はカラー社内外に整備した物理的なサーバーとGoogleドライブを用いた（本プロジェクトではG Suite（2021年よりGoogle Workspaceに名称変更）のBusiness Standardを使用）。

　進捗管理や情報共有はプロジェクト管理ツールのShotgun（2021年よりShotGridに名称変更）、Googleスプレッドシート、MicrosoftのExcelを用いた。

　設定に関わる総監督や監督の指示とその履歴の記録、各セクションにおける作業仕様、作業ルール、各種テスト結果、システムエンジニアによる技術資料の管理にはワークスペースサービスのConfluenceを用いた。Confluenceでは約65,000ページが作成され、110,000回のページ作成・更新が行われ、100GB以上のデータが保存された（Confluence以外のサーバー、ストレージ等に保存されたデータは含まず）。

C. 進捗管理

　本プロジェクトでは、コミュニケーションが最も確実で強力な進捗管理ツールであり、発注者と受注者が協同で行うものだった。

　先述のとおり発注打ち合わせでは何を、いつまでに、どんな仕様で、という約束を取り決めて発注をするが、発注したらあとは納品を待つだけ、というわけにはいかない。仮に、各種の約束事に合意してなされた発注に対して、納品日が遅れたり納品内容にミスがあった場合（天災地変のような不可抗力事由を除いて）受注者側の責任になることが多いだろう。しかしながら、本プロジェクトにおいて重要だったのは個別の成果物の適時適正な納品責任ではなく作品を完成させることだった。

　従って本プロジェクトでは発注が済めばあとは個別の納品を待ち、納品物に誤りがあったら突き返し、遅延があったらペナルティを課す、というような態度はそぐわない。加えて仕事の多くは技術と表現のハイブリッドによって行われる。発注仕様も達成基準も定性的な部分を含まざるを得ない「表現」の領域において、もう少し時間をかけてさらに良くしたいという「粘り」の態度は必ずついて回るもので、アニメ制作においては珍しい話ではない。

　よって発注者は、受注者と協同しての作業履行を目指した。直接的な作業の協力ではなく、コミュニケーションを持ち続けるという間接的な協同である。積極的なコミュニケーションを求める者には細かく進捗を確認したり頻繁に声をかけたりするし、合理性や整合性を重視する者にはそのような対話を心掛ける。必要最小限の進捗確認にとどめ、発注したあとに不意に顔を合わせても仕事の話はせずに挨拶や世間話しかしない、という簡素なコミュニケーションがちょうどいい者もいる。

　当然いつもうまく事が運ぶわけではないが、作業者、あるいは作業者の窓口的立場の者や責任者等、進捗に関連する全ての者、より具体的に言えばそのカット、シーン、パートの成立に関わる全ての者に対する常のコミュニケーションはもちろんのこと、どのようにコミュニケーションを取るべきかという一段手前の段階を含んだコミュニケーションの考慮が必要であった。

　ある程度進めてみてからようやく当初の計画では不十分だとわかることや、もっと時間があればさらに良いものができる、という場合もしばしばあるが、追加時間を設けてでもそれを行った方が良いかどうか、後工程の作業や結果的なカットの質にどのような正負の影響があるかの判断も、進捗に関連する者たちとの常のコミュニケー

ションなくしてはできない。

　総合的に正の影響があるが部分的には負の影響が、例えば特定の工程の時間が圧縮されるので大変な目に遭わせてしまったり、そういう目に遭いがちな立場が出たり、ということはどうしても出てくる。実際に時間をかけ、手間をかけ、苦労をしている作業者に対して単に「総合的な判断である」という理由で判断を受け入れるように迫るのは、それを言う者にも言われる者にも大きなストレスであり、士気に影響する。

　このような歪みは、初めは小さなものだったり個人的なものだったりしても、いつしかその範疇にとどまらずプロジェクトレベルの問題にまで発展することも少なくない。もとより、既述のとおり数多の選択肢の中から本プロジェクトを選んでくれた者たちに軽々としていい仕打ちではない。常のコミュニケーションがあり、信頼関係があるからこそある程度我慢し、飲み込んで、付き合ってくれているのだという留意が必要である。その積み重ねが進捗の維持に繋がり、制作工程の維持に繋がり、プロジェクトの維持にまで繋がる。

　反対に受注者の側に視点を移せば、発注者側に誤りがあったからといって見過ごすこと、つまり問題があるかもしれないがそれは言われたとおりのことをやった結果である、というような態度もそぐわない。受注者は「次」のことを考えて対応をした。次、とは次の工程への配慮であり、次回にも同じようなことがあるかもしれないという備えや注意喚起である。

　適時適正な発注はプロジェクトの進捗に大いに寄与する重要なものである。しかし本プロジェクトでより重視されたのは適時適正に過剰にこだわることではなく、作品の完成を志向することだった。

補足と備考

差し入れ

プロジェクト中盤以降、管理部によって各種野菜ジュースと果物ジュース、乳酸菌飲料が各階冷蔵庫に常備された。また、本プロジェクトに関わる様々な企業、団体、関係者、知己、スタッフから折に触れて多種多様な飲食物の差し入れを受けた。

そのほか、個人的な差し入れとして庵野からはプロジェクト中盤以降、定期的に即席カップ麺や、庵野の出身地である山口県に所在する「中華そば一久」のラーメンと餃子が、終盤は麺類に加えて電子レンジ調理やお湯だけで調理が可能な各種のインスタント食品が途切れることなく差し入れられた。同じくエグゼクティブ・プロデューサーでありカラー代表取締役副社長の緒方からは定期的にカツサンドやタマゴサンド等の差し入れを受けた。

プロジェクト最終盤にはカラー取締役の安野から栄養・味ともに考慮された食事が日替わりで届けられた。

これらは些細なことのように見えて、コミュニケーションの活性化や士気に影響するとともに、新型コロナウイルス感染症流行による飲食店の営業自粛や営業時間短縮等の諸状況対処においても大きな助けになった。

社員旅行

プロジェクト期間中を除いて、カラーでは冬と夏の年2回社員旅行を催している。プロジェクト開始直前の2018年9月の旅行では『シン・エヴァ』の随所にモデルとして登場する山口県に赴き、実際の景色と実物の雰囲気に接した。

Slackとメール

前述のとおり、監督やセクション内・セクション間のコミュニケーションはSlackを用いた。

当初は総監督の庵野も含めてプロジェクトのコミュニケーション全体をSlackで行うことを試みたが、庵野も含めての試行の結果、庵野とのコミュニケーションはメールに限定することとした。総監督の判断と指示はその全てが作品制作の指針となる。いつ、何に対して行った判断であるか、どんなやり取りを踏まえて最終的に判断されたかという背景情報までが重要となる。

Slackはリアルタイムでのフロー型のコミュニケーションには適しているが、膨大に示される指針の参照にはストックしていくことが大事でありフロー型は適さなかった。判断を行う庵野の立場としても、チェック物や質問が次々とやって来てはどんどん流れていってしまうSlackのスタイルでは取りこぼしが防げないと感じられた。以上から庵野とのコミュニケーションツールは最後までメー

ルが主となった。なお、庵野の返答やチェックバックは基本的にすぐに返ってきた。すぐのリアクションが難しい時も24時間以内にはリアクションすることを自らに課していたという。

対してスタッフ同士のコミュニケーションは今この時に必要な連絡、今すぐの相談が主であるためSlackがプロジェクト完了まで主なコミュニケーションツールとして使用された。

ちなみに、Slackに設置された社内掲示板のような役割を持つチャンネル（誰々からこのような差し入れがあった、今から昼前を取るのでリクエストを受け付ける、落とし物の周知等の連絡）や、映像表現の参考になりそうな資料なら何でも共有する「参考資料チャンネル」は庵野も利用していた。特に後者の参考資料チャンネルについては庵野が最も積極的に投稿をしており、『シン・エヴァ』における映像表現の参考や検討材料としてプロジェクト終盤まで活用された。

総監督・監督とのコミュニケーション

総監督と監督のチェックは、「チェックをしてもらったという事実」を獲得する類のものではなく、それとは正反対に、毎回彼らの具体的な判断と指示を必要としているものであり、作品を良くするために必須であり、それなくしては作品として成立し得ないものであった。よって必然的に彼らのタスクは重要なものばかりでありながら、タスクの量も膨大なものになる。優先すべきもの、外してはならないものを見極め、選り分けたうえでもなお膨大なものだった。

このため、スタッフは総監督や監督になるべく「思いやり」を持って接しようとした。何とか負担を軽くして仕事を進めやすくできないか、というスタッフの自発的な工夫である。ルールとして明文化しているものではなく、一丸となって示し合わせたわけでもなく、「なんとなくそうしてあげたい」といった態度の集合である。それはタスクを減らしたり儀式化したりという方向の工夫ではない。大きな効果はないかもしれないがそれでも一助になれば、という些細な配慮である。

定型のものはないが例えば、何を判断すればいいか、わかりやすく無駄の少ないメールを書くように心掛けるであるとか、直接質問をする時は各々が散発的に話しかけるのではなくなるべくタイミングを示し合わせるといった類の細かなことである。作業者や進捗管理をする者としては逸る気持ちがあるが、それを抑えてちゃんと考えてもらう時間を設けて判断をしばらく待つとか、まだわからないので保留にしたいという判断が出た際に、何かの助けや閃きのきっかけになるかもしれないことを自主的に進めて試しに見せてみる、といったことである。

もちろん過度な斟酌は必ずプロジェクトの進捗に影響するため按配を見極めなければならない。いかに大変な状況でも、集中できる状況を作るべき時でも、ピリピリと張り詰めている時でも「今すぐ判断がほしい」「その作業ではなくこの作業に切り替えてほしい」「いついつまでに必ず作業を終わらせてほしい」「物理的にそれをすることはできない」といったことを伝えなければならないことはある。しかしメンバーが軽々しくそうは言わず、普段からのコミュニケーションの態度から滲んでいるものがあるがゆえに、緊急性があるような状況でこそ話が早く、ツーカーで通じることができた。

2-7 システムマネジメント

　本プロジェクトの開始時にカラーで稼働していたネットワークやサーバー等のインフラは、老朽化によって近い将来プロジェクトに影響を及ぼす可能性が認められた。システムマネジメントにおいては、本プロジェクトに影響を及ぼさないように老朽化問題の改善を図りながら同時に、なぜ老朽化が発生する状況にあり、かつその状況に対処できていないのかを突き止めて解決する、という根本的な問題解決もするべく、状況分析と課題抽出を行うところから始めた。

分析

　本プロジェクト開始時には、すでにシステム上の問題が発生していた。原因を調査したところ、作品制作を最優先にし、根本的なシステムの企画設計、すなわちカラーにおけるシステムの「思想」が定まらないままに個々の作品（プロジェクト）それぞれでシステムマネジメントが行われていたことがわかった。その結果、ノウハウや体制がプロジェクトごとに異なり、ノウハウが蓄積されず、メンテナンスが困難になったり、引き継ぎができずシステム障害が発生した際の復旧作業に困難を生じたり、性能向上のための設備増強を行うにもシステム構成を正しく理解しているスタッフがいないため増強できなかったりといった状況が続くことになり、老朽化を招き、各種の問題が発生するに至ったと分析した。

　また、システムに対する計画的な投資が行われておらず、投資対効果も不明だったため、投資に対する経営判断を困難なものにしていたことも明らかになった。

　これらの根本的な原因は「システムのビジョンが不在」であることだと分析した。そのため本プロジェクトにおけるシステムマネジメントは、まずビジョンを定め、次にビジョンに基づいた計画を立て、会社としてそれをチェックのうえ承認し、人的リソースを確保したうえでシステムを構築するという順序で取り掛かった。

ビジョンの策定

「作品の完成に貢献するシステムマネジメント」をビジョンとして定め、以下の2点の実現に努めた。

1. クリエイティブに専念できる環境の構築
   全てのスタッフが、ストレスなく作品制作に専念できるようにするためのシステム環境を構築する
2. 継続性のあるシステムの実現
   プロジェクトごとにシステムが変わりエンジニアにノウハウやナレッジが蓄積されず、体系立った設計思想もないためメンテナンスや引き継ぎに問題が起こりがちであった状態を改善したうえで、期間が長期にわたるプロジェクトにも対応し、かつスタジオ全体の持続的な運営を可能とするシステム計画の立案と構築を行う

上記を定めたうえでシステム構成の総点検を行ったところ、システムの根幹であるネットワーク、ストレージ、アカウント、ファシリティに大きな課題が生じていることがわかった。それぞれに具体的対応を検討の上、投資計画を立案し、代表取締役社長である庵野と、副社長である緒方に対してプレゼンテーションを行った。両名はカラーにおけるシステムの課題と危機を理解し、投資に対する価値も十分に理解し承認されたため、システムの改善に向けた具体的対応を実行に移した。

具体的対応

ネットワーク

映像制作では大容量のデータを取り扱うため、ネットワークインフラは重要な要素となる。しかしユーザーであるクリエイターやマネジメント部門から、インターネットの速度が遅く、制作に影響を及ぼしているという意見が相次いでいた。そのためまずは中核となる社内のコアネットワーク回線を1Gbpsから10Gbpsへ増速した。また、ネットワークセグメントをアクセスする先のサーバー別に分割して通信経路の最適化を行った。同時に老朽化していたネットワーク機器を更新し、性能向上を行った。

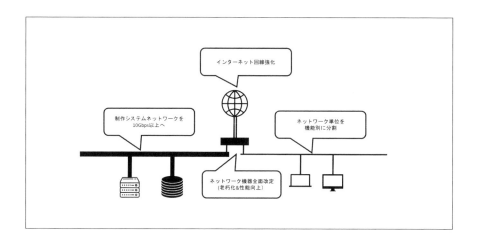

ストレージ

　カラーではそれまで、新しくプロジェクトが開始するごとにストレージを買い足していたため、データの分散が発生しており、それに対するバックアップのコストや使用感に対するストレスが増大していた。よって大容量かつ、増設するごとに性能が向上するDELL EMC製のスケールアウトストレージ「Isilon」を導入し、点在していたデータを結合のうえIsilonに保存した。加えて、災害に強い地域を選定してバックアップサーバーを設置し分散バックアップを行った。結果、カラーの企業データ並びに、総容量1PBに上る『新劇場版』シリーズの全てのデータへの高速なアクセスと、それらの保全が可能となった。

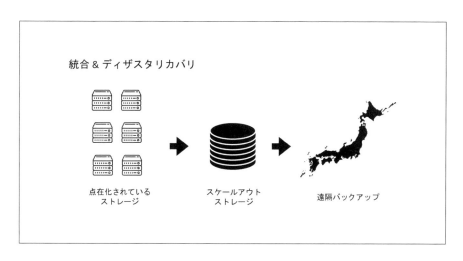

　しかし、この方法ではデータが増加するたびにスケールアウトストレージを購入する必要があり、プロジェクト数に比例してコストが増加する。そのため、アクセスの頻度のレベルを3種類に分類し、データのアクセスの頻度に応じたストレージメディアを導入することとした。

レベル1「アクティブストレージ」

　常時アクセスするデータ（制作中のカットデータや、設定資料などプロジェクト中に定常的に使用・参照するデータ）。前述のスケールアウトストレージを使用

レベル2「アーカイブストレージ」

　過去作品のデータ等「必要時に参照する」といった頻度でアクセスするデータ

レベル3「LTO（テープメディア）」

　全くアクセスしないが保存が必要なデータ

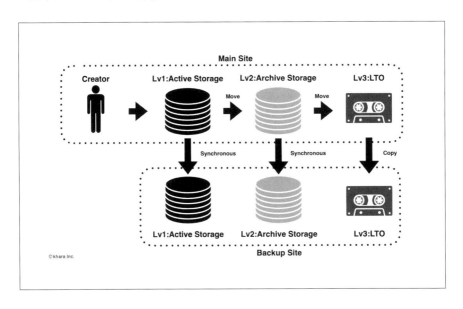

　上記の運用例として『エヴァ：Q』の扱いがある。『シン・エヴァ』の制作では『エヴァ：Q』のデータを「時期によっては高頻度に参照する」というような状況があった。しかしプロジェクトを通して常時アクセスが必要というほどではない。そういった

データをレベル1「アクティブストレージ」に保管したままではサーバーの容量を圧迫する。そのため、当該データはレベル2に分類し「アーカイブストレージ」に移動した。これによりレベル1「アクティブストレージ」の容量を削減し、費用増加を抑制することが可能となった。

アカウント

スタッフが増えるに従ってPCアカウントや、サーバーへのアクセス権限の管理（追加、変更、削除）コストは増大する。そのため、アカウントを統合的に管理するMicrosoft社製ディレクトリーサーバー「Active Directory」を導入し、管理の一元化を図った。

また、Microsoft社製「Azure AD」と前述の「Active Directory」を連携させながら、Google社製「Google Workspace」を導入し、クラウドサービスのアカウントの統一的な管理を行い、システム管理者のコストの削減を行った。

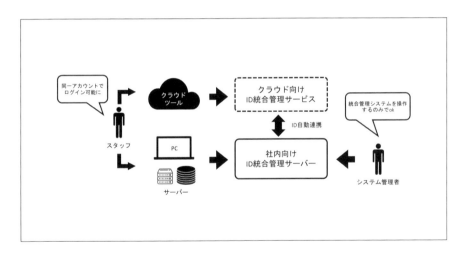

ファシリティ

既述の対応を行ってきたが、最終的にはサーバーやネットワークの基幹機材を格納する設備（ファシリティ）の構築に発展した。

一般的にITシステムを導入している企業はネットワーク設備等を格納する専用の部屋である「サーバールーム」を所持している場合が多い。カラーも例外ではなく、社内の一室をサーバールームとして利用していた。

ところが機材の増加に伴い、機材が発する熱が吸排気の限度を超えたため移設の必

要が生じた。こういった場合に通常、選択肢として上がるのは専用の設備である「データセンター」への移設や、インターネット上に構築された「クラウド」への移行である。これらの検討にあたっては「クリエイティブに専念できる環境の構築」「継続性のあるシステムの実現」に立ち返って、この2つを前提条件とした。つまり全てのユーザーがストレスなくネットワークを介してサーバーにアクセスできる環境であり、かつ、持続性を確保したシステムである。

しかし、これを満足するデータセンターやクラウドを用意すると相当の費用がかかり、プロジェクト費用を圧迫することが判明した。そのためアプローチを変え、自前での用意に切り替えることとした。

オフィスとは別の場所を借り、高速の光ネットワークを敷設し、サーバーを設置できるよう床上げして、空調の工事を行って機材を据え付けた。言うなれば自前の「小さなデータセンター」である。工事費用や継続的な賃貸料はかかるが、初期投資や運用費用を考慮してもデータセンターやクラウドを利用する費用を下回っており、投資対効果の高いシステムマネジメントを行うことができたと評価している。とはいえ、技術的な潮流としてはデータセンターやクラウドの利用が主流ではあるため、技術的要件やコスト的な条件が揃えばそれらの利用も検討する予定である。

自前の小さなデータセンター

その他・新型コロナウイルス感染症によるリモートワークの導入

　新型コロナウイルス感染症への対応として、原則リモートワークでの制作を行うことが会社として決定された。この実現に際してシステムマネジメントとしては「情報漏洩を決して起こさないリモートワークシステム」の導入と整備に重点を置いて検討した。

　検討の結果、会社に設置されている社用PCを遠隔操作し、自宅PCに画面転送を行うことで、自宅PCでは実質的にデータを取り扱わずに作業を可能とするリモートワークシステム「Splashtop Business」を導入した。これにより自宅PCがデータに接触する機会をなくし、安全なリモートワーク作業を全員に整備することができた。

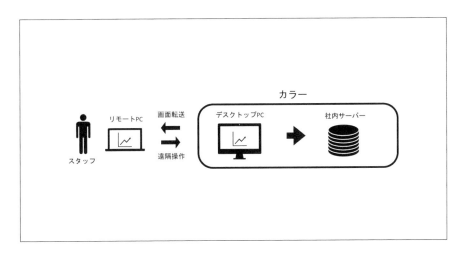

　本プロジェクトでは以上のシステムマネジメントを行った。しかし、これらは「マイナスをゼロ」にしただけとも言える。また、これらを行っている間に進んだ様々な技術革新も継続的にうかがっていく必要がある。「作品の完成に貢献するシステムマネジメント」に向けて、カラーのシステムには、依然として改善の余地があると考えている。

補足と備考

Virtual Cameraシステムの社内開発

　Virtual Camera（VC）とは、画面のあるハードウェア（例えばスマートフォン）をカメラとして用いて、3DCGで作成された空間を実際に動き回っているかのように撮影できる技術である。傍目からは部屋や会議室等の中でスマートフォンを使って室内を撮影しているだけのように見えるが、その画面上には3DCGによって作成された空間が映っており、スマートフォンを構えたまま向きを変えたり移動したりすると画面上の3DCG空間も動きに合わせて向きが変わり移動する。現実でスマートフォンを構えて特定の被写体を動き回りながら撮影しているときと同じような身体感覚で、3DCG空間を動き回り、カメラアングルを細かく調整しながら被写体を撮影することができる。

　VCは本プロジェクトにおいて重要な役割を担っており、2-5「成果物量」（p052）でも示した通り約9,500ショットが撮影され、コンテ制作や3DCGアニメーション制作に活用された（その導入理由と働きに関しては3-1「遂行の中枢　庵野秀明」p106にて詳述する）。

　本プロジェクトにおけるVC導入当初は既製のシステムを取り扱っていた。しかし当該システムは大掛かりであり、コストが大きく、小回りもきかなかったため協力会社とともに内製システムの開発に着手し、最初のバージョン以降はカラー単体でアップデートを続け、低コストでコンパクトな運用を実現した。

導入当初の既製のVCシステム（東宝スタジオ第6ステージを使用）

カラー社内で開発したVCシステム（カラー社内の会議室を使用）

以下は社内開発を行ったVCシステムの概要である。

システム構成

カテゴリ	スペック	備考
OS	Windows 10 64bit	
CPU	Intel Xeon® W-2123 3.60GHz	
RAM	64GB DDR4-2666	制作中に16GBから変更
SSD	512GB M.2	
GPU	NVIDIA Geforce RTX 2070	制作中にGTX 1070から変更

機材・環境

カテゴリ	使用機器	備考
プラットフォーム	Unity 2020.3 LTS Steam VR node.js	
VR機器	HTC VIVE ● ベースステーション（第1世代） ● VIVEトラッカー（第1世代）	センサー対角2個
画面転送	iPhone 8 iPhone X	
カメラの設定変更	Nintendo Switch JoyCon L+R	
フレーム	DIY（カーボン製）	DCCツールで造形後、stlを3Dプリンターから出力

運用

	導入当初（既製品）	カラー社内開発最新版
入力形式	・背景、キャラクターのFBXデータ（モーションキャプチャ用）	・背景、キャラクターのFBXデータ（DCCツール用のCGデータをリトポロジーしたもの）
出力形式	・モーションキャプチャデータ ※各工程用に加工後、それぞれで二次利用	・スチル動画(.mp4) ・カメラワーク付き動画(.mp4) ・シャッターコマ(.png) ・連番静止画(.png) ・カメラワーク(.fbx) ・メタデータ(.json)
運用人数	・オペレーター 2名 ・カメラマン 任意名 ・アクター 任意名 ・他、設営・運用・補助・安全確保スタッフ等	・カメラマン 1名 ・オペレーター 1名
必要面積	・約480㎡（東宝スタジオ6st）	・約15㎡（社内会議室）
メイン機能	・光学式モーションキャプチャ ・カメラトラッキング	・光学式VRトラッキング ・カメラトラッキング
撮影・補助機能	・カメラの画角変更	下記の機能は撮影時の状況を再現して出力される。 ・オブジェクト単位の表示／非表示 ・オブジェクトの移動 ・カメラの画角変更／35mm判換算 　8mm-800mmで2mmごと、396段階 ・レンズのシミュレーション／標準35mmモード、 　ARRI（AMIRAシミュレーションモード、 　iPhone シミュレーションモードの3パターン） ・視見台の範囲設定 下記の機能は撮影時のみ有効になり、出力時には通常撮影と同様に書き出される。 ・シーン全体のタイムリマップによるキャラクターのスローモーション化 ・シーン内のカメラマンのスケーリング ・シーンの時間帯の変更

VC撮影ワークフロー

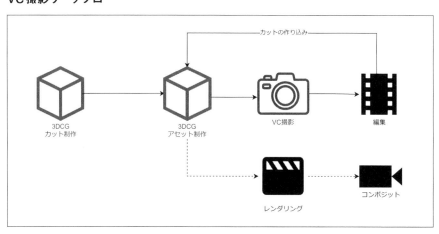

まず、ディテールの作り込みを行っていない、取り回しのしやすい容量の軽いアニメーションを用意する（3DCGカット制作・3DCGアセット制作）。次にカメラワーク、画角、アニメーションの使用範囲を決めて撮影する（VC撮影）。必要に応じて複数パターンの撮影も可能。それらをムービー形式で記録して出力し、編集に渡し、編集にて使用するパターンや使用尺等の選定を行う。編集にて選定されたものを細部まで作り込み（カットの作り込み・3DCGアセット制作）、出力（レンダリング）し、撮影（コンポジット）に渡す。

情報発信と連携

　継続的なシステムマネジメントには安定した人材供給と育成が必要である。しかし映像制作業界ではシステムマネジメントを専業とするエンジニアは多くない。その理由のひとつは、映像制作におけるその必要性が対外的に発信されていないことだと考える。そのため、カラーでは業界内外に対して積極的にアニメ制作におけるシステムマネジメントとシステムエンジニアリングに関する情報発信を行うよう努めている。以下は本プロジェクト完了後に行った講演等の実績である。

- 「アニメーション・クリエイティブ・テクノロジー・フォーラム（ACTF）2021 in TAAF」
  主催　：一般社団法人日本アニメーター・演出協会ACTF事務局
  開催日：2021年3月13日

- 「Connected Ink 2021」
  主催　：株式会社ワコム
  開催日：2021年11月17日

- 「Day One - CTO/VPoE Conference 2022 Spring」
  主催　：一般社団法人日本CTO協会
  開催日：2022年4月7日

- 「AI Days 2022」
  主催　：エヌビディア合同会社
  開催日：2022年6月8日

　また、2021年6月には、アニメ業界におけるシステムエンジニアの連携を強化しノウハウの共有を行うためのコミュニティ「Anime System Community」の発足に賛同し、運営支援を行っている。
　これらは広報活動であるため活動そのものはエンジニアリングとは言えないが、情報発信を通じてアニメ業界への安定した人材供給とその育成に貢献したく、今後も継続していく予定である。

2-8　リスク管理

　本プロジェクトでは、起こり得るリスクを事前に検討して見える化し、発生可能性と影響の度合いを識別し、ケースを想定して一次対応を策定するといった「リスク評価」は行っていない。以下のとおり本プロジェクトではリスク発生を封じるという「予防」、それでも発生したリスクへの「対応」という仕方での管理を行った。

予防1：コンテによるコントロール

　2-3「工程」（p036）、2-6「制作環境・コミュニケーション・進捗管理」（p062）にてコンテは「全てのカットの要求を記述した作品制作における基幹資料」と説明した。コンテの制作過程には実行・実現可能性の検証が含まれており、出来上がったコンテは「確実にできること」「確実ではないができる見通しがあること」「条件が整えばできること」という技術的制約に合致したものによって構成される。従って「できないこと」「できるかどうかよくわからないこと」はコンテの段階で排除される。そのため、実制作に着手する段階で明らかなリスクは排除されていることになる。

　逆にいえば、コンテ制作は実行・実現可能性の検証ができる者、すなわち各工程や技術的制約に対する理解を十分に持つ者が担当しなければ「できないこと」「できるかどうかよくわからないこと」がコンテに存在する場合があると言える。

予防2：発注打ち合わせ

　前項で「確実ではないができる見通しがあること」「条件が整えばできること」もコンテに含まれると書いた。これらもリスクと言える。

　2-6「制作環境・コミュニケーション・進捗管理」（p063）にて紹介した各種の「発注打ち合わせ」には、これらの「見通しが正しいか」「条件を用意できるか」という確認も含まれる。この場で「見通しが正しい」「条件を用意できる」として問題なしと結論できれば解決となり、リスクではなくなる。逆にこの場で「見通しは誤り」「条件は用意できない」と明確に結論できれば「確実にできること」の中から代案を用意することになり、これもリスクではなくなる。

この場で結論が出ない場合は「テスト（試作）」に移る。テストが必要と切り分けられたものについては工程の中にテストを組み込み、テスト結果を見て実行に移るかどうかを判断する。その結果問題なしと結論できればリスクではなくなるし、明確に問題がある場合はやはり「確実にできること」の中から代案を用意することになる。もちろん、条件や見通しを修正して再度テストをし、再判断を繰り返すことも多々ある。

　以上のように発注打ち合わせには、問題の有無の点検と、問題がある場合は問題を具体的に顕在化させ、かつ対応可能かを確認し、判断する機能がある。予防1のとおりコンテの段階でまず明らかなリスクを排除し、予防2の発注打ち合わせと付随するテストによって残るリスクを排除するという二段構えである。

　各判断は総監督や監督が行うが、総監督・監督には判断能力が必要であるとともに、当初計画を破棄するときに、確実にできることが何かを把握し、その中から代案（プランB）を捻出できる経験値や能力も必要と言える。

対応1：工程で捕捉

　予防を重ねたとしても問題を全て未然に防ぐことはできない。問題は必ず起きる。これに対応するため2-3「工程」（p032からp035）で示したように、本プロジェクトは「セクション責任者によるチェック」「副監督チェック」「監督チェック」「総監督チェック」といったチェックの機会を各成果物に対して複数設けている。それに加えて、チェック済みの最新成果物をVコンテに反映して更新し、Vコンテ上でのチェックも行う。これらによって問題を、あるいは問題の兆候をなるべく早く捕捉し、問題が小さなうちに、あるいは問題化する前に対処することを可能としている。

　頻度やタイミングは作品の性質や制作方法の性質によって異なるが、工程でのチェックと捕捉という考え方自体はアニメ制作の歴史的積み重ねによって生まれた方法であり、本プロジェクトもそれを踏襲している。

対応2：リテイク期間

アニメ制作では、各工程で作られた全ての成果物を「撮影」の工程で統合し、統合された成果物のチェック（ラッシュチェック）を経ることによって、

1. 各工程上のチェックで見過ごされていた問題の発覚
2. 各工程を計画どおり進めたが、それらを統合した結果、目論見どおりのものになっていないことの発覚
3. 修正や調整を加えたらより良くなる点の発見

が必ず発生することがわかっている。

これらに対応するため、ラッシュチェックをしたあとは、必ず発生する問題に対応するために特定の工程や作業者を設けるのではなく、問題に対応する「時間」を予め工程に組み込んでいる。それが「リテイク期間」である。リテイク期間では前記 1 2 3 の問題に対応すべく、あらゆる工程に立ち戻って修正を行い、修正後に改めて撮影を行ってラッシュチェックを行い、問題が解決するまでこれらを繰り返す。これもアニメ制作の歴史的積み重ねによって取り入れられた方法であり、本プロジェクトもそれを踏襲している。

対応3：トリアージ

本プロジェクトの基本態度として、リテイクとして識別されたものは全て対処するという共通認識があった。しかしスケジュールは有期のため、いつまでもリテイクを続けることはできない。そのため、スケジュールが差し迫った状況においては以下の優先順位（トリアージ）を付してリテイクは対処された。

1. ミスやエラー等により技術的な仕様を満たしていないもの（あるべき素材が抜けている、発注打ち合わせでの指定とは異なったものになっている、など）の修正
2. 演出上の要請と品質上の要請

以上の順番でまず大きな優先順位を付け、1 は必ず対処することとし、総監督と監督の目利きによって 2 の中でも優先順位を付けた。

補足と備考

「known unknown risks」と「unknown unknown risks」

　具体的に「何」とはわからないが、このタイミングやこの局面では何かしらの問題が起き得ると予見できることがままある。これを「known unknown risks」という。

　具体的に「何」かもわからないしそれが起き得ることも予見できない、それが起きるまで起きると想像もできなかった問題というものもままある。これを「unknown unknown risks」という。[1]　前者の「known unknown risks」には事前に照準を合わせて具体的な準備をすることはできないが、何かが起きるだろうという警戒感を持つことができる。それは例えば「通常より気をつけてチェックする」といった態度で表れたりするはずで、問題が起きた時に「やはり起きたか」というような受け止め方をするはずである。従って「このタイミング」や「この局面」では人員を予め厚くしておく、といった間接的な準備をすることもできるだろう。他方、後者の「unknown unknown risks」は無警戒な時に突然何かが起きる。「突然」というのは、実際に突然のこともあれば、本来は突然ではなく予兆があったとしても、その予兆を捉えられていないため突然のように感じる、ということもある（予兆を捉えていたらそれは「known unknown risks」である）。

　警戒しようがしまいが、そのいずれも事前に具体的な手を打てない以上は問題が起きてからその事象に合わせて対応をするしかない。「工程での捕捉」と「リテイク期間」はそのいずれにも対応する仕組みとしてある。

　「known unknown risks」の経験は「known known risks（具体的に「何」がこのタイミングやこの局面で起き得るか予見できる）」の範囲を拡げて事前に具体的な準備が可能なものを増やし、「unknown unknown risks」の経験は「known known risks」「known unknown risks」双方の範囲を拡げるものになるはずである。これらはノウハウとして個別のプロジェクトや、当該プロジェクトを有す

---

[1]　2002年2月12日にアメリカ合衆国のドナルド・ラムズフェルド国防長官（当時）が記者会見で述べた以下の答弁をきっかけに有名になった言葉だが、それ以前から用いられてきた考え方でもある。

"Reports that say that something hasn't happened are always interesting to me, because as we know, there are **known knowns**; there are things we know we know. We also know there are **known unknowns**; that is to say we know there are some things we do not know. But there are also **unknown unknowns**—the ones we don't know we don't know. And if one looks throughout the history of our country and other free countries, it is the latter category that tends to be the difficult ones."

「何かが起きなかった、という報告にはいつも興味深いものを感じる。知ってのとおり「**知っているということをわかっている**」、つまり私たちはそれを知っている、ということを私たちがわかっている物事がある。ほかにも「**知らないということをわかっている**」、つまり私たちはそれを知らない、ということを私たちがわかっている物事がある。さらに「**知らないということをわかっていない**」、私たちはそれを知らない、ということさえ私たちがわかっていない物事、というものもある。そして、わが国や他の自由主義国の歴史を見わたすと、非常に難しいものになる場合が多いのは最後のカテゴリーに属するものだ。」（執筆者による仮訳）

る組織を成熟させるものだろう。

「known unknown risks」だろうと「unknown unknown risks」だろうと、どちらも問題が起きた時に対応するしかないという点では共通している。しかしより危険なのは警戒も間接的な準備もすることのできない「unknown unknown risks」だろう。

本プロジェクトに限らず、新型コロナウイルス感染症流行による影響は多くのプロジェクトにとって「unknown unknown risks」だったはずである。しかし、例えばリモートワークへの急速な切り替えは困難でありながらも対応可能なものだった。

ところが、流行規模がグローバルなため、海外都市における突然の厳しいロックダウンによってコミュニケーションや物流が停止し、突如海外に発注ができなくなるという事態にはすぐに対応することができなかった。アニメ制作における専門的な内容になるので詳細は割愛するが、本プロジェクトに限らず日本で制作されるほとんどの商業アニメ制作では一部の工程について、国内のみで制作することは現実的に困難なため、部分的に、場合によっては特定の工程の大部分を海外企業に発注することが前提になっている。そのためロックダウンで一時的に海外企業への発注が不可能になった時には、本プロジェクトを含めて日本国内の非常に多くのアニメ制作が影響を受けた。海外企業側がロックダウンに対応した体制を構築したのちは影響もなくなり、流行以前と変わらない状況に回復したが、それまでの間の影響は非常に大きなものだった。

あとから振り返ればもともと脆弱性のある制作システムで、新型コロナウイルス感染症流行によらずともいつかは起きる問題でしかなかったと言えるかもしれない。しかし本件に限らず「unknown unknown risks」というのは、起きたあとから考えるといつ起きてもおかしくなかったように見えるものであったとしても、起きてから初めてその可能性や脆弱性を認識できるもので、起きてから対応するしかない。

長いアニメ制作の歴史の中で先人たちが数々の「known unknown risks」と「unknown unknown risks」を味わった結果、発生が予見でき対応が準備できるものは具体的な知識や技術として伝えられている。そうではないもの、起きてから対応するしかない問題に対してどう対応するか——。

先人たちが、具体的な対応例や対応策を細分化して増やしていくのではなく、「仕組み」の中に対応性を持たせたもの。それが「工程での捕捉」や「リテイク期間」のように思われる。「known unknown risks」も「unknown unknown risks」も起きることが避けられないので、起きることを前提とした仕組みにしておくというアプローチである。結果、これらは商業アニメ制作のプロジェクトにおいてはほとんど意識されることなく常識的に、テンプレート的に今日も運用されている。

2-9 新型コロナウイルス感染症の影響と対応

『シン・エヴァ』は2019年12月27日（金）に初めて公開日を発表した。当初設定した公開日は2020年6月27日（土）だったが、新型コロナウイルス感染症流行の影響による公開延期を二度経て、2021年3月8日（月）に劇場公開し、同年7月21日（水）に一部劇場を除いて終映した。その経緯を振り返りたい。

公開まで3ヶ月を切っていた2020年4月7日（火）に内閣総理大臣から埼玉県、千葉県、東京都、神奈川県、大阪府、兵庫県、福岡県の7都府県を対象に緊急事態宣言が発出された。緊急事態宣言は2020年3月13日（金）に成立した新型コロナウイルス対策の特別措置法に基づく措置で、これが新型コロナウイルスの流行を理由に発出された初めての緊急事態宣言となった。これを受けて同月14日（火）に『シン・エヴァ』は公開延期を決定し、4月17日（金）に1度目の公開延期の発表をした。発表前日の4月16日（木）には緊急事態宣言の対象が全都道府県に拡大した。『シン・エヴァ』だけでなく複数の作品が同じ時期に公開延期を決定している。

HPに発表した公開延期のお知らせと、庵野秀明のメッセージ

2020年の3月や4月時点では感染者数の推移の予測、並びに感染拡大によって生じる総合的な影響の予測は立てられず（あるいは日に日に、もしくは人・立場によって変わり）、ワクチンや治療薬の目処は立たず、人と近距離では接触しないことと、常

にマスクをして頻繁に手洗いと消毒を行うことくらいしか有効に思える対策はなく、従って公開可能時期の見通しは立てられなかった。加えて、年間に劇場公開される映像作品数は夥しいが、劇場公開日は作品ごとに複数の関係者（製作、制作、配給、劇場など）間で、なるべく作品同士の干渉を避けて利益を最大化できるよう、あるいは不利益を最小化できるよう調整したうえで先々まで決めている。にもかかわらず多くの作品が同時期に公開延期となったことで影響は玉突き的に拡大し、この点でも見通しを立てることは困難だった。以上の状況を鑑み、スタッフに以下が伝達された。

【取り扱い注意】シン・エヴァンゲリオン劇場版　今後の制作指針に関しまして

シン・エヴァンゲリオン劇場版制作関係者様並びに、制作関係各社様

お疲れ様です。株式会社カラー代表取締役 緒方です。

皆様には、新型コロナウィルスに対するクラスター予防、先日発令されました緊急事態宣言に伴う出社自粛要請を踏まえた対応におきまして、大変なご迷惑、ご不便をおかけしております。
また、急場での迅速なご対応、ご尽力、ご配慮を賜りました事、誠に有難うございます。

今般の緊急事態宣言に伴う対応をうけ、現在制作佳境にあります『シン・エヴァンゲリオン劇場版』の完成スケジュールに与える影響は甚大であり、今後の見通しと公開への方針に関しまして主幹三社である東宝、東映、カラーで協議した結果を皆様にお伝えいたします。

『シン・エヴァンゲリオン劇場版』は、新型コロナウィルスに伴う国内の未曾有の事態と、それに伴う映画興行情勢を鑑み、当初予定しておりました2020年6月27日の公開は困難と判断し、公開の延期を延期する事となりました。
延期後の公開日に関しましては、現状未定となります。
新型コロナウィルスによる緊急事態宣言に伴う国内情勢の動向と影響、数多延期タイトルとの競合調整を見極めつつ、今作が最大化できる時期を熟慮の上、判断させて頂きます。

つきましては、今回の公開延期に伴い、再考する制作スケジュールに関しましては、想定興収と公開延期を踏まえた自社出勤予算、外注各社様、フリースタッフ様の今後のお仕事のご予定、今回の自粛対応による損失時間、海外発注を含むコロナ禍に於いて発生したクオリティリカバリに要する時間を熟慮した上で、改めて完成想定ラインを早々に制作プロデュース部門よりご案内させて頂きます。

しかしながら、現状は先の見通せない事象が続いております故、あくまでも現状を踏まえた最善の提案という形とならざるを得ない事、ご理解頂けますようお願い致します。
より情報が悪化した場合に起きましては、ご提案したスケジュールから都度柔軟な調整を行わざるを得ないため、事態に応じての変更に関しましては、重ねてご理解頂けますようお願いいたします。

尚、公開延期の一般へのリリースに関しましては、配給各社、宣伝部と調整の上、4月中旬早々を目処に発表予定です。
世間的にも関心の高いリリースとなり、配給側や他のタイトルとの調整含めナーバスな調整をしております為、**正式リリース前での不用意な情報発信等は厳に謹んで頂きますようお願い申し上げます。**

大変な情勢下ではございますが、引き続き何卒ご尽力の程、よろしくお願い申し上げます。

前略。

緒方副社長からの連絡通り、未曾有の事態に伴い公開延期と初号の後ろ倒しもやむを得ない状況下となりました。
制作期間が伸び、多少安堵の気持ちも出てくるかと思いますが、作業効率の低下に伴う延長なのでここは気を緩めず、個々の感染防止と仕事に対し、改めて気を引き締め、作業を全うして行きたいと思います。

世界中が大変な事態ですが、何とか乗り切って面白いアニメーション映画を世界中に届けましょう！

皆様、改めてよろしくお願いします。

庵野秀明

これにより本プロジェクトは以下の方針をとった。

1. スタッフの安全確保と公開可能時期の見通しがつかない状況を鑑み、2020年6月27日公開に合わせた追い込み・ラストスパートは中止

2. リモートワークによる制作システムと環境を速やかに構築して安全を確保し、それまでの、人員をスタジオに集中させることを前提に最適化していた制作システムと環境から移行させる

3. 制作システムと環境の変化に慣れるまでは、あるいは慣れたとしても、生産性が相当に低下することを考慮する

4. 制作は粛々と続け、いずれ公開日が再設定できるようになり、新たな公開日に合わせた納期が到来するまでは、できる限り作品の洗練を続け、より良い作品に仕上げる

　本プロジェクトではカラーのシステム部によって速やかにリモート環境整備の調査を行い、すぐにリモートデスクトップアプリの「Splashtop」を選定して導入した。リモート作業のための仕事用PCについては個人所持のPC、会社からのPC貸与のいずれも選択可とした。その他、作画作業に使用する特殊な机（作画机・作監机）の会社から作業者宅への運び込み等も協力して行われた。

　それらによる環境整備のもと、緊急事態宣言中は原則リモートワークのうえ出社人員を2割未満とし、東京都によるガイドラインを参照しながら管理部によって出社者への1日1枚のマスクの配布、手指消毒用アルコールの配備、換気、人の出入りがある場所の定期的な消毒清掃等が行われた。以上の対応と、幸運に恵まれ本プロジェクトでは新型コロナウイルスの感染による直接的な影響が発生することはなかった。

　また感染流行時期が、緻密な意思疎通や細かなニュアンスの確認のための直接・長時間・頻繁なコミュニケーションがなければ着手や進捗が現実的には不可能なフェーズが過ぎたあとだったことも大きな幸運だった。

　これらを経て2020年10月6日（火）に改めて劇場公開日を発表した。再設定した公開日は2021年1月23日（土）であった。『シン・エヴァ』は2020年12月17日に完成し、SNSを通して完成をファンにも報告した。同月21日（月）から24日（木）にかけてスタッフに向けた関係者試写会を計9回行い、同月25日（金）に本予告映像も公開し、翌月の劇場公開を待つのみとなったが、2021年1月8日（金）に首都圏に対する再び

の緊急事態宣言発出を受け、同月14日（木）に公開の再延期を発表した。再度、公開日は未定となった。

スタッフ、関係者に伝達されたメール　　　　　　HPに発表した公開再延期のお知らせ

また、これを受けて本予告映像から1月23日の公開日を削除し、代わりに「公開日検討中　共に乗り越えましょう。」の文言を加えた。

2021年1月14日公開の本予告・改より

この緊急事態宣言は当初2021年2月7日（日）までを期限としていたが、2月1日（月）に3月7日（日）まで延長することが発表され、さらに3月5日（金）に3月21日（日）まで延長することが発表された。しかしながら流行当初とは異なり劇場にお

ける感染対策の有効性が検証され、かつ継続的に各劇場にて感染対策がなされていた
こと、感染リスクを軽減する鑑賞マナーが定着したこと、その結果2020年の流行の始
まりから、1日あたりの国内新規感染者数が最大（当時）となった2021年1月を経
て、2月に至っても一度も劇場利用に起因するクラスター発生が報告されなかったこ
とを鑑み、2021年2月26日（金）に、翌月の3月8日（月）に劇場公開することを発表
した（公開日決定に関する経緯の詳細は3章の「内部評価　緒方智幸」内の「宣伝とプ
ロデュースの観点　公開日の判断」p161、6章「外部評価　紀伊宗之」内の「月曜日公
開について」p216も併せて参照頂きたい）。

HPに発表した公開日決定のお知らせ

　その後も新型コロナウイルス感染症による厳しい自粛要請は依然として続き、緊急事態宣言から経過措置期間を経てまん延防止等重点措置への移行、そのまま途切れることなく3度目の緊急事態宣言に移行したことによって東京都全域を含む一部地域での劇場の短縮営業は続いた。この間に訪れたゴールデンウィークには東京都、大阪府、京都府、兵庫県の劇場に対して時間短縮営業ではなく休業要請が出された。

　再び緊急事態宣言から連続する形でのまん延防止等重点措置が適用され、再び途切れることなく4度目の緊急事態宣言に移行し、やはり東京都全域を含む一部地域での劇場の短縮営業は続いた。

　終映間際の2021年7月12日、公開から127日目に『シン・エヴァ』は興行収入100億円を突破した。通常の上映体制を敷くことは公開日から終映日まで一度もできなかった。一方、劇場利用に起因するクラスター発生は一件も報告されることはなかった。

社員各位

皆さんの尽力のお陰で、シン・エヴァの興収がついに１００億の大台を超えました。
本当にありがとうございます。

会社からの気持ちとして賞与とは別にささやかながら、金一封を出しておきたいと思います。

改めて、御苦労様でした。
そして、ありがとうございました。
更に、これからも当社作品をよろしくお願いします。

代表取締役　庵野秀明

庵野秀明からスタッフに送られたメール

　政府の新型コロナウイルス感染症対策分科会はコロナウイルス流行第5波、4度目の緊急事態宣言のさなかの2021年8月12日（木）に行われた会見で、「感染リスクが比較的低い場所」として「観客が声を出さないコンサートや演劇」「映画館」「公園」「図書館や美術館」を挙げた。

　以下は本プロジェクトに対する新型コロナウイルス感染症の影響をまとめた年表である。

『シン・エヴァ』と新型コロナウイルス感染症をとりまく状況		
	新型コロナウイルス感染症をとりまく状況	『シン・エヴァ』をとりまく状況
2019年		
12月27日(金)		2020年6月27日(土)の公開を発表
2020年		
1月6日(月)	厚労省「中国内陸部で、原因となる病原体が特定されていない肺炎の患者」に関する注意喚起	
1月8日(水)	世界保健機関(WHO)「新型ウイルスの可能性否定できない」	
1月14日(火)	**WHO、新型コロナウイルスを確認。「今のところ大規模に感染が広がっている状況ではない」「家族間など限定的だがヒトからヒトに感染する可能性もある」**	
1月23日(木)	WHO「「国際的に懸念される公衆衛生上の緊急事態」には現時点ではあたらない」 一方、感染の広がりやすさなど多くのことがまだわかっていないとして感染源の特定や感染拡大を防ぐ対策の強化を呼びかけ	
1月30日(木)	**WHO、「国際的に懸念される公衆衛生上の緊急事態」を宣言**	
1月31日(金)	新型コロナウイルス感染症を、感染症法における「指定感染症」、検疫法における「検疫感染症」への指定を決定。2月1日から施行	社内各所に手指消毒設備を設置し消毒を励行、社内備蓄よりマスク(1人1日1枚まで)の配布
2月11日(火)	WHO、新型コロナウイルスを「COVID-19」と名付ける	
2月中旬以降	日本国内における行事、催し、各種イベント等が延期・中止・無観客開催になり始める	
2月20日(木)		撮影工程の本格稼働が始まり、ラッシュチェックとリテイクが始まる
3月2日(月)	感染症対策のため小学校、中学校、高等学校及び特別支援学校等の一斉臨時休校始まる	
3月10日(火)	**政府、新型コロナウイルス感染症を「歴史的緊急事態」に初指定**	
3月11日(水)	**WHO、「パンデミックと言える」**	
3月13日(金)	新型コロナウイルス対策の特措法成立。「緊急事態宣言」可能に	
3月23日(月)	WHO、新型ウイルス ワクチン開発には「最短でも1年かかる」	
3月24日(火)	**東京オリンピック・パラリンピック、1年程度の延期を合意**	
3月27日(金)	国内の感染者 1日の人数として初めて100人を超え123人	
3月28日(土)	国内の感染者 1日の人数として初めて200人を超え202人	
4月1日(水)	政府「全世界からの入国者に2週間の待機要請」決定	リモートデスクトップアプリ「Splashtop」を全面導入
4月3日(金)	国内の感染者 1日の人数としては初めて300人を超え357人	
4月6日(月)		総監督含め、原則リモートワークに切り替え(特別な事情があるスタッフは除く)
4月7日(火)	**政府、7都府県に「緊急事態宣言」発出。対象は東京、神奈川、埼玉、千葉、大阪、兵庫、福岡。宣言の期間は【5月6日】まで**	
4月8日(水)	国内の感染者 1日の人数として初めて500人を超え527人	
4月10日(金)	国内の感染者 1日の人数として初めて600人を超え644人	
4月11日(土)	国内の感染者 1日の人数として初めて700人を超え720人 この日をピークに緩やかに感染者数は低減	
4月14日(火)		公開延期を決定。スタッフに公開延期決定の旨を伝達
4月16日(木)	**「緊急事態宣言」全国に拡大。これまで宣言対象の東京、神奈川、埼玉、千葉、大阪、兵庫、福岡に加え、北海道、茨城県、石川県、岐阜県、愛知県、京都府の6道府県を加えた合わせて13道府県では特に重点的な感染拡大防止の取り組みを進めていく必要があるとして「特定警戒都道府県」と位置付け。宣言の期間は【5月6日】まで**	映画館に対して休業要請が発出される
4月17日(金)		**公開延期を発表**
5月4日(月)	政府、「緊急事態宣言」を【5月31日】まで延長することを決定	
5月22日(金)		6月からリモートワークは原則ではなく希望者とし、7月から通常勤務形態に戻すことを目標にする旨を周知
5月25日(月)	政府、「緊急事態宣言」を全国で解除	
6月29日(月)		状況を鑑みて、7月移行も希望者はリモートワークの継続を許可する旨を周知

『シン・エヴァ』と新型コロナウイルス感染症をとりまく状況		
	新型コロナウイルス感染症をとりまく状況	『シン・エヴァ』をとりまく状況
2020年		
10月6日(火)		**2021年1月23日(土)の公開を発表**
12月17日(木)		『シン・エヴァ』完成。SNS上で完成を報告
12月21日(月)〜24日(木)		関係者試写会を実施。試写会の様子を参加者とともにSNS上で発信
12月26日(土)	政府、全世界からの外国人の新規入国を12月28日から翌1月末まで停止	
12月31日(木)	東京都で1337人、全国で4520人の感染確認。ともに過去最多。	
2021年		
1月5日(火)	首相、「緊急事態宣言」の発出を7日に決定の方針	
1月7日(木)	政府、1都3県に「緊急事態宣言」の発出を決定。対象は東京、埼玉、千葉、神奈川。期間は【1月8日から2月7日】まで	映画館は営業時間を20時まで、収容率を50%以下までとする協力要請が発出される
1月8日(金)	全国で7,957人の感染確認。過去最多。この日をピークに緩やかに感染者数は低減	
1月12日(火)		公開再延期を決定。スタッフに公開再延期の旨を伝達
1月13日(水)	政府、「緊急事態宣言」を拡大。これまで宣言対象の東京、埼玉、千葉、神奈川に加え、大阪、兵庫、京都、愛知、岐阜、福岡、栃木の合わせて11都府県に。期間は【2月7日】まで	
1月14日(木)		**公開再延期を発表**
2月1日(月)	政府、「緊急事態宣言」を栃木を除く10都府県について【3月7日】まで延長	
2月17日(水)	医療従事者へのワクチン接種始まる	
2月24日(水)	首相、4月12日から高齢者にワクチン接種を開始予定と発表	
2月26日(金)	首相、2月28日をもって首都圏を除く大阪、兵庫、京都、愛知、岐阜、福岡6府県の「緊急事態宣言」解除を表明	スタッフに公開日決定の旨を伝達
	1日の全国感染者数平均が約1,000人まで低減。2020年11月上旬並に	**2021年3月8日(月)の公開を発表**
3月5日(金)	政府、東京、埼玉、千葉、神奈川の首都圏1都3県の「緊急事態宣言」を【3月21日】まで延長決定	劇場における感染対策の有効性が検証され、かつ継続的に各劇場にて感染対策がなされていたこと、感染リスクを軽減する鑑賞マナーが定着したこと、その結果2020年の流行の始まりから、単日の国内新規感染者数(当時)が最大となった2021年1月を経て、2月に至っても一度も劇場利用に起因するクラスター発生が報告されなかったことを鑑み、3月8日(月)の公開変更せず なお、映画館の営業時間短縮と収容率制限の協力要請は継続
3月8日(月)		**『シン・エヴァ』公開**
3月21日(日)	政府、「緊急事態宣言」を全国で解除	
4月1日(木)	政府、「まん延防止等重点措置」を大阪、兵庫、宮城で適用決定。【4月5日】から適用。期間は【5月5日】まで	
4月9日(金)	政府、「まん延防止等重点措置」を東京、京都、沖縄で適用決定。【4月12日】から適用。期間は京都と沖縄で【5月5日】まで。東京で【5月11日】まで	
4月12日(月)	高齢者へのワクチン接種始まる	
4月20日(火)	政府、「まん延防止等重点措置」を神奈川、埼玉、千葉、愛知で適用開始。期間は【5月11日】まで。以降も適用が広がる	
4月23日(金)	政府、4都府県に「緊急事態宣言」の発出を決定。対象は東京、大阪、兵庫、京都。期間は【4月25日から5月11日】まで	4都府県で「緊急事態宣言」に合わせて床面積1,000平方メートル超の映画館に対して休業要請、1,000平方メートル以下の映画館に対して休業依頼が発出
5月7日(金)	政府、緊急事態宣言を【5月31日】まで延長決定。これまでの東京、大阪、兵庫、京都に加えて愛知と福岡を追加	東京と大阪では床面積1,000平方メートル超の映画館に対して休業要請、1,000平方メートル以下の映画館に対して休業依頼を継続。その他の府県では短縮営業と収容率制限を協力要請
5月8日(土)	全国で7,238人の感染確認。この日をピークに緩やかに感染者数は低減	
5月14日(金)	政府、「緊急事態宣言」の拡大を決定。北海道、岡山、広島を追加。期間は【5月16日から6月13日】まで	
5月21日(金)	政府、「緊急事態宣言」の拡大を決定。沖縄を追加。期間は【5月23日から6月20日】まで	

『シン・エヴァ』と新型コロナウイルス感染症をとりまく状況		
	新型コロナウイルス感染症をとりまく状況	『シン・エヴァ』をとりまく状況
2021年		
5月28日(金)	政府、「緊急事態宣言」の延長を決定。対象北海道、東京、愛知、大阪、兵庫、京都、岡山、広島、福岡の9都道府県。期間は沖縄と同様の【6月20日】まで。「まん延防止等重点措置」についても埼玉、千葉、神奈川、岐阜、三重の5県の期限を【5月31日から6月20日】まで延長	床面積1,000平方メートル超の映画館は営業時間を21時までとする協力要請、1,000平方メートル以下の映画館は営業時間を21時までとする協力依頼が発出
6月17日(木)	政府、沖縄を除く9都道府県で6月20日をもって「緊急事態宣言」を解除し、このうち北海道、東京、愛知、大阪、兵庫、京都、福岡の7都府県の「まん延防止等重点措置」への移行を決定した。期間は【7月11日】まで。既に「まん延防止等重点措置」が適用されている5県のうち、岐阜と三重は6月20日で解除する一方、埼玉、千葉、神奈川の3県は【7月11日】まで期間を延長することも決定	床面積1,000平方メートル超の映画館は営業時間を21時までとする協力要請、1,000平方メートル以下の映画館は営業時間を21時までとする協力依頼は継続
7月8日(木)	政府、「緊急事態宣言」の発出を決定。対象は東京と沖縄。期間は【7月12日から8月22日】まで。既に沖縄県に出されている宣言も【8月22日】まで延長。また「まん延防止等重点措置」は、埼玉、千葉、神奈川、大阪の4府県では【8月22日】まで延長し、北海道、愛知、京都、兵庫、福岡の5道府県は、7月11日の期限をもって解除を決定	床面積1,000平方メートル超の映画館は営業時間を21時までとする協力要請、1,000平方メートル以下の映画館は営業時間を21時までとする協力依頼は継続
7月12日(月)	政府、東京と沖縄に「緊急事態宣言」を発出	『シン・エヴァ』興行収入100億円を突破
7月21日(水)	東京2020オリンピック競技開始（開会式は7月23日）	**『シン・エヴァ』、ほとんどの映画館で終映**
8月2日(月)	政府、「緊急事態宣言」を拡大。これまで宣言対象の東京、沖縄に加え、埼玉、千葉、神奈川、大阪の合わせて6都府県に。期間は【8月31日】まで延長	
8月8日(日)	政府、「まん延防止等重点措置」を拡大。福島、茨城、栃木、群馬、静岡、愛知、滋賀、熊本の8県を追加し、期間は【8月31日】まで	
8月12日(木)	政府、第5回新型コロナウイルス感染症対策分科会提言として「感染リスクが比較的低い場所」に「観客が声を出さないコンサートや演劇」「映画館」「公園」「図書館や美術館等の社会教育施設」を挙げる	
8月13日(金)		『シン・エヴァ』Amazon Prime Videoにて日本を含む240の国と地域で配信開始

出典：

- 新型コロナウイルス感染症対策 基本的対処方針に基づく対応（内閣官房）

  https://corona.go.jp/emergency

- 特設サイト 新型コロナウイルス（NHK）

  https://www3.nhk.or.jp/news/special/coronavirus/chronology/

  https://www3.nhk.or.jp/news/special/coronavirus/data-all/

3章

プロジェクト省察

本章では、本プロジェクトを遂行に導いた要因についてプロジェクトスタッフの視点から検討を行い、それらを集積のうえ取りまとめた。

緒言1：プロジェクト成否考

　本書では、プロジェクトを「成功」「失敗」の尺度で扱うことをなるべく避けている。当事者としては、目標を達成したのだから本プロジェクトは成功したと言いたい思いは強い。しかしながら、実際のところ何をもってプロジェクトが成功・失敗したと決められるのかは不明に思われる。

　一般的にプロジェクトの成否は、予算とスケジュールを計画内に収められたか、定めた要求仕様を満足したか、決定した達成指標を満足したか、といったものによって判定されるはずである。しかし現実にはプロジェクト成否の判定根拠がそれらには収まらないことも、成功とも失敗とも一概に判定できないことも、判定が割れることもある。

　一例を挙げると、前述の一般的な成否基準に照らせば3度目の有人月面探査を計画しながらそれが叶わなかったアポロ13号は失敗したプロジェクトであり、アメリカ航空宇宙局（NASA）におけるプロジェクト単体の評価においてもそのように扱われているはずである。しかし実際にはNASAのアイデンティティ、宇宙開発史、また一般認識においてもアポロ13号は「宇宙空間での事故発生により重大な危機に瀕しながらも、クルー全員の地球への生還を達成した、偉大な成功を収めたプロジェクト」として位置づけられているようにうかがえる。

　日本国内に目を向けると、例えば20世紀に行われた数々の大規模工事のうち、予算もスケジュールも大幅に超過し、作業者の中に死傷者も多数（2023年現在の日本の感覚では驚くほど多数）出て、世論レベルの非難を集めたような難工事が、時を経ると非難は消え、その設備や建築物がそこにないことが想像できないほどに生活や経済活動に定着していたりする。ものによっては、非難囂々の状態で工事を遂行した事実と経験そのものが、時を経て、プロジェクトに関わった人、企業や地域の誇り、ナラティブになっていることもある。これらは失敗だろうか。成功だろうか。

　このような大きなプロジェクトだけでなく、ごく身近で小規模なものであっても「このプロジェクトをやってよかった」「やらなければよかった」と個人レベル、チームレベル、企業レベルで感じることがあり、それは当該プロジェクト完了時の成否判定とは無関係に想起されたりする。そしてそれらもまた、時間経過によって真逆に評価が変わったりもする。あるいは当事者の評価と第三者の評価が真逆になることもある。

　予算、スケジュール、達成指標、要求仕様といった定量的な、または明確な基準はプ

ロジェクトの開始にも推進にも完了にも必須である。他方でプロジェクトには定性的な、そして曖昧な要素が多くあり、それらが基準を飛び越えて影響してしまう場合があることも揺るぎない。それは、長い時間が経過したあとに遡行的にプロジェクトの評価を真逆に変えてしまう場合もあるほどに、ある意味では厄介なものである。

　そこから考えられるのは、プロジェクトの成否は今現在一般的に当てはめられている考え方よりも、もっと大きな範囲と、もっと多くの尺度を持ったものに感じられる。

　よって本書では、取り扱いきれない「プロジェクト成否」ではなく、取り扱うことができるように見える「プロジェクト遂行」に焦点を置いた。

緒言2：別の結果になり得た可能性から
プロジェクト遂行を振り返る

　本章では本プロジェクトを遂行に導いたものは何だったかについて考える。その準備としてまずは一般論から考えてみたい。

　ある完了したプロジェクトのスタッフに「あなたのプロジェクトを遂行に導いたものは何ですか？」と尋ねたとする。おそらくそのスタッフはプロジェクトの複雑な経緯や関係性を踏まえながら、自身だけでなく複数のメンバーの視点も交えて回答を試みるが、十全に答えられた感触が持てない。より具体性を上げて粒度を細かくしてみると、複雑で、際限がなく、発散性も高まったものになる。反対に抽象度を上げると「結局は皆が頑張ったから」「運がよかったから」というような何にでも当てはまる大きすぎる包括性に回収される。他方で「これが答えだ」と言えるようなものが存在している気配も感じられるが、具体的に特定して捕まえることはできない。そのようなことが起きるのではないだろうか。

　他方、講演等で聴衆に「私たちのプロジェクトを遂行に導いたもの」というプレゼンテーションをする場合はどうか。ある具体的な新規技術や他にはない自分たちならではの方法を導入し、ある具体的な困難に遭遇することもあったが、スタッフの努力と執念によってある具体的な解決方法を発見したことで遂行に導くことができた、といったように答えることができるのではないだろうか。これは具体的かつ、単純化した形で遂行の様態を表しているといえる。

　しかし改めて、他のスタッフに「あなたのプロジェクトが遂行されたのはプレゼンテーションで示された理由によってですか？」と尋ねたら「それはそのとおりだが……」と反応されるのではないだろうか。この「だが……」のあとには「それだけではなく」と言葉が続いて本文冒頭の「あなたのプロジェクトを遂行に導いたものは何か？」と尋ねたときと同じジレンマが繰り返されるのではないだろうか。

　つまり遂行に導いたものについての説明を試みようとするとき、単純明快に答えることは可能だがその場合こぼれ落ちるものは多く、かといってこのこぼれ落ちたものを全て拾うことはできず、仮に全てを拾うことができたからといってそれが答えを形作るとも限らない。全てを取りこぼさないよう抽象度を上げると何にでも当てはまる

ような曖昧で説明機能のないものになる、ということが起きる。これらは本書の制作
過程で辿ったことでもある。

　本章では別のアプローチを試みたい。すなわち遂行に導いたものは何かという問い
に答えを出す、というアプローチではなく、もしも「これ」が別のもの、別の条件だっ
たらプロジェクトの結果は"今あるものではなく別のものに変わっていた可能性"があ
るのではないか、と考えてみた場合の「これ」について検討してみたい。

　今あるものではない別のものとは何か。"今この結果"が出ている以上、具体的に想
像することは難しい。理屈上ではあらゆるパラメータの変化があらゆる別の結果（気
づくことができないほど微細なものを含めて）を引き出すため、起こり得る別の結果
は無数にある。単一のパラメータのごくかすかなゆらぎが思いがけない連鎖反応を引
き起こして全く別の結果を導く（いわゆるバタフライ効果）可能性もある。

　だが、可能性の数を追い求めることは本書の目指すところではないし、理屈上は無
数の結果があり、厳密にはそれらは全て異なるものであったとしても、距離を置いて
引いた視点から観察すればほとんどの場合はある振れ幅に収斂したものになるだろ
う。他方、かすかなものでありながら有りようを根本から変えてしまうようなものに
ついては、想像することが決してできない性質のものである。

　ゆえに本章で焦点を合わせるのは、具体的にはどのような別の結果かはわからない
が「これ」が異なっていたらおそらく目に見えて変わった結果、つまり振れ幅に収斂
せず振れ幅から逸脱した結果に繋がったであろうと、"カラーのスタッフが主観的に今
この時点で想像できるもの"である。それらは本プロジェクトを"今この結果"に導い
た主たる原因、つまり本プロジェクト遂行の中枢と言えるだろう。

　繰り返しになるが、遂行の中枢とは"今この結果"に導いたものかどうかで判断した
ものであり、良い・悪い判断、良い・悪い行動、良い・悪い発想など「良し悪し」を基準
にしたものとは異なる。従って読者によって良し悪しの評価が分かれるものや、時間
の経過に従って良し悪しの評価が真逆に変化するものもあるかもしれない。同様に
「ユニークさ」を基準にしたものでもないため、特筆すべきことでもない当たり前に感
じられることも含まれているだろう。

　以上までを踏まえながら、本章は以下を心掛けた進み方をすることを考慮してもら
いたい。

1. 不可能なもの・必然的なものの除外

　「予算が10倍あったら」「新型コロナウイルス感染症の流行がなかったら」といった、状況の用意が不可能なものは考慮の外に置く。他にも「このスタッフが別の人だったならば」といった検討も行わない。既述のとおり、スタッフの方が本プロジェクトに携わることを選んでくれたためである。

　従って本章で検討されるのは「スタッフが誰だったから（誰じゃなかったから）この結果になった（別の結果になった）」ではなく、「スタッフがこういう働きをしたから（こういう働きをしなかったら）この結果になった（別の結果になった）」というものになる。

　ただし、一部の省察においては「誰」についても間接的には触れることになる。

2. 具体的な技術や方法そのものにはあまり重心を置かない

　技術や方法は別のものが使われた可能性がある中で、本プロジェクトでは"この技術"や"この方法"が使われた。重要なのはそれら技術や方法そのものよりも、それらが使われるに至った"この理由"である。"この理由"が異なっていた場合には別の技術や方法が使われた可能性はもちろん、"この技術"や"この方法"が使われたとしても、別の結果になっていた可能性がある。

　例えば本プロジェクトではコンテやレイアウトにVirtual Camera（VC）を積極的に使用した。日本国内で制作された商業アニメにおいてこの規模のVCを使用したのはおそらく本プロジェクトが初めてで、作品の質、出来、印象に大きな影響をもたらした。本章の中で後述するとおり、本作ではVCを使用する"この理由"と呼べるものがあった。

　もしそれとは異なる理由、例えば「利便性」「効率性」を最重視してVCを使用していたならば、出来上がった作品は"今この結果"とは異なる別のものになっていただろう。

　対して"この理由"が同じであるならば、もしも別の技術や方法が存在し、それが使われていたとしても、そのプロジェクトは本プロジェクトの"今この結果"と「同じ」だと感じる振れ幅の内に収斂したものになっていたと想像できる。

　また、技術や方法に重心を置いた場合、時間を隔てて本書にあたったときに「当時にしては」という補助線が主張してくることが避けられない。「当時のアニメにしては」「当時の映像技術にしては」等に大雑把に回収され、プロジェクト遂行について考

えることの妨げが生じることへの危惧も、本章においては技術や方法から一定の距離を置く理由である。

　もう一点補足を加えると、以上に述べたことはもちろん技術や方法の軽視を意味しない。本プロジェクトにおいて様々な技術や方法が大きな働きをしたことは言うまでもない。あらゆる分野において「この技術や方法がなければ物理的に実現することが不可能だった」と言えるプロジェクトが多くあるだろう。商業アニメにおいてもそれは同様である。その場合は当然具体的な技術や方法の中身そのものについて重心が置かれるべきであり、記録としても重要な役目を果たすものになると考える。

3. 庵野秀明についての言及

　本プロジェクトでは、今あるこの結果か別の結果かを分かつものが庵野に由来していることが多いため、必然的に庵野に関する言及が多くなった。そのため本章の前半部は庵野を中心としたものに、後半部は前半部を引き継ぎながらプロジェクトスタッフについてのものになった。

　また、本プロジェクトにおける庵野の中枢的な行いや判断について考えるために、その背景となる本プロジェクト以前の庵野についても言及している。

3-1 遂行の中枢　庵野秀明

　本プロジェクトにおける遂行の中枢としての庵野秀明に差し掛かる前に、本プロジェクト以前から本プロジェクトへと連なる背景情報にまずは触れておきたい。

背景情報1　庵野秀明の経歴

　庵野の映像制作キャリアは自主制作アニメと自主制作特撮から始まった。

　商業アニメの制作が工程ごとに分業し、工程ごとの領分を尊重するのとは異なって、自主制作は参加者に「何でもこなすこと」を要請する場合がほとんどである。専門的技術の有無、つまり特定の作業が「できる・できない」を基準に分業できるほど人手がなく、できる・できない以前に「やらなければ始まらない」ためである。この気風は、好き（＝趣味）が発端で始まることの多い自主制作においては、そのような状況を楽しむことも含めて自然なことと言えるだろう。もちろん参加者が多くなれば一定の範囲で、できる・できない、または上手・下手を基準にした分業がされることはあるが、それでも「何でもこなすこと」の気風が前提かつ根本としてある。

　なお自主制作における「何でもこなすこと」の範囲はクリエイティブ作業としての作品制作にとどまらず、マネジメント（予算や進捗の管理・折衝）、プロデュース（制作可能な場を作る・発表の場を設ける・宣伝する）、会場設営や販売員といったことまで含まれる。

　庵野は17歳時に制作した自主制作アニメを皮切りに、高校生時に5作の自主制作アニメと1作の自主制作特撮を制作した。

　大学生時には規模を拡大して商業作品に劣らない品質の自主制作に傾倒し、20歳代前半は自主制作と商業作品を行き来した。

　20歳代後半からは商業に完全移行し、商業アニメ作品の監督を初めて務めたのは28歳から29歳にかけての時期である。以後アニメ、実写問わず多ジャンルで多数の作品をアニメーターから総監督、脚本から音響監督、アートディレクターやプロデューサー、声優や俳優、作詞に至るまで様々な役職に立って関わってきた。2006年に代表取締役社長として株式会社カラーを設立して以降は経営者でもある。

　つまり庵野は根本に自主制作という「何でもこなす」気風を持ったうえで、若い時

から多数・多ジャンルのプロジェクトを多様な立場で遂行した経験を持つ。同時に役職、ジャンルを横断・越境した多様な交流を持つに至り、固定した立ち位置では触れることの難しいインプットと刺激を得ることができたと言える。近年では『エヴァ：Q』の制作後にアニメ制作から一度離れ、『シン・ゴジラ』（2016年）という実写の大作映画を監督したことによる経験と知見の獲得は特に大きなものだったという。

背景情報2　フレーム

アニメや実写に限定されない多種多様の経験とインプットによって庵野の思考フレームは拡張し、やれる（とイメージできる）ことの範囲、やり口の発想の範囲が広がった。実行や実現が「現実的」だと捉えられる対象の範囲が拡大したという言い方もできるだろう。

よって本プロジェクトを含む商業アニメ制作時における庵野の判断や指示は、商業アニメ制作の思考フレームを含みながらも、全く異なった思考フレームを多分に抱えた思考フレーム（＝商業アニメ制作の思考フレームと他の思考フレームの和集合）を、商業アニメ制作に当てはめたものとして起こる。

このように起こる庵野の判断や指示は、（一見そう見えることがあったとしても）突飛なものではなく「普通」なことである場合が多い。ここでいう普通とは平凡、陳腐という意味ではなく先入観、業界的慣習、サンクコストに囚われずに問題を検討することによって発想される単刀直入で合理的なものを指す。「素直」なものと言い換えてもいいだろう。

ただしこれは「素人の無垢で素直な思いつきが本質を突く」といったものとは異なる。思いつきから直線で判断や指示を行うのではなく、蓄積された経験、現況、先の見通しを照会し点検を行って見極めるという迂回を経ての判断や指示である。また「普通」で「素直」な判断や指示は簡単に対応できるものであることを意味しない。

背景情報3　環境の構築

　庵野の本プロジェクトにおけるスタッフクレジット表記は「企画、原作、脚本、画コンテ、原画、エグゼクティブ・プロデューサー、総監督」であり、一見して多くの役職に就いていることがわかる。

　これらの役職に就くということは、開始から終了、上流から下流、作品の内容、品質、予算、納期設定、公開時期設定、宣伝等、作品そのものから作品周辺までを含めてプロジェクトに満遍なく、直接に関わりながら、意思決定できる立場に居るということである。

　このような形で庵野が本プロジェクトに関わるのは、様々な役職、様々な仕事をやりたいからやるとか、できるからやるのではない。「面白いもの」を作るためにはそれら全てを駆使しなければ達成できず、プロジェクトが庵野に対してそれらをすることを要請しているからそれに応える、という考えからである。

　「庵野が企画（等）したプロジェクト」が「庵野自身」に企画（等）の実行を要請する、というのはおかしな話に見えるが、この理解には庵野の言う「面白いもの」について考える必要がある。

　面白いものとは誰にとってかと言うと、観客（鑑賞者や視聴者）にとってである。面白いものを作るとは、観客が面白いと感じるものを想定し、それを具現化することと言える。より詳細には、観客が好む観客にとって既知の面白さと、観客自身も未だ無自覚で潜在的な好み（未知の面白さ）を探り、観客にとってその両方の面白さを想定し具現化することである。そして実際に作品が面白いかどうかは観客が鑑賞するその時まで確定せず、観客が鑑賞して初めて面白いかどうかが判定される。

　従って「面白いもの」を作るとは「制作者が主観で想像した、観客が面白いと思うもの」を作ることであり、主観的に観客の主観を仮想設定することだと言える。本プロジェクトではこの仮想設定を、様々なスタッフが持ち寄った意見や成果物も参照しながら最終的に庵野が行った。

　以上を踏まえると、庵野自身の個人的基準や庵野自身の価値観（＝主観）によって自身の役割を定めたのではなく、庵野が主観的に、かつ主観であることを自覚しつつ、他者の主観を仮想設定した「面白いもの」、庵野自身とは距離を離したものにするよう庵野自身が意識して仮想設定した「面白いもの」がそれを具現化するための最良の関わり方を庵野に要請し、庵野はその要請に従った結果、多くの役職に就いた、という

ことである。

　これら庵野の「面白いもの」への照会と「面白いもの」からの要請に対する応答の態度はどのような役職に就くかということに限らず、あらゆる判断と指示において適用される。ここまでを前提として「環境の構築」について説明したい。

　庵野はプロジェクト遂行に適した環境の構築が必要だと考えた。これは庵野の好きなようにプロジェクトを進めることのできる環境という意味ではなく、プロジェクトが要請するものを不足なく与えられる環境、という意味である。例えば2-2「期間」(p025)で示したように、本プロジェクトに11年の時間を与えることのできる環境である。

　ほとんどの商業アニメ作品は製作委員会やスポンサーによる共同出資で行われる。これによってリスク分散が可能になり、商業アニメ制作が長きにわたって持続的に行われることを可能にしているが、同時に意思決定権限も分散する。この意思決定権限が分散した状態ではプロジェクトの要請に応えられない場合があると庵野は考えた。

　そのため庵野は、カラーによる単独自社出資を行い、意思決定権限を構造的に集中させることで「プロジェクトの要請に不足なく応えるための意思決定」ができる環境を構築した。ただし単独自社出資の場合は、意思決定権限が集中し、利益も集中するが、リスクも集中する。一か八かという投機的状況、興行が振るわなかったら即倒産という状況では判断が鈍することがあり、プロジェクトからの要請に対する集中が保てない。

　そのため庵野は、作品制作による収益とは別に、ライセンス事業による収益の確立を重視した。ライセンス事業とは、作品に登場するキャラクター等の商業利用を社外に対して許諾し、その利用料を収益とすることであり、商品化の許諾、企業プロモーションへのキャラクター提供等がこれにあたる。

　『エヴァ』のライセンス事業は、カラー設立前には、『新世紀エヴァンゲリオン』の制作会社であった株式会社ガイナックスが『新世紀エヴァンゲリオン』の原作者の立場で行っていた。

　2006年にカラーを設立し、原作者の地位とライセンス事業を行う権限が2015年までに段階的にカラー（庵野秀明）に移行された。なお、カラーは2010年からこのライセンス事業を株式会社グラウンドワークスに業務委託して行っている。

　フィギュア、玩具、雑貨等のキャラクター商品、飲食店や小売店のキャンペーン、様々な服飾ブランドとのコラボレーション、遊技機やアミューズメント施設等の中で『エ

ヴァンゲリオン』の意匠を見かけることがあると思うが、それらもカラーとグラウンドワークスの事業である。

　また、グラウンドワークスは『エヴァンゲリオン』公式ショップ「EVANGELION STORE」を外部企業の協力のもと運営しており、2023年現在ではWeb上のECストアと、東京池袋、作品の舞台でもある神奈川箱根湯本には実店舗を常設し、商品販売を行っている。他にもカラーは投資等、資産運用も地道に行っている。

　作品制作に要した費用は、その作品自体の販売（劇場上映、テレビ放映、配信など）によって回収するのが基本であり、それを念頭に作品は制作される。しかし、もし作品自体で費用回収できず損失が発生した場合でもカバーできる仕組み、出資社同士でリスクと権限を共に分散するのではなく、一社単体の中に複数事業を持つことでリスクを分散して事業同士でカバーできる仕組みを庵野は育てた。

　これらによって、ひとつのプロジェクトの商業的な成果が会社の維持に影響を及ぼすといった、判断や意思決定にノイズが混じったり圧力がかかったりする状況に陥らない環境を構築した。

　これは作品の商業的失敗を恐れずのびのびとプロジェクトを進められる環境、という優しいものを意味していない。面白い作品を作らなければならない、かつ、作品を商業的に成功させなければならないという両取りの考えに根差すことができるようにするための環境、両取りという難問にあたるための環境である。

　それが功を奏し、『シン・エヴァ』を含む『新劇場版』シリーズは作品を経るごとにプロジェクト予算・規模・売上・利益を増やすことができた。また、リスクの集中と引き換えに得られる利益の集中は作品が商業的に成功した際の社員やスタッフへの金銭的還元や慰労（打ち上げパーティーや慰労旅行等）も可能とした。

　以上までを背景情報として、本プロジェクトにおける遂行の中枢である庵野秀明の働きを以下に示す。

偶有性の保持

　本項では偶有性を不可能性と必然性の否定、つまり「他の結果でもあり得たこと」を意味する言葉として使用する。

　2-3「工程」（p030）で本プロジェクトの工程を示したが、ある工程に着手するためには前工程で制作された成果物が必要となる。例えば「レイアウト」や「3DCGアニメー

ション」に進むためには「コンテ」という成果物が必要であり、「コンテ」に進むためには「脚本」という成果物が必要である。それらの成果物は、担当作業者や担当セクションの責任者（〇〇監督や〇〇検査など）が、成果物として提出をすると「決断」することで成果物となる。

　というのも、定量的な基準で成果物と認定できることはほとんどなく、定性的に判断しなければならないことがほとんどのため、最終的には決断が必要になるためである。決断が行われる手前までは複数の成果物の可能性が存在しているが、その中からベスト、あるいはベターを決断し、ひとつの成果物に絞り込まれる。

　別の言い方をすれば、成果物として扱ってもいいと思えるものがたくさんあったとしても、次工程に進めなければならないので、決断によってひとつに絞りこまなければならない、ということである。よって成果物をチェックする者や、前工程からの成果物を受け取って次工程の作業にあたる者は、たくさんある良いものではなく決断されたひとつの結果をもとにチェックや作業に取り掛かることになる。以上まではごく当たり前で一般的なことだろう。

　しかし庵野は、決断によって絞られたひとつの成果に関わる（チェックや修正を加えたりする）だけではなく、決断手前に存在した複数の可能性まで関わりを拡げ、かつ、それはひとりが生み出す複数の可能性ではなく、複数が生み出す複数の可能性を伴ったものにしたいと考えた。決断によって除外され、選ばれなかったものたちとも関わることのできる作り方、すなわち偶有性を保持した作り方である。このようなアプローチを庵野は「探り」と呼ぶ。このカット、この工程にどのような可能性、どれだけの可能性があるかを「探る」ということである。代表的な探りの実践を2つ紹介したい。

1. コンテなしでのプリヴィズ制作

　プリヴィズとはプリビジュアライゼーション（previsualization）の略語である。

　商業アニメ制作でプリヴィズを作る時は、基本的にまず画コンテが先に作られ、画コンテを基にプリヴィズが作られる。プリヴィズの形態としては、画コンテの各カット画像を切り抜き、静止画像を繋いでムービー（ビデオコンテ（Vコンテ））化したシンプルなものから、画コンテを基に各カットを簡易な3DCGや作画等によってラフなアニメーションに変換し、仮の音や声も付加してムービー（Vコンテ）化する手の込んだものまで様々な形をとる。プリヴィズを作ることによって、プロジェクトの初期段階からカッ

トごとの尺やカット変わりの感覚を含んだ形で作品の出来上がりのイメージを持てるというメリットがある。

　このように一般的なプリヴィズには画コンテという「基」が存在するが、この基となる画コンテは、コンテ作業者が脚本を基にカット割りを「決断」して定め、1カットずつ、どの情報をどのようなカメラアングル、どのようなカメラワークで収めていくかを多くの可能性の中から「決断」によってひとつの結果に絞りこんだものである。

　他方、本プロジェクトで庵野は、AvantTitle1、AvantTitle2、Aパート、Bパートの大部分、そしてCパート、Dパートの一部分について、画コンテなしでプリヴィズの制作に取り組んだ。まずは脚本を基に、複数名が「各々の解釈」で「数の限りを設けずに」実写カメラやVC（Virtual Camera）で撮影を行う。これらの撮影素材は、撮影者たちが総当たり的にとにかく何でもいいからいろいろなアングルを、という態度で撮影したものではなく、それぞれの撮影者が「これが最も良い画面になる」と検討と工夫を凝らして撮影したものである。

　「良い画面」にはいくつもの選択肢があり、オーソドックスな画面としての良いもの、個性やクセを強く出した画面としての良いもの、作風に合わせた画面としての良いもの、あえて作風から外した画面としての良いもの等、様々である。

　一般的な画コンテの場合は、それら「良い画面」をひとりの頭で検討し、試行錯誤し、拡げた可能性から決断によってひとつに絞りこむことを1カットごとに繰り返して出来上がる。

　本プロジェクトではこの決断を経ていないもの、つまり可能性の拡がりが残っている状態を庵野に渡した。以下は実際に庵野に渡された素材の一例である。

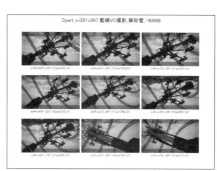

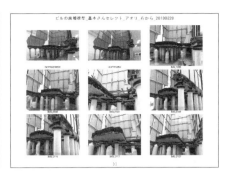

撮影された素材はこのようにサムネイル化のうえ、プリントアウトして渡された。実写写真については、基本的に総監督助手の轟木一騎に一次選別が任された。

　その数は大量で、本プロジェクトではVCと実写写真を合わせると、撮影素材は少なくとも79,500点以上となった。VC導入初期に、計算処理への負担に難儀して、VCカメラマンを担っていた鶴巻和哉と轟木一騎に撮影済みの素材に選別をかけて数を減らすことができないか打診したところ「全ての素材は庵野さんのチェックを受けるに値するように、そしてそのまま作品に使われてもいいように撮影したもの。撮影時に厳選を終えているため、数を減らすことを目的にした選別は不可能」と、各々個別に打診したにもかかわらず、各々同じ答えが返ってきた。ひとつひとつの成果物に対するスタッフの意識の表れとして印象深いものである（それでも数が足らずに（＝可能性の拡がりが足らずに）追加撮影をすることや、選定したアングル等に対してさらに庵野が修正や調整を加えることもしばしばあった）。

　これらの素材を用いて庵野は編集の辻田恵美とともに、脚本からカットをどのように割り、構成し、どのアングルにするかを幾度もの試行を経て絞っていく。最終的にはひとつに絞らなければならないが、この際に行われるのは「決断」というよりも「中

断」である。というのも、このような「探り」は原理的にいつまででも続けられる。しかしコスト、スケジュール、リソースを考慮すると「ここまで」という締め切りが生まれるため探りは中断され、それまでに点検された「他にどのような結果があり得るか」の中からベターなものを選択する。

　模型とVCを用いた撮影は特にこのアプローチによく合った。どちらも天候や時間帯に左右されないだけでなく、模型は「外観や全体」を撮影するのに特に優れ、VCは「室内（的な場所）」「複数のキャラクターがある程度決まった立ち位置にある状況」を撮影するのに特に優れていた。いずれも利便性や効率性の観点でも優れているが、本プロジェクトではそれ以前に多くの偶有性を取り込む手段として優れたものだった。

2. テイクを重ねる

　メカやキャラクターや美術設定等のデザイン、3DCGアニメーション、2DCGI、特技（VFX）、撮影処理、声の収録等で頻繁に行われたものである。表れとしては単純で、出来上がった成果物にやり直し（リテイク）を指示し、それを繰り返すというものである（ここでいう「リテイク」は2-3「工程」や2-8「リスク管理」で説明した「リテイク」とは異なり、単一の工程の成果物に対するやり直しを指す）。

　リテイク指示においては修正してほしいことや具体的に試してほしいことの指示だけでなく、抽象的なもの、雰囲気的なものや「もう少し探ってみて下さい」「よかったけれどもう1回やってみて下さい」といった「とにかく別のパターン」を要求することもある。作業者にとっては1回1回が渾身の成果物であるため難儀することもしばしばだが、テイクを数十にまで重ねることも珍しくない。また、テイクが数十まで重なった結果、テイク1やテイク2といった初期の成果物が選定されることも少なくない。

　庵野がテイクを重ねる理由はここでも、この作業者（たち）がこのカットにおいて引き起こせる可能性の拡がり、すなわち「他にどのような結果があり得るか」の点検である。ゆえに、拡がりを吟味した結果、初期の成果物がベスト（ベター）だと確認されたので初期テイクを選定する、ということも必然的に起きる。

　つまり、改善をねらってのリテイクの場合はテイクを重ね、最新のテイクになるほどにOKテイクに近づいていくが、庵野の場合は改善をねらいながらも同時に、あるいはむしろ、拡がりを得ることをねらってテイクを重ねているため、テイクの新旧とは無関係に選定されることとなる。

　どこまでテイクを重ねるかというのも原理的にはいつまででも続けられるが、ここ

でもコスト、スケジュール、リソースを考慮しての「ここまで」を設定して中断される。庵野とともに25年以上にわたってともに多くのプロジェクトを遂行し、本プロジェクトでも監督・画コンテ・VCカメラマン等の中枢的役割を担った鶴巻和哉はこの様子を表して「たとえOKになったテイクを初球から投げていたとしても、おそらく庵野さんはストライクを取ってくれない。庵野さんにとってストライクは遡行的に作られる」とスタッフたちに説明していた。

　注釈すると、以上までを本プロジェクトで徹頭徹尾にわたって貫けたわけではない。コスト、スケジュール、リソース、工程の特性、スタッフの特性をうかがったうえで、できるだけ、可能な限りの範囲で行ったことである。

　とはいえ「できるだけ、可能な限り」は文字どおりの態度で、その表れとして例えば『シン・エヴァ』は納品約1ヶ月半前に、予定していなかった新規のVC撮影を行うことが庵野によって決定された。その判断に伴いカラーのデジタル部と特撮研究所による突貫の準備のもと、2020年11月12日、13日、14日に、庵野とともに30年以上にわたって多くのプロジェクトを遂行し本プロジェクトにも様々な形で関わっている摩砂雪を筆頭に、本プロジェクトCGI監督の鬼塚大輔、CGIアニメーションディレクターの松井祐亮、CGIリードアニメーターの釣井省吾によって新規のVC撮影を行い、490ショットが撮影され、庵野がチェックと選定を行い、37カットが新規追加された。

　「撮影」工程は撮影セクションにて行われるものだが、プロジェクト最終盤で納期間近のピーク時期での新規かつ多量のカット追加だったため、「特技（VFX）」セクションが加勢しての撮影作業が行われた。

　余談だが、鶴巻は庵野の偶有性を保持した探りの態度について「極端なことを言えば、庵野さんはひとつの作品を10人の監督に10パターン作ってもらい、各作品の成果物から探ってひとつの作品を作りたいかのようである」と述べたことがあった。なお、これら庵野の偶有性に対する態度は本章の「遂行の中枢」の考え方そのものの着想にもつながっている。

外部の保持

　庵野は、庵野の思考だけを投影して制作するのではなく自身の思考とは異なるもの、すなわち外部も引き込んだ方が『シン・エヴァ』を面白いものにできると考えた。外部にも意見を求めたり、外部から発された意見や外部の観察結果を受け入れることで、自分だけで作ることのできるもの以上の面白いものを作ることをねらった。

　本プロジェクトで設定された外部は4種類に分類できると感じた。それぞれ説明したい。

1. 物理的にプロジェクトの外部

　本プロジェクトの状況や状態に直接の関わりのない、または距離が近くない者で、庵野の多岐にわたる知己等からの意見や情報提供。また、SNS等を通じた世相観察。

2. プロジェクトの内部にいながら、外部の働きをする

　本プロジェクトに直接関わっている者のうち外部の役割を担う者たち。庵野と共に長年にわたってプロジェクトを遂行してきたことで、または遂行していくうちに、意図的にその役割を担うようになった。

　庵野の考えを察したうえで反対意見や対案・代案、面白い・面白くない、わかる・わからない、伝わる・伝わらない等の率直な意見・感想を、その理由や根拠まで含めて庵野に伝える。庵野は頻繁にこれらの者たちに意見を求めるし、自身の考えを捨てて意見や提案を受け入れることも頻繁にある。庵野が「探り」をするときに、まず初めに任せたいと考える者たちでもある。

3. プロジェクトの内部にいるが、庵野によって外部に仕向けられる　その1

　本プロジェクトに加わっているスタッフの多くは、『エヴァ』はもちろん、庵野が手掛けてきた1980年代から2010年代の様々な作品に強く影響を受けている者ばかりである。そのような者たちが『エヴァ』最新作である本プロジェクトに関わる以上、意識的・無意識的に自身の思う「『エヴァ』らしい」もの、「庵野らしい」ものからの呼びかけに引き寄せられることがあるし、そうなってしまうことを庵野は理解していた。

　もちろん「『エヴァ』らしい」「庵野らしい」ことが求められることも少なくないた

め「らしさ」がツーカーで通じることは強い後押しになるが、そこから離れたものを求めるときや、別の可能性を探りたいときには枷となる。

枷を外すために庵野がスタッフに対して行ったことは、その良し悪しや、それを行う理由や根拠を度外視して感覚的に「好き」なものの発露を求め「表現者としてやってみたいこと」を求めることだった。スタッフの多くはこれまでの『エヴァ』作品や庵野作品が好きなため、その影響下にあり、『エヴァ』を作るならなおさらその影響は強くなる。しかしスタッフの感性や技術は当然、『エヴァ』や庵野作品だけではなくいろいろな「好き」を通過することで形作られており、その「好き」のコレクションや「好き」のあり方はそれぞれがバラバラでオリジナルな唯一のものである。

このように庵野自らがスタッフに『エヴァ』や庵野の枷から外れることを要望し、理屈や辻褄を飛び越えた「好き」「やってみたいこと」を要請することで「『エヴァ』っぽい」「庵野っぽい」ものからはみ出した各スタッフ固有の、『エヴァ』や庵野とは距離のあるものが現れることを促した。そして実際に庵野が「『エヴァ』っぽい」「庵野っぽい」ものからはみ出したものを採用することによって、他のスタッフは「こういうことをやってみてもよさそうだ」と認識し、さらに「『エヴァ』っぽい」「庵野っぽい」ものからはみ出す流れを促進させる働きがあった。

4. プロジェクトの内部にいるが、庵野によって外部に仕向けられる　その2

本プロジェクトで庵野は「アンケート」を頻繁に行い、アンケートでも「好み（好き・嫌い）」「感覚」を重視した。アンケートは大きく3種類に分かれる。

1つめは「探り」の結果甲乙つけがたい、あるいは一長一短あるような複数の案、別の言い方をすればどれになってもいいところまで「探り」ができたものについてのアンケートである。監督、総監督助手、副監督、デザイナー、総作監、編集等のメインスタッフに問いかけられることが多い。これらの場合はより多数の答えが集中したものを選択した（問いの特性に合わせて、これらの者の中でも特定の者の答えに重み付けがされることもある）。

2つめは、庵野が、庵野自身の感覚と、庵野以外の感覚にズレがあると想像できるものについてのアンケートである。特に年齢と性別のズレは重視され、若年層のスタッフ、女性のスタッフへのアンケートがしばしば行われた。しかし得られた回答を無条件・無節操に作品に反映するのではなく、意見を聞き、ズレがあればそれを認識し、そのうえで検討するということである。

　類似して、庵野はメインスタッフであるかどうかに関係なく「経験者」「有識者」の意見も重視した。

　3 つめは、プロジェクトの中心から周縁まで巻き込んだとにかく大勢のスタッフへのアンケートである。メインスタッフであるかどうかや経験年数の多寡はもちろん、クリエイターであるかどうかも無関係に、つまりプロジェクトチーム内にいても通常は作品内容に対して直接には関与しない者（例えば総務、経理を担う者など）にまで対象を拡大したアンケートを取った。

　このとき集まる意見は、庵野とともに多くのプロジェクトを遂行した者、庵野とは異なる多くのプロジェクトを遂行してきた者だけでなく、そもそもプロジェクトの遂行を経験してきた者とは異なる思考を持つ者や、クリエイターよりも観客に近い思考を持つ者の意見であり、庵野の思考からより遠いところに位置する思考から発せられた意見である。言葉を変えれば、自身からズレている考えを持つ者への意図的な接触である。

　庵野は全ての意見に目を通し、かつこれらの意見をメインスタッフと共有してひとつひとつの意見に対してさらに意見を求め、その意見も踏まえて検討し判断するという態度を取った。

　なお、これらのアンケートは目安箱のようにいつ何どき誰からの意見でも歓迎するという性質のものではない。これは明文化された約束事ではないがスタッフはその空気感を感じ取っており、求められたときに応える、という態度だった。

反復修正の保持

　2-3「工程」（p032からp035）で示したとおり、庵野（＝総監督）は工程の進捗ごとに自身で直接、各成果物をチェックする。次の工程に進めていいか否かの判断を直接行い、否ならば修正指示を加えて作業者や責任者に差し戻し、修正された成果物を再びチェックする。また、最新の成果物を逐次Ｖコンテに反映（制作現場ではこれを「差し替え」と言う）し、成果物単位だけではなくシーンやパート全体の調和についてもチェックを行う。

　工程が進捗するということは、前の工程よりもカットが具体化するということである。チェックと修正は、具体化以前に想定した姿と実際に具体化された姿との乖離を確認し、必要に応じて調整を加える行為であるとともに、具体化された姿の確認が、あるいは想定から乖離した姿を確認することが刺激となり、新たな着想を得て、最新の着想に沿った軌道修正を加える機会と言える。

　庵野は、単一の工程における単一の成果物に対する反復的なチェック・修正とともに、工程の上流から下流まで庵野自身によるチェックを夥しく組み込むことで何度でも（軌道）修正できる機会を設けた。これは、あるレベルまでの具体化（＝進捗）ではまだ判断できない時に、次のレベルの具体化を経たところで再び捕捉して確認をすることも可能にしている。

　本プロジェクトにおいて、庵野が直接手を動かして作成している成果物はごく一部であり、ほとんどがスタッフによって作られている。また「偶有性の保持」「外部の保持」で言及のとおり本プロジェクトは庵野が庵野自身の思考だけでは作らないこと、作れない作品にすることを重要視した。

　にもかかわらず、結果的に『シン・エヴァ』は紛れもなく庵野固有の作品と感じられ、それはプロジェクトスタッフの意見が一致するところである。これは、庵野が総監督その他の中枢的で責任の生じる役職に就いているからではない。Ｖコンテという基幹資料が庵野によって作られ、それを参照して作っているから、というだけでもない。プロジェクトをとおして、庵野が成果物や、差し替えを行ったＶコンテを反復してチェックし、反復して修正を加えていくことで、各成果物に庵野の意思が付加され、集積し、庵野の作品に「成っていった」のだと考える。以下は本プロジェクトで庵野がチェックを行ったカット数等の実績である（総監督としてのチェックのみを抜粋）。

庵野が総監督としてチェック・修正等を行った対象	カット数
監督指示入れに対して	1,241
LO 演出（副監督や監督）チェックに対して	1,092
LO 総作監チェックに対して	1,678
原画演出チェックに対して	462
原画作監チェックに対して	401
原図整理に対して	551
3DCG に対して	752
2DCG（モニターグラフィックス）に対して	438
特技（VFX）に対して	951
美術背景に対して	1,435
タイミング撮影に対して	2,168
撮出しに対して	1,702
本撮影に対して	2,292
メールを介してのチェック・指示入れ回数 （事務連絡や調整を除いたカットに対する判断、チェック、指示等。スレッドは全体で 1 件としてカウント・2018 年 1 月から 2020 年 12 月 17 日までを対象）	およそ 3,600 件

これらの他にもオープニング・エンディングクレジットの構成・役職名・配置のチェックや公式twitterアカウントにおける一部の投稿文面等、制作工程には収まらないものに対しても庵野はチェックし、修正を行っている。

　付録Ⅱ「総監督による指示と修正の実例」（p306）に庵野による指示・修正の一部を付したので、興味があれば併せてご覧頂きたい。

保留の保持

　保留とは、今はまだ決めないという判断である。

　答えがわからなくても今この時に決めなければならないこともある。しかし今この時に決めなくてもいいこと、答えがわからない状況では決めるべきではないもの、ものによっては、答えがわからない状況での「決断」は危険なことすらある。

　時間をかけて考える必要がある、時間を置いてから考えた方がいい、他の進みを見てから考えた方がいい、まだ動き出すこともすべきでないもの等、庵野は様々な「保留」の判断を行い、今はまだ決めない・まだ進ませないという態度を示した。

　保留の判断は、作品を面白くするために、今この時には決めないと判断することである。従って、わからないものを「とりあえず保留」にしておく、という消極的な保留とは異なる。作品を面白くするために、わからなくても今決めなくてはならないか、わからないので今決めてはならないかの見極めをして「保留」するということである。ここには先述の「探り」も関係しており、保留とは探る時間を確保することとも言える。

　もちろん、スケジュールには限りがあり、いつまでも時間があるわけではなく締め切りがある。そのときは、それまでの探りの中で最善を選択するか、予め持っていたプランBで進めることになる。鶴巻によれば、監督という生業を営む者はほとんどの問題に対して即座に思いつく、あるいは予め用意している対応案があるという。しかしそれは、監督当人にとっては及第点のものでしかないという。

　保留とは、直ぐに実行できる及第点に達したプランBを用意したうえで、それ以上のものを求めて探ることでもあると言える。

基本制約の解除

　映画には上映時間の設定という基本的で重要な制約がある。上映時間が短ければ1日の上映回数（回転数）は増えるが作品に取り込める要素は（一般的に）減り、上映時間が長ければ作品に取り込める要素は（一般的に）増えるが回転数は減る。作品の充実度と、回転数という興行性の折衷として「2時間程度」という時間設定があり、これは商業的な映画制作における一般的で常識的な、基本的制約条件である。よって『シン・エヴァ』も興行収入の最大化と作品充実の両立を目指して2時間程度に収めるよう制作が進められた。これはエグゼクティブ・プロデューサーであり総監督でもある庵野の強い意思として課したものだった。

　しかし2019年の中ごろにはVコンテの合計時間が2時間を超えており、最終的には庵野の判断により155分となった。制約に収めた2時間程度であったとしたら作品の印象は当然異なっていただろうし、3時間のような規模であったとしたらその場合も印象は大きく異なっていたと思われる。

　なお、この判断は本プロジェクトの全てを自社出資しており、かつ意思決定権限が庵野に集中しているために可能なものだったと言える。

継承的参照

『シン・エヴァ』にはデザイン、設定、画面表現、音楽等の一部において、過去に日本で制作されたアニメ、特撮作品、実写作品の影響が少なからず含まれる。これは庵野を形作った、庵野が個人的に好きなものを作品に取り込んでいるという言い方も一面ではできるだろう。しかし、それだけでなく同時に「面白さ」からの要請と「継承」の意図もあったと言える。

庵野の参照先には、過去の日本のクリエイターが切り拓いた独自の表現、他にはない固有で不思議な美しさや格好良さのある表現でありながら、現在ではごく一部にしか認知、評価されていないものが含まれる。これらは日本の映像制作の歴史の中では傍流の評価を下され、参照価値を低く見積もられていることが少なくない。そのため、いま現在これらを参照することで（現代ではその表現がほとんど忘れられ、その継承がほとんど途絶えているため結果的に）作品に独特の手触りが加わることになる。

このような形での過去作品の参照は作品に対する面白さの付与を実現するとともに、現状では表現としての参照価値を低く見積もられていても、実際には参照価値があり、今後も継承していくべき独自表現が再発見・再評価される足がかりとなることを願ったものになっている。

好きだから、だけではなく作品を面白くするために、に加えて未来への継承のためにも、という三重の意図から参照がなされた。そうした意図の実現のために、どこに、何を、どのような形で参照するか、何と組み合わせれば最も効果的かという検証を経たうえで、現代的なアレンジを加えることもあれば、あえて当時のままに再現することもあった。

態度1　全員への展開

既述のとおり、「撮影」の工程においては、画面に関わるそれまでの全ての成果物を統合して扱うことになる。「撮影」には、成果物を統合したが撮影処理は入っていない素のまま（ときにはある工程の成果物が未着状態のまま）撮影を行う「タイミング撮影（T撮）」と、関係する全ての工程の成果物が到着したうえでT撮に撮影処理を加えた「本撮影（本撮）」の2工程がある。

「T撮」・「本撮」のいずれかが1カットでも成果物として出来上がった場合は、その

日に出来上がった撮影成果物をひとつなぎに繋げた「ラッシュムービー」が総監督である庵野を含めた主要スタッフに共有され、出来上がりのチェック（ラッシュチェック）が行われる（ムービーはGoogle Driveと社内サーバーの両方にアップロードされる）。

「T撮」と「本撮」以外の各工程成果物のチェックは庵野と当該成果物の作成に関係した者との間で行われるが、「ラッシュチェック」には庵野と、主要なスタッフ全員が関わる。

この「ラッシュチェック」と、チェックによって指摘された修正の対応を「リテイク期間」と呼ぶ（2-3「工程」p030、2-8「リスク管理」p082に登場する「リテイク」と同様のものである）。リテイク期間には「ラッシュチェック」で指摘された技術的、演出的、品質的な修正を行い、指摘内容に応じてあらゆる工程に立ち戻って修正する。

庵野は「T撮」・「本撮」がなされた全ての成果物と、リテイク対応後に改めて行われる「本撮（リテイク撮）」成果物の全てをチェックし、常に全主要スタッフを宛先に入れてOK／リテイクの判断と、リテイク修正内容の指示を展開した。ここで言う全主要スタッフとは以下である。

- 全ての監督
- 総監督助手
- 全ての副監督
- 総作監
- 全ての作監
- 全ての原図整理（ディテールワーク）
- 動画検査
- 全ての仕上げ検査
- 仕上げ管理
- 美術監督
- 美術2Dワークス
- 美術制作管理
- CGI監督
- CGIアートディレクター
- CGIアニメーションディレクター
- CGIモデリングディレクター
- CGIテクニカルディレクター
- CGIルックデヴディレクター
- 2DCGIディレクター
- CGIプロダクションマネージャー
- 特技監督
- 撮影監督
- 撮影副監督
- 撮影管理
- 編集
- 全ての制作進行
- 設定制作
- アニメーションプロデューサー
- 制作統括プロデューサー
- エグゼクティブ・プロデューサー

（以上約50名）

　これはもちろん判断や指示の一括伝達として効率的ということもある。しかしそれ以上に重要なのは、全主要スタッフに対し、全てのカットについて、成果物を介した「コミュニケーション」が行われていることである。

　その重要性の1つめは、庵野が間違いなく全ての成果物を入念に丹念に点検していることが、全主要スタッフに伝わるということそのものである。

　2つめは、判断と指示内容が夥しく積み重なることで、全主要スタッフに庵野の目指すところ、求めるところが徐々に伝わっていき、学習され、共同主観ともいえるものがスタッフの内に醸成されていくことである。

　3つめは、庵野は成果物に審判を下しているわけだが、他方、その審判内容に対して全主要スタッフによる審判を受けることにもなる、「ということを双方とも理解していること」である。もしも全主要スタッフの目前で、つまらない修正、くだらない修正、ださい修正、わかっていない修正を庵野が指示してしまったら、スタッフは庵野の総監督としての資質を疑いかねない。

　そのようなリスクを引き受けて庵野は全カットに対して判断と修正を行い、その内容を全主要スタッフに明らかにしており、全主要スタッフは庵野がそのリスクを引き受けて明らかにしていることがわかっている、というコミュニケーションが行われている。従って判断と修正は真剣に行われているものであり、真剣に相対しなければならない、という態度が生まれる。

　以下は本プロジェクトで庵野が出したリテイク総数である。

パート	リテイク数
Avan1	191
Avan2+Apart	884
Bpart	488
Cpart	728
Dpart	1,551
合計	3,842

　付録Ⅱ「総監督による指示と修正の実例」（p314）にリテイク期間における実際の判断や修正の一部を付したので、興味があれば併せてご覧頂きたい。

態度2　全ての責任

　仮に「『シン・エヴァ』の責任はどこ（誰）にあるか？」とざっくばらんな問いをスタッフに投げかけたら、異口同音に「それは庵野さんにある」と答えるだろう。この答えは、何かがうまくいかなかったら庵野に責任を取ってもらおう、ということを意味するのではなく、何かがうまくいかなかったら庵野が積極的に全面的に責任を取る腹づもりであることが自然と伝わってくる、という意味である。

　これは、成果物に何らかのミスや手落ちがあった場合にそれが生じた工程の責任者が責任を問われることを否定するものではない。そうではなく、種々の場面で種々の問題と責任が生じたとしても、最終的に全てを引き受けるつもりでいることが庵野の態度から伝わってくる、ということである。だからこそスタッフは存分に庵野の判断に委ね、託すことができた。同時に、庵野に責任を取らせるようなことをしたくない、とも感じていた。

　ただしこれは、最終的な責任は取るが口は出さないのでスタッフの思うままにやっていい、という類の態度から感じられるものとは性質が異なる。既述のとおり庵野は本プロジェクトの始まりから終わりまで直接チェックし、チェックした全ての成果物に対して判断と指示を行う。各工程の責任者がOKと判断したものであっても、庵野自身の求める基準に達していなければ修正指示を何度でも出す。工程が先々まで進み、傍目には良い出来になる予感の持てるカットでも欠番にしてカットごと削除することもあるし「普通今からそのような変更や追加はしない」と感じられるタイミングでも、スケジュールとリソースの際を見極めながら変更も追加もする。

　全ての責任が庵野に所在するという感覚は、「責任だけは取るから実作業は現場に任せる」というような大らかな態度から感じるのではなく、むしろそれとは対極に緻密で細やかで、品質に非常に厳しい態度を取り、面白いものを作らねばならないという庵野の覚悟が伝わるからこそ感じるものだった。

3-2　遂行の中枢　プロジェクトスタッフの態度と対応

本項では3-1を引き継ぎながら、スタッフに重心を移して遂行の中枢を考える。

やる気

本プロジェクトのスタッフにはやる気があった。いかにも間抜けた表現だが、そうとしか表現できない状況があった。本プロジェクトのスタッフにはやる気があり、それゆえ考え、悩み、プロジェクトをなんとかしようとする意識があり、それが以下に記述するあらゆる態度と対応を引き出す前提となっていた。

ナラティブ

2007年9月1日に公開した『エヴァ：序』の制作時からカラーに加わり、本プロジェクトのCGIアートディレクター等を務めた小林浩康は「庵野さんと仕事をすると、自分だけでは到達できない領域に引っ張り上げてくれる。見たことがないものを作る一端に加われる」と話す。

庵野とともにプロジェクトを遂行してきた者たちは、庵野の判断や指示に応えることで明らかに良くなったり、次に進むべき方向への糸口を見つけられたり、停滞している状況を打開したり、複雑な問題を解決したりするということを経験してきた。ひとつひとつの判断・指示は不合理、非合理的に見えても、それらの判断・指示が合成された時には合理している、ということを経験してきた。

その積み重ねによって、判断・指示が、その時点では理解できなかったり賛同できるものではなかったりしても、先々できっと良くなると信じられるので、その判断・指示を受け入れられる、という感覚が生まれる。これらは当時の経験者の口から新しく加わった者に伝播していき、それが繰り返されるうちに逸話化が起きる。

本プロジェクトに参加しているスタッフは若い時分から個別独自に創作に関わってきた者が多く、彼ら彼女らを見渡したとき、彼ら彼女らの気質には組織的な特徴や影響よりも個々人の気質が前面に出ている。つまりバックグラウンドも性格も似通わない十人十色の者たちの集まりということだが、『エヴァンゲリオン』を含む庵野作品

122

や、監督の鶴巻や前田の作品が「好き」という一点では強い共通性がある。逸話を伝え聞くということは、その気質が十人十色でバラバラであったとしても、自身の好きなあの作品にはそんなに（すごい・面白い・やばい）経緯があったのか、という共通の揺さぶりとなる。

　しかも、これらの経験は単に昔日の逸話で終わるものではなくプロジェクトごとに発生し、本プロジェクトでも日常的に繰り返された。逸話として聞いていたようなことが、実際の出来事として起こり、自分自身が当事者として目の当たりにして経験することで「（今ここでこんなことが起きているということは）やはりあの逸話も本当だった」という感触を遡行的に持つ。

　この経験によって、本プロジェクトから加わったスタッフも庵野の判断・指示がその時には理解できなかったり賛同できなかったりしても信じることができるようになるし、庵野は、スタッフが理解できていないこと、ともすればスタッフはやるべきではない、やりたくないとすら思っていてその雰囲気や意見が伝わっても「やる（やってくれることもわかっている）」と判断できる。この種の信頼は庵野に対してだけではなく、長きにわたって庵野とともに作品を作ってきた監督たちに対しても同様にある。この信頼関係はプロジェクトの推進に大いに寄与するものだった。

　しかし同時に、庵野への信頼過剰とも言える状況が生まれる危惧も抱える。その抑制機構としては、ときに自ら冗談・軽口としてその状況に言及するほどにスタッフは自身たちがそうである状況を理解しており、庵野もその状況を理解しているという、メタな認識を相互に保持していることである。つまり、ある種のユーモアによるブレーキである（なお、庵野がこの状況を理解したうえでの行動としては3-1「遂行の中枢　庵野秀明」の「外部の保持」（p112）に述べたとおりである）。

　また、後段にて説明する「右腕たち」の振る舞いにはしばしば庵野にも、スタッフにも立ち止まって考える・考え直す契機を設ける働きがあった。

　適切な信頼関係の形がどのようなものかは難しく、本プロジェクトの形があるべき正しい形とは考えない。しかしながら、このような信頼関係がなければ本プロジェクトはこのような形では遂行されなかった。

想定外への慣れ

　撮影監督の福士亭は「『エヴァ：序』の準備時期から『シン・エヴァ』までずっと庵野さんと一緒にやってきたが、こうしておけば大丈夫だろう、というものがいまだに掴めない。カットごとにやることが違う。『シン・エヴァ』は「2,300カットある作品」を作ったというより、「2,300個の作品」を作ったように感じる」と話す。

　本プロジェクトのスタッフには、庵野は想定外の指示や判断をいつでもするはずである、という共通認識があり、転じて庵野に限らずプロジェクト中はいつでも想定外の「何か」が起きるはずである、という気構えを持っていた。

　特技監督の山田豊徳は「今まで様々な現場で様々なプロジェクトに関わってきたが、その経験に照らしてカラー（とそのスタッフ）は特別だとか、特殊だとかは思わない。カラーはその時々に必要なことに、とにかく対応し続けてきただけだと思う。対応するというのは特別でも特殊でもないが、対応し続けるというのは簡単なことではない」と述べた。

　CGI監督の鬼塚大輔は「庵野さんから予想外の指示がくると、毎回頭を悩ますが、我々が一番うまく対応するだろうという自負もある」と述べた。

　具体的に何が、いつ起きるかわからない想定外に対して具体的対応を事前に準備することは原理的にできない。しかしスタッフはこれまでの想定外の経験から、想定外が発生することを想定した「構え」のようなものを習慣的に持っていた。「何かあるだろうね」「やっぱり何かあったね」「思った以上のものが来たね」「思ったほどではなかったね」「意外と何もなかったね」という会話がプロジェクト中にしばしばスタッフ間で交わされた。想定外は、簡単に対応できるものでは全くなくとも、慣れたものにはなっていた。

内面化

　庵野や監督たちのチェックを多く経ることで、庵野や監督たちの品質に対する厳しさ、細部への執着、問題に対処するための手練手管はスタッフに伝染する。例えば庵野は手続きのない小回りの利く機動を好み、自分の身体をモデルに使って「その辺」で参考映像を撮影する、小物や模型を使って机や会議室で撮影する、ひとりでロケをしてくる、スタッフ数名に頼んで写真を撮ってきてもらう、知人を伝って当事者の話を

聞いてくる、といったことを多用し、それらによって撮影された素材や話を作品に使用することが多々ある。その姿をスタッフは常から見ている。

　また、庵野や監督たちは経験と常からの高い知的好奇心によって博識であり、それを土台にして成果物をチェックし、スタッフに様々な質問をしたり、確認を取る。スタッフは庵野や監督たちから発せられる疑問・質問の種類、不足だと指摘されがちな点や、彼らがいつも気にしているディテールはどんな類のものであるかを学習し、自ずとよく調べ、よくものを考えてから成果物を提出したり、質問したりするようになる。

　ネット上や書籍による調査はもちろん、現物を調達して調べる、現地に行って測る、取材する、取材時にはこういうものに特に注目する、実際にやってみる、等を行ってから事にあたる、といった態度である。

　もともとは「適当なもの・安易なものは見せない」「考えなしなことを聞かない」ために行っていた行動が、徐々にスタッフ自身が気になるから行う、やらないと気がすまない、という形に変化して定着していた。

言い訳

　スタッフから盛んに口をついて出た言葉に「『エヴァ』なんだから」「最後の『エヴァ』なんだから」というものがあった。『エヴァ』だから・最後の『エヴァ』だから、全力を出したい、妥協したくない、ぎりぎりまで粘りたい、全部やりたい、といった使われ方である。または、全力を出していい、妥協しなくていい、ぎりぎりまで粘っていい、全部やっていい、といった使われ方である。

　『エヴァ』を個人的に非常に特別な作品と位置付けている多くのスタッフにとって、いつも以上に力を込めるための自身へのエクスキューズに、あるいは、配慮や忖度によって自主的に手加減してしまい、不完全燃焼とならないための他スタッフへのエクスキューズとしても『シン・エヴァ』は使われていた。

察しと思いやり

　本プロジェクトで庵野が何より大事にしたことは「面白いもの」を作ることだったが、スタッフは出来上がった作品に庵野が納得することも大事だと考えた。庵野がその出来上がりに申し分なく満足した、と感じることができなかったとしても、できれ

ばやり残しがなく、納得してプロジェクトを終えてほしい、という思いである。

　スタッフには庵野がやりたいと考えること、やってほしいということを断らず、まずは受け止めるという態度があった。ひとつひとつが渾身の成果物である以上、反復する修正は苦しいが、庵野の合理性を信じて対応した。

　庵野が保留の態度を取るときには、捨てられるとわかりながら・捨てられてもいいから探りに使えるよう球を投げた。無駄になるかもしれないが、想像できることは準備をした。質問やチェックといったコミュニケーションをとる際、膨大な仕事を抱える庵野を気遣って最善の仕方を考えた。

　CGI監督の鬼塚大輔は「『シン・エヴァ』は過去作に比して、要望に応えたことが最も多いと思う。使われなかったカットも一番多いが」と述べた。

　編集室で庵野と共同作業をする機会と時間の多かった編集の辻田恵美は「『シン・エヴァ』は関わった者皆が120％の頑張りをした」と評した。

右腕たち

　庵野が制作する作品には、庵野と世代が近く、同じ作品群を見て育ち、若い時分からともに過ごし、ともに作品を研究し、ともに試行錯誤してプロジェクトを遂行し、「良いもの」についての認識が一致した共同主観が築かれている昔なじみたちが多数関わっており、それは本プロジェクトも例外ではない。彼らは、庵野が「探り」を行うときにまず初めに任される者たちで、庵野と彼ら双方ともに得手不得手、好き嫌いを理解している間柄である。本プロジェクトでもそういった者が多く参加し、特筆的な仕事を果たしてくれているが、中でもとりわけ本プロジェクトに関わりの大きかった者を一部挙げたい。

鶴巻和哉

　本プロジェクトでは監督、脚本協力、プリヴィズバーチャルカメラマン、画コンテ、原画を務めた。

　「アニメの演出」全般に関する本プロジェクトの要であり、手練手管の引き出しが膨大にあり、あらゆる問題におけるスタッフの相談相手であり助言者であった。

　庵野の指示・判断を掴みかねているスタッフ、あるいはスタッフに対してどう指示を出せば修正意図が伝わるかを庵野が考えあぐねるときに両者の間に立つ通訳者でも

あった。庵野のアイディアや意見に対して批判的立場に自らを置き、あえて水を差し、立ち止まって考えるよう促す役割も担った。

前田真宏

本プロジェクトでは監督、コンセプトアートディレクター、画コンテ、美術設定、原画を務めた。

具体的な指示や発注については無論、抽象的だったり曖昧な指示や発注であったりしても描写する力があり、見たことがないものの描写を求められた際に、どこかで見覚えがある・何かに似ている、というように視覚化するのではなく、見たことがないもの・初めて見るようなものとして視覚化する役割を多数担った。

摩砂雪

本プロジェクトでは画コンテ案・イメージボード、原画、プリヴィズヴァーチャルカメラマン、アクションパートヴァーチャルカメラマン、水中映像画面協力を務めた。

本プロジェクトのスタッフの中でも庵野と特に付き合いが長く、血肉としてきた作品や好きなものが特に似ている。普通は思いつかない、普通はやろうとしない画面アングルを探ることができ、庵野からスタッフに対して「例えば摩砂雪だったらこの場合はこのような画面を作る」と参考に挙げられることもしばしばだった。

山下いくと

本プロジェクトでは主・メカニックデザイン、原画を務めた。

出自が漫画家であり、作品に登場する全てをひとりで考えて表現するという漫画家のアプローチをデザインにも適用して、理由、理屈、成立性、世界観との相応を徹底して考え、演出の領域にまで踏み込むデザインを行った。

加えて、現実世界の新旧の技術や科学の知見から、新旧のアニメ作品等のメカニック知識まで広く通じており、それらを活用して理屈を張り巡らせた説得力の高い提案を行った。

轟木一騎

　本プロジェクトでは総監督助手、プリヴィズバーチャルカメラマン、宣伝を務めた。

　温情によらず、作品としてどうかを冷静に判断し、観客へ見せる基準として庵野からの信頼が厚い。ロケ撮影など実写撮影された膨大な写真素材から探る際は、まずは轟木が一次選別して庵野に引き渡す等、庵野の代わりの目としての役割を担った。

右腕たちの「探り」方

　鶴巻は、庵野のやりたいことを想定し、それに合わせて探るのではなく、自身がやりたいことをまず考え、それを中心に置き、そのうえで庵野がやりたいことでもあるだろう、というものを探ったという。

　前田は、空想を巡らすことから始めるという。空想を巡らしながら、過去の経験も思い返し、そして作品世界の登場人物の主観を想定し、同時にその登場人物を俯瞰する視点を持ち、視点を混ぜたり、入れ替えたりしながら、「ここにふさわしいもの」を探ったという。

　山下は、「やりすぎ」と思われるくらいのもの、庵野はこうは発想しないだろう、というものをまずは提示するという。それに対する庵野からのリアクションや修正指示を見て、庵野が好きなポイントを汲み取って反映する、という仕方で探ったという。

　轟木は、自分自身が好きなもの、自分自身が良いと思うものをシンプルに提示していく、という仕方で探ったという。

　ここまで本プロジェクトの遂行の中枢について検討を行った。振り返ると、本プロジェクトは一方で偶有性や外部といった庵野以外の思考を重視しながら、他方で庵野によるチェックや修正等、庵野自身の思考にスタッフが応え、支えていたことが確認できる。これらは対立があるように見えながらも衝突することなく、時に特定の考えが優勢になったり、いいとこ取りをしたり、ないまぜになりながらバランスしているのが本プロジェクトだった。

　『シン・エヴァ』公開後の2021年4月11日、劇場来場者に向けたヒット御礼の舞台挨拶の場で、『シン・エヴァ』を形作っているものは以下だと庵野は述べている。

- 第一に作品に必要な面白い要素
- 次にお客さんが見たい、望むであろう要素
- 画として美しいもの
- スタッフやキャストが持っている描写的な要素と、好きな要素
- それらの合間合間に、作品を邪魔しないように、自分が持っている描写的な要素と、好きな要素

4章

内部評価

本章では、株式会社カラーに所属しており、かつ本プロジェクトに主要な立場で関わった５名による本プロジェクトの評価と振り返りを行った。

鶴巻和哉
株式会社カラー取締役作画部長

Kazuya Tsurumaki

略歴

1966年生。アニメーション監督・アニメーター。株式会社カラー取締役及び作画部長。

1985年 スタジオジャイアンツに参加。動画を担当。1986年から原画を担当。

1989年 ガイナックスに参加。『ふしぎの海のナディア』にて作画監督を担当。同作品のLD-BOX特典映像『ナディア・おまけ劇場』で初めて脚本、画コンテ、演出を担当。

1994年 OVA『トップをねらえ！』LD-BOX特典映像『新・トップをねらえ！科学講座』で初めて監督を担当。

2006年 株式会社カラーに入社。

2007年 『ヱヴァンゲリヲン新劇場版：序』にて監督、画コンテ、原画を担当。

2009年 『ヱヴァンゲリヲン新劇場版：破』にて監督、画コンテ、デザインワークス、原画を担当。

2012年 『ヱヴァンゲリヲン新劇場版：Q』にて監督、脚本協力、イメージボード、画コンテ、デザインワークスを担当。

2021年 『シン・エヴァンゲリオン劇場版』にて監督、脚本協力、プリヴィズバーチャルカメラマン、画コンテ、原画を担当。

主な監督履歴

- 『新世紀エヴァンゲリオン』（1995年〜1996年）／副監督、設定補、画コンテ、演出、原画、作画監督
- 『新世紀エヴァンゲリオン劇場版 Air/まごころを、君に』（1997年）／監督、画コンテ、演出、設定デザイン
- 『フリクリ』（2000年〜2001年）／監督、原案、画コンテ、原画
- 『トップをねらえ！2』（2004年〜2006年）／監督、原案、画コンテ、原画
- 『日本アニメ（ーター）見本市「龍の歯医者」』（2014年）／アニメーション監督、画コンテ、原画
- 『日本アニメ（ーター）見本市「I can Friday by day!」』（2015年）／監督、画コンテ
- 『龍の歯医者』（2017年）／監督、画コンテ
- 2023年現在、監督作品を準備中。

その他仕事履歴

『Galaxy High School』、『めぞん一刻』、『天空戦記シュラト』、『PATLABOR MOBILE POLICE』、『THE八犬伝』、『雲のように風のように』、『帝都物語』、『おたくのビデオ』、『美少女戦士セーラームーン』、『機動戦士ガンダムＶガンダム』、『ラブ＆ポップ』、『青の6号』、『彼氏彼女の事情』、『劇場版 ポケットモンスター セレビィ 時を越えた遭遇』、『まほろまてぃっく』、『スノウ・クラッシュ』（2001年文庫版 上下巻カバーイラスト）、『アベノ橋魔法☆商店街』、『パラッパラッパー』、『月面兎兵器ミーナ』、『天元突破グレンラガン』、『乱暴と待機』（装丁・イラスト / 映画版ポスターイラスト）、『キルラキル -KILL la KILL』、『シン・ゴジラ』、『リトルウィッチアカデミア』、『ダーリン・イン・ザ・フランキス』『シン・仮面ライダー』（ほか多数）

目標について

　『シン・エヴァ』の完成により『新劇場版』シリーズが完結することが目標だったと言えます。それも形式的な完結ではなく、『エヴァンゲリオン』の原作者であり総監督である庵野秀明が納得し、庵野が心残りを作らない完結です。これは興行収入の多寡より重要なことだと考えていました。

　庵野は『エヴァンゲリオン』について多くのものを背負い、長く苦労をしてきました。だからこそ未練が残るような形の完結ではいけないと考えていました。庵野が納得しないのであれば完結はしなくてもいいとすら考えていました。

　過去に「（総監督として新劇場版を途中から）引き継いでほしい」と提案されたことがあります。そのときは自分がやるべきではないと断りました。休んでもいいし、結果的に完結できてもいい。しかしこの『新劇場版』シリーズは庵野秀明の『エヴァンゲリオン』にならなければならないと考えていました。

　結果、庵野の納得した形で完結できたのかは本人にしかわかりません。ただ『シン・エヴァ』の制作においては、大筋でみれば庵野には迷いがないように感じました。

　付け加えると、『エヴァンゲリオン』は僕自身が長く付き合ってきた作品でもあります。1995年に放映したTVシリーズ、1997年に上映した『劇場版』、そして2007年から上映してきた新劇場版と、25年間付き合ってきた僕自身も納得する形で完結したいと考えていました。ですから『シン・エヴァ』では個人的な思いを乗せた意見や提案もしてきました。しかしその結果、庵野の思いをねじ曲げたり、庵野がやりたかったことを邪魔したりするのは本意ではありません。

　庵野は僕の意見を採用することもあればそうでないこともあり、ロジックを超えて判断する様子も見えました。例えば、最終的には好きだからやる、嫌いだからやらない、といった判断です。それは作家として当然あるべき判断で、僕は支持します。おそらくは、庵野のやりたいことを邪魔しない形で、僕の気持ちもうまく乗せることができたのではないかと思っています。

興行収入について

　『シン・エヴァ』で興行収入100億円を目指す、ということを制作中から庵野は言っていました。しかし前作の『エヴァンゲリヲン新劇場版：Q』の興行収入が53億円だったこともあり、現実的に考えて100億円には届かないのではないかと考えていました。100億円というのは高校野球における「甲子園を目指す」のような、掛け声のような意味で受け取っていました。

　一方で庵野が非常に強く「売れなければならない」という気持ちを持っていることも知っています。なので、掛け声だけでは終わらない何かを庵野はねらっているのだろうとも思っていました。例えば、全面的にわかりやすいエンタメに舵を切り、これまでの『エヴァ』ファンだけでなく、ハリウッド娯楽大作を観るような一般層まで取り込む。それに合わせて、これまでのストイックな宣伝スタイルも改め、テレビ放送も駆使した大掛かりな宣伝スタイルを使うつもりなのかも、と想像していました。

しかし出来上がった脚本はそういう方向性とは異なり、思いの外わかりにくいことをやろうとしていると感じました。

結果的には、ある種の難解さを好む昔からのお客さんを切り捨てずに、新しいお客さんも取り込むという両取りをねらい、成功したのだと思います。

強度の獲得1　死角検証

庵野からアイディアが出てくる。それに僕が反対意見や対案を出す。僕の意見や案に対してさらに誰かが反対意見や対案を出す。それら全てを総合して庵野が最終的な判断を下す。このような構造を作ることができたときは強度のあるものが作れると感じます。

庵野が出すアイディアはとても多くのことを考慮したものです。しかしそれでも、死角ができることがある。しかもそれが本当に死角なのかは突いてみるまでわからないわけです。

僕の意見が採用されるかどうかは重要ではありません。結果的に庵野が出したアイディアのまま進むのだとしても、僕の意見によって一度立ち止まり検証が行われる、そのプロセスによって強度が得られると考えています。

僕にも当然死角があります。庵野の意図がちゃんと見えておらず僕がおかしなことを言っているだけなのに、庵野がそのおかしな意見に流されることがあってはならない。例えば総監督助手の轟木一騎は僕とは違う方向、違う角度から庵野のアイディアを見ています。轟木は、庵野から社長やプロデューサーの部分をカットした「作家庵野」を宿していると感じます。「作家庵野」のように考えるから庵野への配慮はあっても忖度はしない。轟木は絶対に向こう側から見ているから、僕はこちら側から見たことに対して意見を言えばいい。僕自身の見落とし、僕自身の死角があったら轟木が突いてくれるという信頼がある。

このアプローチには重要な前提があります。作品を完成させる方向でこれらが行われなければならないということです。面白い反対意見や対案だったとしても作品を壊す方向に働くものでは駄目です。面白いものでも作品の完成に無頓着な意見や、全体を考えない意見は作品を壊す方向に働く。作品を完成させる方向に働く意見を出し、最終的に判断権限を持つ者が受け入れるときもあれば受け入れないときもある。そういうことが行われなければなりません。

それがスタッフ全体で行われるのであれば僕が反対意見や対案を率先して出すことはしなくていい。しかし、こと『エヴァンゲリオン』になるとなかなかそれができないというのもわかる。集まってくれたスタッフには庵野の『エヴァ』を作りたくて、庵野と仕事をしたくてやって来たという人が多い。そういうスタッフが庵野の考える『エヴァンゲリオン』に対して意見を言うことは難しい。強度云々よりも庵野の考えた庵野純度の高い『エヴァンゲリオン』を作りたいとすら考えるかもしれない。

それに、意見や提案というのはする方もされる方も大きなストレスになります。僕自身が監督に立つこともあるのでよくわかる。やらずに済むのであればそれに越したことはない。しかし作品が強度を得るためには誰かがやらなければならない。なので僕や轟木がそれを担うように

していると言えます。

強度の獲得2　上手い人にこそ

　上手い人にこそ修正を入れた方がいい、と考えています。上手い人にはつい甘えそうになります。上手いがゆえに「きっとわかってくれているだろう」と考えてお任せしたくなる甘えです。その結果上手いながらも、上手いなりに外れたものができてしまうことがある。そして上手いがゆえにもう修正しようがなくなっていることもある。

　ときには外れたものであっても、あまりに良いものなのでそれを選ばざるを得ない、ということもあります。例えば前田真宏はその力を持つクリエイターです。しかしそれは前田が極めて特異な力を持っているからであり、普通はそうなりません。

　工程の初期段階で上手い人に的確な指示を出しておけば、最終的にものすごく良いものが出来ている、という状態を構築できます。それに、上手い人に指示を出すということは本来、比較的軽い仕事です。ついリスペクトによって「お任せします」と言いたくなりますが、踏み留まって指示することができれば後々、自分の身を助けます。

　逆にそうでない人については、土台から崩して僕自身で全部直してしまいます。僕自身が中枢的に関与するプロジェクトでは、その最中に純粋に人を育てることは難しい。やはりクオリティを優先してしまいます。そしてそれは僕に限ったことではなく、チェックを行う他の責任者にも言えることだと思います。『シン・エヴァ』は特にその傾向が強かった現場でしょう。80点のものが出てきても90点がほしいときには直さざるを得ない。その場合は、得てして土台から直すことでしか90点に到達できない。80点を作った人は十分に高いレベルにいるのに、その人の作ったものを台無しにしてでも90点をねらってしまう。それはとてももったいないことなのですけれど、クオリティを求めたときにはどうしてもそうせざるを得ないのです。

強度の獲得3　勝負所と切り札

　作品には勝負所があります。ここは絶対に押さえておかなければ他がいくら良くても駄目になるという部分、ここさえ押さえておくことができれば他の部分はそれなりでも何とかなるという部分です。

　自分自身のリソースを「手札」と捉えてみたとき、勝負所に対しては「切り札」を切ることになる場合が多い。「切り札」とは僕自身の時間と手間をかけて大掛かりに手入れするということです。これは何度も使える手ではなく回数に限度のある手です。作画監督など、他の責任者に代わりに切り札を切ってもらうよう頼むこともできますが、そうするとその人たちにとっての勝負所でその人たち自身が切り札を切れる回数が減ってしまうかもしれません。

　だから自分で直すわけですが、この一連は60点で揃えておいてくれれば僕がさらに揃えて20点を足して一連を80点にするというゲームの作り方もあれば、ごく少ないカットであっても95点

が必要なので、95点という非常に高い得点を得るためにそこに切り札を集中させる、という勝負の仕掛け方もあります。この勝負所の見極めは客観性に基づくのではなく、自分の主観、自分の感覚でしかありません。

また、勝負所を見極めるということは勝負しなくていいところを見極めることでもあり、切り札も手札も温存したままゲームを進めることでもあります。全てのカットを勝負所だと考えて向き合うと自身のスケジュールも後工程のスケジュールも食いつぶすことになります。あるいは勝負所を絞れていたとしても、勝負をかけすぎてしまうと過剰な描写になってしまい、作品の同一性から逸脱して「浮いて」しまうこともあります。カードゲームのブラックジャックでたとえるなら、20や21をねらいにいってカードを何枚も引いた結果22以上になってしまうというようなことです。

例えば『シン・エヴァ』総作画監督の錦織敦史はこの勝負所の見極め、勝負のかけ具合の見極めの精度がとても高かった。彼は、自身のリソースと、トータルの作業量と、目指すべきクオリティの綱引きの見極め能力まで含めてアニメ業界でもトップレベルの力があると言えます。

方法について

庵野は『シン・エヴァ』で、そのカットに存在する可能性の拡がりを探ってから答えを選ぶ、という手法を多くの局面で取りました。脚本や画コンテでおおまかな方向性は指示されますが、具体的な描写は探りながら作っていき、結果的に描写が大幅に増えることもあるし、全てカット（無し）になることもありました。実写だと、撮影だけはしておいて編集時に取捨選択するようなことは普通のことでしょうが、アニメ制作でそういったことはほとんどありません。今までもこの手法を取ることはありましたが、『シン・エヴァ』ではこの対象が大幅に拡がりました。その点では初めての試みと言えます。

実際、成果を上げていて、この手法でなければ得られなかった手触りを獲得することに成功しています。一方で、絶えざるカットアンドトライが必要となり、効率は良くありません。決め打ちで作っていく通常のアニメ制作とは違って、無駄撃ちになるとわかっているような作業をスタッフに強いることにもなってしまい、心苦しさを感じていました。

庵野秀明について

20代の頃の僕が庵野に天才性を感じたところは庵野のモチベーターとしての能力です。庵野はクリエイターとしてだけでなく、モチベーターとしての能力も高いのです。若い頃から、声を張り上げ皆を鼓舞するようなタイプではありませんでしたが、スタッフの意欲を掻き立て、やる気を引き出す能力が高いと感じていました。ある種の隙や可愛げを見せることもあり、それも相まってスタッフから好かれている印象でした。

今の庵野は隙を見せることはほとんどありません。それは現在求められるクオリティが、そう

いった振る舞い程度のことで手が届くレベルにないということなのかもしれません。それに庵野自身は、今も昔も自身の人柄によって求心力が得られているとは考えていないと思います。純粋に良いディレクションをし、結果として面白いものを作り続けることでしかスタッフは付いてきてくれないという切迫感を持っているのではないでしょうか。

　もう一点、今も昔も変わらないところは、ヒットへの欲求が異常に強いという点です。話題になったり評価されたりするだけでなく、十分な利益を上げなければいけないという責任感の強さです。今はカラーの代表取締役社長なので、制作費を出資する経営者としてその回収や利益を考えることは当然です。しかし、カラーを作るずっと以前から庵野はそれを持ち続けていました。若い頃の庵野は自分自身の収入には無頓着でした。給料袋を受け取ったまま資料の山の中に埋もれさせてしまうような生活ぶりも見ていましたから、この欲求は金銭的な自己利益とは関わりがないと思われます。出資者に対する責任感からなのか、承認欲求を満たす指標としてなのかわかりません。苦労して作る以上、多かれ少なかれヒットさせたいという欲求は持っていて当然なわけですが、庵野のそれは非常に強く、しかも実際ヒットを生み出す確率の高さは頭抜けています。

　庵野が制作中に細かいディテールに対するリテイクを繰り返すとき、面白い作品を作りたい、クオリティの高い作品を作りたいという欲求に基づいているなら理解できます。しかし、もしこのリテイクがヒットを求める欲求からなされているとするなら驚くべきことで、信じられないことだと思います。『新劇場版』シリーズにおける庵野は、経営者と作家、プロデューサーと監督を兼任しています。通常であれば相反するようなこれらの役割が、庵野の中で明確には分かれていない、対立していない可能性もあるのかなと思います。「作家庵野が作りたい作品」が「経営者庵野が求めている作品」だということなら、とてもシンプルです。本当のところはわかりませんが、もしそうなら幸せなことだと思います。

エヴァンゲリオンと不動産

　カラーは本業である映像制作とは別に不動産投資もしています。映像制作以外の収入があることで映像制作に専念できるため、重要な事業だと思います。僕はこの方面については明るくないですが、一般論として不動産投資には失敗もあり得ます。しかしカラーの投資は好調のようです。庵野の勉強の成果なのか、引きが強いだけなのか、有能なブレーンの良いアドバイスがあるからなのか、むしろ人のアドバイスを鵜呑みにせずに自身の考えに基づいて判断をしているからなのか、それら全てによるものなのか。

　『エヴァンゲリオン』はTVシリーズのヒットがあり、かつての劇場版のヒットがあり、それを踏まえて様々なタイアップがあり、『新劇場版』シリーズにつながり、そして『シン・エヴァ』は100億円の興行収入を達成しました。『エヴァンゲリオン』を育てることと不動産事業を好調に運用することには不思議と、どこか関係性があるようにも感じます。

　『エヴァンゲリオン』は放っておいても勝手に売れ続ける商品で、だから作品を作るごとに興行収入が伸び、必然として『シン・エヴァ』の興行収入が100億円を達成したのだと言う人もいるで

しょう。経営状態が良いから必然として不動産投資もうまくいくのだと言う人もいるでしょう。でもそう簡単な話ではないと思います。不動産投資が失敗する可能性も、『エヴァンゲリオン』が売れなくなっていた可能性も、『シン・エヴァ』の興行収入がプロジェクト費用に届かなかった可能性もあったのだと思います。

前田真宏
株式会社カラー作画部

Mahiro Maeda

略歴

1963年生。アニメーション監督、アニメーター、デザイナー、漫画家。株式会社カラー作画部所属。

大学在学中に『超時空要塞マクロス』(1982年~1983年・原画)、『DAICON IV OPENING ANIMATION』(1983・原画)、『風の谷のナウシカ』(1984・動画、原画)等に参加。

1985年頃から本格的にガイナックスに参加。『王立宇宙軍 オネアミスの翼』『トップをねらえ!』『ふしぎの海のナディア』等で原画、設定、演出を担当。

1992年 有限会社ゴンゾの設立に参加。

2009年 『ヱヴァンゲリヲン新劇場版:破』にてデザインワークス、原画を担当。

2012年 株式会社カラーに入社。同年『ヱヴァンゲリヲン新劇場版:Q』にて監督、脚本協力、イメージボード、画コンテ、デザインワークスを担当。

2021年 『シン・エヴァンゲリオン劇場版』にて監督、コンセプトアートディレクター、画コンテ、美術設定、原画を担当。

主な監督履歴

- 『青の6号』(1998年~2000年)／監督、画コンテ、メカニックデザイン、美術デザイン、設定、原画
- 『FF:U ~ファイナルファンタジー:アンリミテッド~』(2001年~2002年)／総監督、キャラクターデザイン、美術設定、モンスターデザイン、画コンテ、原画
- 『アニマトリックス セカンド・ルネッサンス パート1・パート2』(2003年)／監督、キャラクターデザイン、作画監督
- 『巌窟王』(2004年~2005年)／監督、企画原案、キャラクター原案、画コンテ、演出、原画
- 『おんみつ☆姫』(2007年)／監督、原案、画コンテ、美術、原画
- 『Genius Party Beyond「GALA」』(2008年)／監督、キャラクターデザイン、画コンテ、作画監督、原画
- 『日本アニメ(ーター)見本市「西荻窪駅徒歩20分2LDK敷礼2ヶ月ペット不可」』(2014年)／監督、画コンテ、演出、原画
- 『日本アニメ(ーター)見本市「Kanón」』(2015年)／監督、脚本、キャラクターデザイン、画コンテ、原画
- 『日本アニメ(ーター)見本市「ハンマーヘッド」』(2015年)／アニメーション監督、キャラクターデザイン、画コンテ、原画

主なデザインワーク履歴

- 『王立宇宙軍 オネアミスの翼』(1985年)／プロダクションデザイン、レイアウトデザイン、原画
- 『ふしぎの海のナディア』(1990年~1991年)／設定、画コンテ、演出、原画
- 『ウルトラマンパワード』(1993年)／モンスターデザイン、メカデザイン
- 『新世紀エヴァンゲリオン』(1995年~1996年)／使徒デザイン
- 『ガメラ 大怪獣空中決戦』(1995年)／怪獣デザイン

- 『ガメラ 2 レギオン襲来』（1996年）／怪獣デザイン
- 『ガメラ 3 邪神覚醒』（1999年）／怪獣デザイン
- 『LAST EXILE』（2003年）／プロダクションデザイン
- 『サムライチャンプルー』（2004年〜2005年）／得物デザイン
- 『巨神兵東京に現わる』（2012年）／巨神兵造型イメージデザイン
- 『マッドマックス 怒りのデスロード』（2015年）／コンセプトアートデザイン
- 『シン・ゴジラ』（2016年）／ゴジライメージデザイン・イメージボード・画コンテ
- 『龍の歯医者』（2017年）／コンセプトデザイン、原画
- 『SSSS.GRIDMAN』（2018年）／怪獣デザイン
- 『暴徒』（2022年）／コンセプトアート、イメージボード、原画
- 『シン・ウルトラマン』（2022年）／デザイン
- 『シン・仮面ライダー』（2023年）／デザイン

（ほか多数）

その他仕事履歴

『天空の城ラピュタ』、『紫式部 源氏物語』、『Marionette』（ミュージック・ビデオ）『トップをねらえ！』、『雲のように風のように』、『帝都物語』、『CAROL 〜A DAY IN A GIRL'S LIFE 1991〜』、『おもひでぽろぽろ』、『まんが日本昔ばなし　子を呼ぶフア鳥』、『遠い海から来たCOO』（漫画）、『紅の豚』、『ジャイアントロボ THE ANIMATION -地球が静止する日』、『YAMATO2520』、『新世紀エヴァンゲリオン』、『イーハトーブ幻想〜KENjIの春』、『新世紀エヴァンゲリオン 劇場版 Air/まごころを、君に』、『キル・ビル』、『巌窟王』、（漫画）『銀色の髪のアギト』、『ブレイブ・ストーリー』、『へうげもの』、『妖狐×僕SS』、『キルラキル -KILL la KILL-』、『ワンパンマン』、『よい子のれきしアニメ おおきなカブ（株）』

（ほか多数）

目標について

　『シン・エヴァ』が庵野の思い描いたとおりの形で完成する、そのための手伝いをすること。プレイヤーとして作品を具体的に豊かにすることで作品に寄与すること。それを目標にしていました。

　また、庵野の回復も大事なテーマでした。庵野はものを作るのが好きな人だと思います。ものを作って完成に導くことはきっと癒やしになる。『ヱヴァンゲリヲン新劇場版：序』の制作時に発表した『我々は再び、何を作ろうとしているのか？』という所信表明文があります。なぜ今、『エヴァ』を再び始めるのか。ここに返ってちゃんと終わらせる。それを意識していました。

　『シン・エヴァ』での庵野は調子が戻ってきたと僕は感じました。若い頃は、庵野が「これが好きだ」「これをやりたい」と大声で叫ぶと皆が「面白いね」と返してくれる、そんな良いリレーションがありました。屈託がなかったと思います。しかしその後、世界にはネガティブな「こだま」もあることを知った。今はもう、若い頃のようなストレートさ、素朴さはなくなったのかもしれない。でも「やりたいことをやるんだ」という気持ちが再び戻ってきたと強く感じました。表れとしては些細なことですが、レスポンスが素早かったり、判断が明瞭だったりというものです。立ち止まらずに自身のやりたいことを指し示していた。庵野からすると「あれもできなかったし、これもできなかった」と感じているかもしれません。でも僕は「来た来た。いつものわがままな庵野さんが帰ってきた。よかったよかった」「その調子ですよ」と思っていました。

　『シン・エヴァ』はストレートなエンタメ大作にはならないだろうと思っていました。その代わりに庵野秀明という存在そのものが表出していることがエンタメになる、そういう意識でいました。好きが高じてここまで来た人はなかなかいないと思っています。子供の頃から好きだと思い続けて、今、会社を作ってお金を動かして仕事として形にする。その凄みが、作品が形として結実することで伝わってほしい。「この人を見よ」という気持ちです。「庵野秀明って面白くないですか。なかなかここまでやった人はいないと思いませんか。皆さん」と。

　結果、出来上がった『シン・エヴァ』を僕はものすごく面白い作品だと思っています。作家の存在そのものを見せてくるから嫌い、だから面白くない、という人がいるのはわかりますし、ごめんなさいね、とは思うんです。でも僕は面白い作品になったと思っています。

興行収入について

　興行収入については、僕は意識していなかったです。

強度の獲得1　理解と誤解

　アイディアを出すとき、採用されてもされなくてもいいと思っています。役に立てばいい。「こうじゃない」と言わせたら役に立つ。「こうじゃない」と反応することで頭が回転しだすということです。

　ひとつの脚本に対して10人いたら10人が違うイメージを持つはずです。そこには脚本の意図どおりのものと、脚本の意図から外れたものが混ざることになります。それらが編み上がることによって深みが出ると考えています。前作『エヴァ：Q』では庵野に対して、あえての外れ球を含めいろいろな角度からアイディアを投げるよう心掛けていました。何かが刺激になり反応を引き出せれば、と考えてのことです。

　『シン・エヴァ』では、外れ球を自覚的に混ぜて様々なイメージを投げるのではなく、僕のひとつの読解に基づいたひとつのイメージを渡しています。ただし僕の読解には、理解と誤解の両方が含まれているだろうという自覚を持ったうえでの読解です。『エヴァ：Q』にしろ、『シン・エヴァ』にしろ、どちらのアプローチも、その取捨選択を庵野に委ねる、というところは変わりません。

　ねらってアプローチを変えたのではありません。『エヴァ：Q』ですごく久しぶりに庵野たちと仕事をがっぷりともにし、紆余曲折を経たことで自身が『エヴァ』の世界観に馴染んだ。『エヴァ：Q』から長い時間をかけて『シン・エヴァ』を準備した。そういうことによってアプローチの仕方が無自覚に変わったのではないかと思います。

　脚本をイメージ化するとき、脚本執筆者以外がイメージ化するのであれば必ず誤解（誤読）可能性が生じます。同時に、脚本そのものと、脚本執筆者自身の感情や論理との間にズレがあって、正読したがゆえに執筆者にとっては誤解（誤読）に映ることもあり得ます。

　また、実際には脚本「だけ」の読解を基にイメージ化できるわけではありません。執筆者の性格や立ち居振る舞い、執筆者と自身との関係性、執筆者から昔聞いた話、自身のコンディションといった、脚本の外の周辺情報、つまりコンテクストが加わります。そしてコンテクストの影響から逃れることはできません。影響を受けないように意識すること自体が影響下にあるものだからです。これら全てによって、理解と誤解が生まれます。

　チェックの段になって初めてチェック者は、作業者という他者が作ったイメージの中に理解だけでなく様々な形の誤解があることがわかります。誤解を目にすることによって気付きを得られることもあるでしょう。「このように誤解されてしまう脚本だったのか」と。作家というのはやはり独善的に書くので往々にして盲目なところがあります。

　使える読みと使えない読みを取捨選択し、軌道修正しバックする。バックを見て初めて作業者自身も理解していた部分と誤解していた部分を知る。このやり取り、誤解を受け入れるか、軌道修正を入れるか、弾くかを検討する行為、それを繰り返す行為によって作品は磨かれていきます。

　僕自身が作品を監督するときにも、誤解は醍醐味だと思っています。作品の芯と整合性が取れていて、邪魔にならず「面白いじゃん」と言えるものであれば誤解であっても使います。「こういう表現があったのか」という気付きを得られたら、それはめっけもんだと思います。もちろん、あまりに遠くに外れたものはいけませんし、ストーリーの根幹、キャラクターの根幹に関わるズレは修正しなければなりません。

強度の獲得2　太らせてから削ぐ

　綿密に計画し、明瞭に構築して作るタイプの人もいますが、庵野は感覚や生理的なものを大事にし、固定せず、生きているものとして、どこに行くかわからない部分を持ったままでいたいと考えるタイプだと思います。

　綿密な計画を基に設計図を引いて緻密に組み立て積み上げて作るというのは、とても効率がよく完成度の高まる作り方です。しかし、この作り方は出来上がりが計画を下回って小さなものになることが結構あると感じています。集められるお金、集められるスタッフ、かけられる時間という「今のこの現実」をベースにして組み立て、積み上げた結果、こんなに小さなものになってしまった。最初に夢想した夢はこんなにも大きなものだったのに「こんなはずじゃなかった」という出来になる。そんなふうに計画どおりに進み、計画以下に縮んでいくものを作っている時は、極端な言い方をすれば死体をいじっているような手触りです。

　そうはならない作り方をしようとする庵野がいて、それが面白い。フレームを曖昧にしたり、外したりしてしまうことで拡張させるということです。積めるだけ夢を積んでいく。プロジェクトとして肥え太らせていく。

　鶴巻には鶴巻の、轟木には轟木の個性と、彼らが考える『エヴァ』があります。彼らがこれまで長年かけて積み上げてきた大事なものがあって、そちらが『エヴァ』の本体です。僕は彼らとは違う角度から『エヴァ』を肥やしていく。ただのゴミになるかもしれないけれど、何かしら太らせることができるかもしれない。自分の役目はそこだと考えます。

　他方で、矛盾するようですが庵野はフレームを作ったりフレームに収めたりということが実はとても得意な人です。コスト、スケジュール、リソースの逆算が上手く、計算高い。夢見る庵野だけでなく、冷静に現実を見通す庵野という面がある。夢見る庵野に同調して僕は積めるだけ夢を積み、現実に落とし込む段に庵野が冷静に削っていく。不要なもの、使えないもの、面白いがこのコスト、スケジュール、リソースでは作れないもの、という判断をしていく。はじめからフレームに当てはめるアプローチでは痩せて縮んでゆくばかりだけれど、夢を積み、太らせてから削ぎ落とす。すると最終的には「今のこの現実」というフレームの内に収まるものであったとしても、痩せて縮み小さくなったものではなく、よく鍛えられ絞られた収まりになる。そう考えます。

強度の獲得3　器

　『エヴァ』では安心して変なものを提案することができます。「この辺までは許容してもらえるんじゃないかな」という試しができる。自分をあまりセーブしないでいられる。これは先の2つにも通じることです。つまり『エヴァ』は誤解を許容してくれるプロジェクトで、だから太らせることができる。プロジェクトとしての器が大きいからそれができるのだと思います。

　これはおそらくお客さんにも当てはめられることです。いろいろな人がいろいろな見方をする、いろいろなキャラクターに気持ちを入れる、いろいろな解釈が成り立つ。どう接しても溢れない器

の大きさがある。この器の大きさも、『エヴァ』の人気に関係しているのではないかと思います。

カラーという組織と自身について

　庵野をはじめカラーの面子とは昔から関わりがありましたが、仕事として初めてカラーに関わったのは『エヴァ：破』での一部のデザインワークとレイアウト・原画です。その後『エヴァ：Q』でカラーに加わりました。

　カラーは映像制作会社です。映像制作会社として成立し持続させていくためには良い作品を作らなければなりません。良い作品を作るために良い作品を作りたい人が集まる。良い作品を作るためにお金を稼ぐ。明瞭でいいなと感じ自分も加えてほしいと申し出ました。

　庵野だけでなく摩砂雪、鶴巻和哉、鈴木俊二など若い頃に机を並べて一緒に仕事をしていた面子が揃っていて懐かしいな、と感じました。作品のために絵を描く、という純粋な状況にも若い頃を思い出して懐かしく思いました。『シン・エヴァ』制作時に「真宏にはたくさん絵を描かせたい」と庵野が言っていると聞いた時「よっしゃ、やるぞ」という気持ちになったのですが、明瞭で純粋な状況がその気持ちにさせたのだと思います。

　作品を実現するために各々が各々の技術とセンスを持ち寄る。これがスタジオワークの醍醐味ですし、「誰それと一緒に仕事をしたい」「『エヴァ』が好きで『エヴァ』をやりたくて来ました」といったいろいろな動機の人たちが集まって共鳴、不協和音、化学反応が起きるのがカンパニーの面白いところです。そこに庵野という求心力があり、バランスしている。今のカラーはそういう状態で、非常に良い状態だと思います。皆で作品に奉仕し、その結果生まれた利益は皆に還元する。ここをずっと守っていることも偉いと思います。

　若い頃の僕は根拠なき自信に溢れ、我が強く、あまり人の意見に聞く耳を持ちませんでした。その状態で監督業にキャリアを進めるのですが「見るとやるとは大違いだ。なんて大変なんだ」ということを多く経験しました。オーストラリアでの外国のスタッフとの仕事も良い経験で、相手の欲しているものをいかに汲み取るか、リクエストに対してどうリアクションするか、ということをよく考える契機になりました。すると過去を思い返して、あの時ああ言ったけど、いや待てよ。あの時全否定みたいなことをしたけど、いや待てよ。というように思い巡らすようになるわけです。

　それらの経験と変化を経てカラーに加わったのですが、『エヴァンゲリオン』に対して僕は元来接点が少ないうえに、あとからやってきた人間です。心掛けたのは話をよく聞く、ということです。相手の望みを理解することを頑張ろう、ということです。

　何をしたいのか、どういうことを思っているのかよくよく聞き、そのうえで僕にできることを考える。僕の我を押し付けるのではなく、作品自体とスタジオカラーという組織の空気感を汲み取ることを考えてきました。当たり前の、普通のことと言えば普通のことなのですが。

新型コロナウイルス感染症流行下でのリモートワークについて

在宅で作業をすることで仕事にリズムができ、落ち着いて仕事ができたと感じています。スタジオに来て作業をする、というのは物理的なロケーションの切り替わりによって気分も切り替わり、集中にも繋がると思います。他方、家で仕事をしているとしばしば子供に話しかけられるし、こまごましたことで机を離れなければならないことも多く、中断の連続です。でも、慣れるとそれすらも気分転換になりリズムになっていきます。そして夜中は夜中で中断なくずっと没入できる。身体にとってはあまり良くないサイクルなのでしょうが、どこにも行かず、運動もしないで仕事をしているから体力が余っていて結構やれるなと感じました。年齢のせいもあると思いますが、出かけたり、動き回っていたり、移動をしたりという日常動作で疲れていたんだなと感じました。

なので、体力を消耗せずに落ち着いて仕事ができたという点でリモートワークをポジティブに捉えています。ただし、他のセクションの人たちが今どんな状況で何をしているかは見えないため、スタジオの空気感がわからなくなったことは明確にネガティブな点です。

それでも様々な成果物を自宅で見られる環境を整えてくれたり、チェック物をうまく取り回してくれたり、コミュニケーションを中継してくれたことで不自由を感じることなく仕事ができました。そのような状態を作ってくれたSEと制作の皆さんの頑張りには感謝しています。

別の観点では、絵を描くということは身体的な行為なので、これまでやったことのないリモートワークが自分の絵に影響していないはずがないと思います。とはいうものの机に向かって絵を描くという行為は、没入状態にさえ自身をもっていくことができていればどこでやっても一緒な気もしています。自身の絵に対する影響はあったはずですが、自覚的には捉えきれない無意識の影響だったと思います。

庵野秀明について

庵野は、もともとがアニメーターの人です。プレイヤーということです。描きたい人だったし、今もそのはずだと思っています。でも自身で手を下すとどうしても、好きなものに、自身の原点に立ち戻ってしまうからあえて自身は手を引っ込めて、周りの者を使う。本当の意味での監督業に徹している。それは僕にはできないことで、とても感心しているところです。

僕はすぐ手を出してしまう。「作りたい」というのはそういうことなので。「お前にはそんな実力はない」と言われても、作りたいものは作りたい。力量がどうこうなんかには目もくれない。自分が見えなくなることが「作りたい」ということなので。

庵野も同じはずだと思いますが、庵野はこらえる。自らは三歩ほど引き下がる。そのうえで「作りたいものは作らせてもらいます。ということで試行錯誤してみてください」と指示をする。これはカラーに人が増え、力がある人が増えてきたことでできるようになったことだとも思います。

とはいえコミュニケーションの手間と時間は増えます。昔は、庵野はさっさと自分で描いて解決してしまう人だった。今は手間と時間をかけて付き合う。自分だけでは起こらない何かが起こる

のを待っている。そのために付き合う、ということだと思います。アンケートを取るというのもその表れのひとつだと思います。自分の「作りたい」にのみ従うのではなく他人の意見を聞く。これは余裕の表れだと感じます。

『シン・エヴァ』では僕の絵をかなり多く使ってもらえました。僕自身が『エヴァ』に馴染んできたことで打率を上げられたというのもあるのかもしれません。しかし、そうであったとしても「僕はこう読みましたよ」という他者の読解を渡されるというのは、突きつけられるものです。大変なストレスになりかねないものです。ましてその中に混じっている誤解をノイズやストレスとして蓋をするのではなく受け止めて考える。これは余裕がないとできません。追い詰められていてはできない。だから庵野が「真宏にはたくさん絵を描かせたい」と言っていたというのは、余裕を持つことができていたのだと思います。

もう一点感じるのは庵野の自信です。他人の意見、他人の理解と誤解を参考にしたり、受け止めて内容を変更したりしても『シン・エヴァ』が自身のオリジナルな作品であることは揺らがないという自信。別の言い方をすれば、オリジナルであることを侵さずに人の意見を取り入れた作品を作ることができるという自信です。『シン・エヴァ』の制作の中で、庵野にはそんなやり方が、新しい作り方が見えていたのかもしれません。

テーマソングについて

『シン・エヴァ』は『新劇場版』シリーズのフィナーレなのだから、エンディングクレジットが流れるエンディングロールにはグランドフィナーレに相応しい印象のものを用意しよう、という話が上がったことがありました。これはもしもの話ですが、宇多田さんのこの楽曲がなかったら、『エヴァンゲリオン』が宇多田さんに出会っていなかったら、その「印象的な」エンディングロールが採用されていたのかもしれません。

結果、この楽曲があったことでそうはならず、今のエンディングロールになったのだと思います。本当にこうなって良かった。こうなったことでこの作品は終わることができるな、と思います。

庵野が歌詞を書くわけではないし、もちろん曲は作れない。違う技術、違うセンスを持っている宇多田さんが庵野の見ている視点とは別の角度から作品を補強してくれているわけです。こういうアプローチが補強にならない場合も往々にしてあるのですが、宇多田さんの音楽には助けられているところがものすごくあると僕は思っています。あの詩の世界、あの音楽の世界があることで『シン・エヴァ』の余韻は膨らんだ。庵野が考えていたものよりも、庵野以外の人の手によって膨らんだものになっている。そのように思っています。

『エヴァンゲリオン』は、出会いものだなと思います。

轟木一騎
株式会社カラー取締役企画部長

Ikki Todoroki

略歴

1969年生。株式会社カラー取締役企画部長。

1991年　CM制作会社に入社。

1993年　CMディレクターの仕事を開始。

2005年　庵野秀明の助手になる。

2006年　株式会社カラー設立に参加。

2007年　『ヱヴァンゲリヲン新劇場版：序』にて総監督助手、配給を担当。

2009年　『ヱヴァンゲリヲン新劇場版：破』にて総監督助手、配給、宣伝を担当。

2012年　『ヱヴァンゲリヲン新劇場版：Q』にて総監督助手、画コンテ、配給、宣伝を担当。

2021年　『シン・エヴァンゲリオン劇場版』にて総監督助手、プリヴィズバーチャルカメラマン、宣伝を担当。

その他仕事履歴

- 『ヱヴァンゲリヲン新劇場版：破　劇場用パンフレット』(2009年)／構成・編集
- 『巨神兵東京に現わる』(2012年)／製作補
- 『ヱヴァンゲリヲン新劇場版：序　全記録全集』(2012年)／構成・編集
- 『ヱヴァンゲリヲン新劇場版：破　全記録全集』(2012年)／構成・編集
- 『ヱヴァンゲリヲン新劇場版：Q　劇場用パンフレット』(2012年)／構成・編集
- 『シン・ゴジラ』(2016年)／総監督助手、D班撮影・録音・監督、画コンテ、タイトル、宣伝監修、ポスター／チラシデザイン
- 『シン・エヴァンゲリオン劇場版　劇場用パンフレット』(2021年)／構成・編集
- 『シン・ウルトラマン』(2022年)／副監督、撮影、画コンテ、アクションパートヴァーチャルカメラマン、ティザーポスター・ティザーチラシ表面デザイン
- 『シン・仮面ライダー』(2023年)／副監督、特撮班副監督、撮影、宣伝監修、超ティザー／ティザー／本ポスターデザイン

（ほか多数）

目標について

　『シン・エヴァ』での僕個人の目標は、庵野が作りたいと思うものを作り、そのうえで新たな劇場版4部作が完結することでした。映画がヒットすること、つまり多くの人に受け入れられて商業的成功を収めるということは、自分の中ではあまり優先順位が高くありませんでした。しかし、庵野がこれまで以上のヒットを目指していることは認識していたので、それならばそのことにも尽力する、という姿勢でいました。

　結果、4部作は完結し、かつ、ヒットもしました。しかし、自分の目標においては満点は取れなかったと思っています。庵野が作りたいと思っていたものを僕自身が否定することで変更になったり、できなくなったりしたことがいくつかあったと思っているためです。

　庵野が興行収入100億円を超えるようなヒットを望んでいたので、僕はそのための障害になると感じたこと、お客さんに伝わりづらいと感じたことなどについて意見しました。その結果、庵野が作りたいものとは反する形になった部分もあったと思っています。

　僕がそうした意見をするとき、その裏には「ヒットだとか、伝わるかどうかなどを気にするよりも、庵野さんがやりたいことをやればいい」という思いも込めていました。それが伝わっていたかはわかりませんが、庵野自身、そうしたことも含めて判断していたのだろうとは思います。『シン・エヴァ』での庵野は、自分が作りたいと思うことを変えてでも、より多くの人に受け入れられるものを作りたいと望んでいたのではないかと思っています。

庵野秀明について

　庵野はひとりの内にクリエイター、プロデューサー、経営者を宿しています。

　僕は、『シン・エヴァ』では庵野がプロデューサーや経営者の頭を使って監督業の判断を行うことが、以前より少し増えたような気がしています。

　『シン・エヴァ』では様々なことについて庵野がスタッフにアンケートを取り、その回答を参照して判断をする、ということがありました。これはプロデューサーや経営者の頭を使って監督をすることの代表的な表れではないかと思います。

　僕個人としてはアンケートには良し悪しを感じることもありました。例えば映画の内容そのものに関するアンケートでは、本来庵野がやりたかったことが否定され消えていくこともあります。アンケートは欠点の発見に繋がり、そのことで作品の強度を獲得できるとも言えますが、同時に「角」を落としていくことでもあります。その「角」が庵野ならではのもの、オリジナルでユニークなものかもしれない。とはいえ当然、庵野もそれをわかったうえで取り組んでいることだとは思います。

長尺映画であることについて

　『シン・エヴァ』は2時間35分の映画で、平均に比べると上映時間の長い映画と言えます。それがお客さんに敬遠される原因になる可能性もあったと思いますが、結果的に、むしろこの長さによって多くのファンの方に喜ばれた面もあったのではないかと思うようになりました。たっぷりと時間を使ってシリーズの締めくくりを描いたことが、お客さんの満足感に繋がったのではないかと思うのです。

　上映時間の長さは、劇場で一日に上映できる回転数に直結します。その観点からもヒットをねらうならば2時間程度に収めるべきという業界常識のようなものがあります。加えて新型コロナウイルス感染症の影響による映画館の営業時間短縮も重なり、2時間35分の映画に回転数を見込むことはできませんでした。しかしながら『シン・エヴァ』は長尺の映画になったことで2時間程度に収めていたら得られなかったものを獲得し、それによってお客さんの感想に熱が籠もってさらに他の人の興味を惹いたり、繰り返し観たくなるといった、上映の回転数とは別の力を得られたようにも感じています。

興行収入について

　商業映画である以上、よりヒットを目指すという庵野の姿勢は、僕が助手になる以前からあるもので、一貫して変わっていないと思います。『シン・エヴァ』に関連してひとつ推察するのは、前作の『：Q』の興行収入は53億円で、僕個人は十分に立派な数字だと思っていますが、庵野はもっと上を目指していたのではないか、ということです。それもあって今回は自分が設定した目標を達成したい、という特別なモチベーションがあったのかもしれません。

興行収入について　宣伝の観点から

　興行収入100億円を達成したのには宣伝の功績も大きいと僕は考えています。

　庵野は宣伝にも強く関わります。宣伝も作品の一部として捉えているのではないかとも思います。宣伝の大方針を考え、具体的な施策も考えますし、宣伝素材の制作にも関わります。

　僕の勝手な印象ですが、庵野の宣伝に対する嗜好は本来、情報を制限することだったように思います。制限するという「サービス」です。これは多くの映画宣伝の方法とは異なるものかもしれませんが、庵野はこれまでこのスタイルで印象に残る宣伝を数多く残してきたと思います。僕自身の嗜好もそちらで、そうした方向性は性に合っていると感じていました。

　例えば『：Q』の特報は庵野と僕が中心になって構成したものですが、ほぼ全編CGのピアノが曲を演奏している映像という、情報を極端に制限したものでした。しかし、これは評判がとても悪く、端的に言ってお客さんに通用しなかったと思っています。かつての『エヴァ』にはこうした宣伝手法もあったと思うのですが、今は情報を制限していては喜ばれない、つまり「サービス」と

して通用しなくなっていることを思い知りました。

　『シン・エヴァ』では、庵野は宣伝方針を変更したように思います。宣伝のクリエイティブに関しては、特報、予告、各種のキービジュアル、キャッチコピーには庵野や僕が直接関わっており、その体制は変わっていません。変わったのはお客さんとの関わり方です。多くの人にわかりやすく伝えるという、情報の制限から開放への転換です。具体的にはSNSや動画配信サービスでの情報発信を積極活用したことが挙げられます。庵野は必要に応じて自分の嗜好から頭を切り離し、切り替えられる人だと思っていますが、ここでも自ら設定した新方針に適応し、SNS運用に強いスタッフとともに宣伝施策を考え推進していきました。例えば『シン・エヴァ』公開後に行っていたSNSの投稿では、投稿する話題の検討や判断、スタッフが作成した投稿文章のチェック、画像の選定といったことまで庵野は行っていました。

　100億円の達成は『シン・エヴァ』の作品の力によるところだけではなく、宣伝方針の変更とその適応にも大きな功績があるのではないかと僕は考えています。

カラーという組織について

　カラーは2006年に設立されました。スタジオとして何の実績もない状態から始まったわけですが、作品を作り、ヒットしていくことで規模が大きくなっていきました。それに伴って技術と能力のある人が増えていき、スタジオとしての技術と能力も高くなったように感じますし、庵野の満足度も向上しているように感じます。つまり効率と質の向上です。要求したものが出来上がるまでの時間が短くなった、想定していたものより良いものが出来上がることがある、進捗管理がしっかりなされているといった、作品をより良いものにする力が向上していると感じます。

　設立間もない頃のカラーは個人間の距離がごく近く、タテヨコ隔てないコミュニケーションを行う小所帯のチームでした。会議室として使用している畳の部屋に集まって皆でご飯を食べ、世間話をし、成果物や作品内容について議論もしていました。夕飯を食べながら僕が作画監督に「あそこ直してもらえませんか」みたいなことを気軽に言える環境でした。いわゆる「文化祭の前日」がずっと続いているような雰囲気だったと思います。

　今は人数が増え、会社が大きくなり、組織化され、雰囲気は変わりました。ただ、会社の成長とはそういうもので、変化は当たり前のことだと思っています。昔は昔で良いところもあったと思いますが、変化と引き換えに技術や能力が向上したことを、僕は純粋にポジティブなことだと捉えています。

轟木 一騎

安野モヨコ
株式会社カラー取締役

Moyoko Anno

略歴

1971年生。漫画家、イラストレーター、エッセイスト。株式会社カラー取締役。

1989年 『別冊フレンドDX ジュリエット』7月号にて『まったくイカしたやつらだぜ』で漫画家デビュー。

1994年 『超感電少女モナ』で初の単行本を刊行。

2006年 株式会社カラー設立に参加。会社名「カラー」(ギリシャ語で歓喜、喜びの意)を命名する。

2021年 『シン・エヴァンゲリオン劇場版』にてキャラクターデザイン、デザインワークスを担当。

2023年現在、『FEEL YOUNG』にて『後ハッピーマニア』、『I'm home.』にてエッセイ『ふしん道楽』、noteマガジン『ロンパースルーム DX』にてエッセイ『ともしび日記』『還暦不行届』等を連載中。『熱風』にて表紙イラストを担当中。

主な作品

- 『超感電少女モナ』(1991年〜1992年)
- 『TRUMPS!』(1993年〜1994年)
- 『ハッピー・マニア』(1995年〜2001年) / 1998年、フジテレビ系でテレビドラマ化
- 『ジェリー イン ザ メリィゴーラウンド』(1996年〜1998年) / 1998年、テレビ東京系でテレビドラマ化
- 『脂肪と言う名の服を着て』(1996年〜1997年)
- 『ラブ・マスターX (1998年〜1999年)
- 『ジェリービーンズ』(1998年〜2002年)
- 『ツンドラ ブルーアイス』(1998年〜2000年)
- 『花とみつばち』(1999年〜2003年)
- 『バッファロー5人娘』(1999年〜2000年)
- 『さくらん』(2001年〜2003年) / 2007年、実写映画化
- 『監督不行届』(2002年〜2004年) / 2014年、テレビ東京系でアニメ化
- 『東京番外地』(2003年〜2004年)
- 『シュガシュガルーン』(2003年〜2007年) / 第29回講談社漫画賞児童部門受賞。
  2005年、テレビ東京系でアニメ化
- 『働きマン』(2004年〜) / 2006年、フジテレビ系でアニメ化。2007年、日本テレビ系でテレビドラマ化
- 『オチビサン』(2007年〜2019年)
- 『鼻下長紳士回顧録』(2013年〜2018年) / 第23回文化庁メディア芸術祭マンガ部門優秀賞受賞
- 『株式会社カラー創業10年記念作品 よい子のれきしえほん おおきなカブ(株)』(2016年)
- 『後ハッピーマニア』(2017年〜)

(ほか多数)

目標について

　カラーで作品を作るときにスタッフでもなく、でも限りなく近くにいる人間として心掛けていることが2つあります。それは『シン・エヴァ』においても変わりませんでした。

　ひとつは、漫画家という、同じように絵を扱う職業であっても私自身はアニメの制作について全然理解していないということを常に意識し、アニメ制作からは距離を取ることです。漫画とアニメは近しいジャンルではありますが、制作手法も、関わる人数と要求される技術も、納品形態も全く違います。様々な考え方があり、例外もあり、正誤はないと思いますが、私の場合は自身がアニメ制作に関わっても良い働きができるとは考えていません。ですから『シン・エヴァ』でもこれまでどおり、制作からは距離を取ることを心掛けました。

　それとはまた別に、私自身が漫画家であるからこそ「創作に必要なものは何か」については理解できるところがあります。私が連載しているエッセイ[1]でこのように書いたことがあります。「創作活動というのはどんなに周りに人がいたとてその核の部分は自分ひとりでやるしかない。それはいかに近い間柄でも立ち入って手伝うことはできない」「それぞれの得意分野で手伝えることがあればサポートし合うけど、それはあくまで表層部分に過ぎず根幹部分の構築は完全にひとりで立ち向かうしかない」。つまり、表層部分を超えて干渉してしまったら創作は成立しないということです。別の言い方をすれば、創作活動において創作の当事者以外の者ができることは、創作する者がひとりで創作に立ち向かえるよう環境を整えつつ干渉はせず、見守るくらいなのです。

　そんな中で私が力を入れていたのはスタッフのフィジカル面のサポートでしょうか。創作は頭や精神だけでなく、身体も消耗します。些細なことですが、『シン・エヴァ』でもカラーの皆に栄養があって仕事の合間の楽しみになるような食事を差し入れるというようなこともしていました。

　また、それ以外では庵野から何か依頼があったら仕事として受けることを、つまり発注者と受注者の関係に立ち、依頼以上のことはしないようにすることを心掛けました。私は、全体に関わる覚悟がないのに口を出す、手を出す、ということが好きではありません。口を出すならそれが着地するまでアイディアを出し具体的に制作するべきだと思っています。しかし現実問題として自分の仕事もあるのでそこまで責任を持って関わることができません。なので『シン・エヴァ』では、中年女性の骨格・体型や服装といった、女性として私の方が庵野より詳しくわかる、またはより正確な知識があるものについて作業や確認の依頼があった場合のみ、その仕事をしています。

1　2021年1月からnoteにて連載中のエッセイ『還暦不行届』。引用文は『還暦不行届』第伍話に掲載されたもの。

庵野秀明とスタッフの、クリエイションとリレーションについて

　私も含めて、この人ができるのはここまでかなとか、知らず知らずのうちに相手の力量を勝手に判断してしまうことも少なくないと思うんです。でも庵野は、相手の能力を予断・限定しないで仕事を振る、ということをしているように感じます。この点がクリエイターとしての庵野の一番すごいところだと私は思っています。まだ何か持っているはずだ、絞ればまだ何か出てくるはずだと、相手の能力を100%信じて最大限引き出そうとする。

　それはプレッシャーを感じることかもしれませんが、自分のポテンシャルに対して最大の信頼を目前に突き出されるわけです。そうすると自身が普段考えている能力の限界を超えたものが生み出せたりすることがある。それはものを作る中で震えるほど面白い瞬間だと思います。自分はこんなこともできたのか、という感触。

　そしてカラーではこのやり取りが、日常化していて当たり前のことになっているように見えます。それもすごいと思います。もっと良いものを出せ、もっと違うものを出せと言われることは、作り手にとってセッションのようなもので、要求への応答を繰り返すうちに、苦しみながらも憤りを感じながらもどんどん高いところへ向かっていくものなんです。

　ただ、要求する側の視点で言うと才能があって実績もあるクリエイターに対して「さらに」「もっと」と言うのは度胸と胆力を要求されることだと思います。相手から成果物が出てきたら「これで十分です。ありがとうございました」と返して終わることができれば人間関係は円満だし、人にストレスをかけることも、人からストレスを受けることもなくて済む。そして、そこそこのクオリティの作品が出来上がる。でもそれじゃ、庵野もスタッフも納得できないんですよね。憎まれたくはないけれど、憎まれることがあってもクオリティを上げたい。見たことがない世界を見るために人間界のしがらみの全てを投げ打って進め、という気持ちなんです。

　こういう働き方は、もうやってはいけなくなってきてると思うんですね。皆それはわかっています。そのうえで、できる限りクオリティを上げたい、少しでも良い仕事をしたい、面白い作品を作りたい、そういう人たちがカラーには集まっているのだと思います。

カラーの持続的な経営について

　カラーは2023年で創立から17年を迎えます。ここまで続けられたのは、その時その時で会社に必要な人が現れ、それぞれその時に必要だった役割を担ってくれたことが一番大きいと思います。覚えている限りのかつての仲間に感謝しています。

　もうひとつは、皆と作った作品が資産価値のある作品であったことと、実際に資産に変える能力がカラーと庵野にあったことだと思っています。本来対立しがちな、クリエイターとしてクオリティをギリギリまで追求することと、経営意識を両立できたからです。これは本当に稀有なことで社長としての経営手腕がこれほど高いとは本人も思っていなかったと思います。

　一方私は経営に明るいわけではないのでそれ以外のことで助けになればと思っています。

カラーは言うまでもなくクリエイターを中心とした会社です。なので放っておいてもクリエイターは大事にされます。でも、実はそれを支えている事務方の弛まぬ努力についてはなかなか、改めて評価される場面というのがありません。

私も含めクリエイターは、創作は得意でもそれ以外は苦手という人が少なくないのです。

例えば確定申告のようなことに苛まれず仕事に集中できるのは会社の管理スタッフが支えてくれているからです。総務とか経理とか予算管理とか進捗管理とかシステム管理とか宣伝をやってくれる人がいるから私たちは仕事に集中できるのです。そういう人たちの働きがなかったら、仕事以外のことでかなりのエネルギーを使わなければならず、クオリティにも影響します。

カラーはアニメと映像の制作会社なので当然クリエイターが大事にされます。でもそれだけだと会社というものは運営できない。もちろんそれをサポートするために入ってもらっているスタッフですが、会社の性質上どうしてもサポートしてもらっていることに対して無自覚になっていってしまいます。作品を作る部門以外のスタッフは縁の下の力持ちとして脚光を浴びることはありません。だから私もカラーにおいては漫画家の自分ではなく支える側の人間のひとりとして取締役のひとりとして、そういうスタッフひとりひとりに感謝し、何よりも報いたいと思っています。

『シン・エヴァ』を終えて

カラーには『エヴァ』をやりたくて来てくれた人が沢山います。どの人も才能に溢れ仕事を好きに選べる中、カラーを選んでくれました。だから『シン・エヴァ』が完成したら多くの人が、次のやりたいことに向かうためにカラーを離れていくだろうと覚悟していました。それは会社としては残念なことですが仕方ないことだと思っていたのです。

だけど『シン・エヴァ』が完成したあとも多くの人がカラーに残ることを選んでくれました。カラーでやってみたいことや、実現してみたいことを見つけてくれたんだなと感じています。この会社がそういう場所になったこと、皆がカラーをそういう場所に育ててくれたことを、とても嬉しく誇りに思います。

緒方智幸
株式会社カラー代表取締役副社長

Tomoyuki Ogata

略歴

1977年生。株式会社カラー代表取締役副社長。

1998年、有限会社ゴンゾに制作進行として入社。

2003年、制作デスクになる。

2006年、アニメーションプロデューサーになる。

2009年　株式会社カラーに入社。同年『ヱヴァンゲリヲン新劇場版：破』にてアニメーションプロデューサーを担当。

2012年　『ヱヴァンゲリヲン新劇場版：Q』にてアニメーションプロデューサーを担当。

2018年　株式会社カラー代表取締役副社長に就任。

2021年　『シン・エヴァンゲリオン劇場版』にてエグゼクティブ・プロデューサー、配給を担当。

その他仕事履歴

- 『日本アニメ（ーター）見本市』(2014年〜2016年)／プロデューサー
- 『龍の歯医者』(2017年)／プロデューサー
- 『よい子のれきしアニメ おおきなカブ（株）』(2017年)／プロデューサー
- 『シン・ウルトラマン』(2022年)／共同製作
- 『シン・仮面ライダー』(2023年)／製作

（ほか多数）

目標について

『シン・エヴァ』で興行収入100億円を達成することが目標でした。より具体的には、庵野が2016年に総監督等を務めた『シン・ゴジラ』の興行収入82.5億円を上回ることを目標にしており、そのうえでキリ良くわかりやすい象徴的な数字として100億円を目標としました。しかし2020年にリサーチ会社に依頼して出て来た『シン・エヴァ』の興行収入予測は「およそ60億円」でした。

このリサーチは回答者約14,000人、男女半々、地域ごと、『エヴァ』を知らない人3割、『エヴァ』を知っている人7割（7割のうち、興味の強弱や過去作品の鑑賞経験等を考慮して複数のセグメントに分割）を対象にし、その回答傾向から算出したもので、当該リサーチを鑑みるならば100億円の達成は不可能に見えました。

他方、当該リサーチは予告映像も公開していない時点での「必ず観る・おそらく観る・おそらく観ない・絶対に観ない」といったアンケート結果をもとに算出されたものだったので、僕自身の経験則と感覚としては作品の力を阻害することなくきちんと宣伝・プロデュースをすれば80億円までは到達できるだろうとも感じていました。

加えて、このリサーチ結果を見た庵野は「何もしなくても60億円は売れることがわかった」と感想を述べました。これは実に庵野らしい視座で、庵野がこう言うのであればやはり80億円までは行ける、と感じました。

残りの20億円をいかにして積み足すか。これは宣伝とプロデュースにおける大きな挑戦だと感じていました。新型コロナウイルス感染症流行の先行きは依然として読めない状況だったので、なおさら厳しい挑戦でした。結果、目標は達成できましたが苦心惨憺の道のりでした。

宣伝の観点1　基本姿勢の転換

『エヴァンゲリヲン新劇場版：Q』までの『エヴァンゲリヲン新劇場版』は作品に関する情報露出を抑え、どんな作品なのか紹介も説明も極力しないようにしてきました。特報や予告で初出しの映像を映すことはしますが、それが何を意味しているのかは劇場で完成品を目にするまでわからないようにし、公開後もそれらに関する言及や説明をしない。お客さんの解釈や議論には水を差さずに、お客さんから生まれた熱量の高い感想やコミュニケーションが伝播して人々の目に留まる。これが連鎖し、繰り返されていく。このようなスタイルの「サービス」と「宣伝」を貫き、成果を上げていました。

2012年の『エヴァ：Q』のあと、2014年から2016年にかけて発表した『日本アニメ（ーター）見本市』、2016年に公開された『シン・ゴジラ』、2017年に発表した『龍の歯医者』で庵野はエグゼクティブ・プロデューサーや総監督等を務めながら、同時に世相変化の観察、宣伝に関する観察、SNSの観察を続けてきました。

その結果、わかりやすい情報を出す、情報を出す頻度を増やす、作品公開前にも公開後にも積極的に情報を出す、コミュニケーションを増やす・促す、というこれまでとは真逆のサービスと宣

伝に切り替えることを判断し、その手段としてはSNSが最適であると判断しました。今求められているファンサービスの形はどういうものか。そして何をすれば『シン・エヴァ』の興行を最大化できるか。庵野は『エヴァ：Q』のあとからそれをずっと考え続け、転換したのだと思います。

宣伝の観点2　主導の保持・P＆A費の出資

　宣伝に関する各種指標の解釈や宣伝施策の効果測定にはまだまだ難しいところがあり、データだけで宣伝を考えたり、評価したりすることはできないと感じます。一例を挙げると、何らかの施策を行ったときそれを取り上げたニュース記事の閲覧数、TVニュースやワイドショーで扱われた時間の合計、SNSでの注目度合い等を測定し、広告宣伝費に換算して施策の効果を示すという昔ながらの測定方法があります。ですが、この方法で示される数字が実際にどれほど動員に結びついたかという因果関係を評価することは簡単ではありません。加えて、大抵の場合は複数の様々な施策を複合的に仕掛けるため、評価はより複雑で難解です。

　ですから宣伝においてはどうしても感性と感覚による数字外の定性的な判断も必要になりますし、効果があると信じられるものにはとにかく何にでも手を出す、という態度で臨まざるを得ません。一方では映画の宣伝手法として定量的に効果があると言われている施策を網羅しながら、他方では長年ともに『エヴァ』を育ててきた株式会社グラウンドワークスによるユニークな企業タイアップや商品開発から、庵野や宣伝スタッフの思いつき、ひらめきまで幅広く対応します。そのため、『シン・エヴァ』では入念に調査・計画し、プレゼンテーションし、複数の関係者とすり合わせを繰り返し、契約合意を経て施策を実現する態度と、今思いついたことを直ぐにメールやSlackで提案し即了解を取り付けてその日のうちに実行する態度の両面を持って宣伝に当たりました。

　これらを可能にするのはもちろんスタッフの才気によってですが、それ以前に才気を発揮できる仕組みが必要です。『シン・エヴァ』では制作費だけでなくプリント費と宣伝費（P＆A費）まで含めて作品に関連する全てをカラーで自社出資することで、カラーが決定権を持ち、仕組みとしてカラーがイニシアチブを取れるようにしています。つまり、やった方がいいと僕らが考えたことはやれるし、やらない方がいいと考えたことはやらないでいられる。必要に応じて僕ら自身で宣伝のクリエイティブを直接担うことができる。外注した宣伝に対するクオリティチェック、OKとNG出しを僕ら自身が行える、ということです。単純ですが、重要な仕組みです。これによって、例えばキービジュアルや特報映像、予告映像といった作品のイメージを決定づける重要な宣伝素材を僕らだけで考え、直接制作することができますし、SNSに投稿するネタの選定から文章内容までも僕らだけで手掛けることができます。

　視点を変えると、全てを自社出資するということは作品の内容、作品の制作、お客さんに作品を観に来てもらうことまでを含め作品にまつわる全てを身銭で賄うことであり、全てが「我が事」ということです。必死にならざるを得ません。従っていくら才覚があったとしても『シン・エヴァ』を「他人事」「複数ある仕事のうちのひとつ」として扱う人たちにイニシアチブを取らせるわ

けにはいきません。ただし「我が事」で全てをやる場合は必死であるがゆえに熱意とアイディアが溢れ、放任しすぎると出費が青天井になりがちなので、そこには注意を払わなければなりません。

　既定にも逸脱にもこだわらず、ノリと慎重を行き来でき、機動性を常として、やった方がいいと思えることは何でもやるし、自分たちで手も動かす。20億円の差が「我が事」であり、独立性を確保できていたからこそ、僕らならではの宣伝ができ、20億円の差を埋める宣伝ができたと思います。

プロデュースの観点1　制作システムから手を入れる

　前作『エヴァ：Q』では、日本の商業アニメーション制作における最上のスタジオワークをカラーで実現できたと思っています。しかし、その後に庵野が総監督等を務めた『シン・ゴジラ』を鑑賞したことで「商業アニメーション制作における最上のスタジオワーク」のままでいてはいけないと考えを改めました。

　『シン・ゴジラ』では僕自身は作り手側に直接関わる立ち位置ではなかったため、半ばお客さんの視点を持った状態で観賞することができました。抱いた感想は、庵野はアニメという枠組みではなく、実写という枠組みでもない別の何かに踏み込んだ、というものです。別の言い方をするとアニメや実写の上位にある「映像体験」という概念に立ち返って考え、作品を作ろうとしているのではないかと感じました。ですから庵野が『シン・ゴジラ』という経験を経たうえで作る『シン・エヴァ』に、僕が「アニメ」を作るつもりのままで制作に臨んでしまったら多分うまくいかないだろうな、と思いました。現場の皆も『シン・エヴァ』制作に向かう庵野の態度を見て、庵野が作ろうとしているもの、自分たちが作ることになるものがこれまでのアニメとは違った何かを孕むものだと認識したように思います。

　日本における商業アニメは、技術や表現は今も日進月歩が著しいですが、制作システムはすでに完成していると言えます。洗練され、とてもシステマチックで、逸脱しがたい優れた仕組みになっており、そのため約半世紀にわたって変わっていません。『エヴァ：Q』もこの制作システムに則り、極力逸脱せず、より先鋭化する方向で制作しました。なので、もしも『シン・エヴァ』をこの制作システムに則って作るのであれば問題なく普通に作れます。それも、もっと短時間でお金をかけずに。

　しかし、安心と信頼のおける「正しいアニメの作り方」を最上の形で捌くままでは、プラットフォームとしてはアニメであっても実際は「映像体験」に立脚している庵野のクリエイティビティに過不足なく応えることが、そして庵野のクリエイティビティを最大限吐き出させることができないだろうと感じました。そして、それを最も明瞭に理解しているのが庵野自身です。ですから庵野は「完成された」制作システムにまで踏み込み、手を入れました。

　その結果『シン・エヴァ』は内容や画面だけでなく、制作システムにも庵野のクリエイティビティが注がれています。というより、それによって、内容や画面により強くクリエイティビティを発揮できるようになったと言えます。その代表はVirtual Camera（VC）による探りのアプローチの導

入でしょう。

　試行錯誤の連続によって、現場からはしばしば苦笑い混じりに「アニメの作り方ではない」「アニメを作っている感じがしない」という声が出ました。しかしその労苦を現場が引き受けて形にしてくれたからこそ、『シン・エヴァ』は独特な手触りを獲得し、劇場で複数回鑑賞したくなるような映像体験を実現して、それが興行収入にも繋がったと考えています。

　今のカラーは庵野が考える「映像体験」を具現化する組織として、卓越したものになったと感じています。

プロデュースの観点2　東宝・東映・カラーの三社共同配給

　配給には、作品を上映してもらえるよう劇場をブッキングし、作品をプリント量産して劇場に届ける「配給営業」と、特報や予告の制作から各種宣伝施策の検討・実施等まで、劇場にお客さんが来てくれるよう作品の宣伝を行う「配給宣伝」があり、それらをまとめて「配給」と呼んでいます。『シン・エヴァ』では配給営業、配給宣伝にかかる費用をカラーが単独出資したうえで、東宝株式会社、東映株式会社、カラーの三社で共同配給をしています。

　東宝さんの配給営業は日本一で、直轄の劇場に加えて全国津々浦々の劇場をブッキングできる営業力があります。東映さんとは前作『エヴァ：Q』からご一緒させていただいていて、『シン・エヴァ』にも継続して参加していただいている紀伊宗之さんのチームは配給宣伝に関するアイディアがとにかく並外れているうえ、機動力も非常に高く、宣伝に関する波長が合うと感じています。この2社と共同で配給を組むというのは日本において最も理想的な映画配給の形だと思います。

　この2社は日本映画業界の首位と第2位の関係にあり、競合関係にあります。これまでこの2社が共同で配給をしたことは日本の映画史上ありませんでした。それにもかかわらず『新劇場版』シリーズの最終作である『シン・エヴァ』という作品には両社で力を合わせた方が面白い、利害より面白さが勝る、と共同配給を決めてくれました。

　しかし配給はビジネスです。「面白さ」だけで進められるものではありません。既述のとおりカラーが制作から配給まで、作品に関する全てに出資しリスクを一手に引き受けることで両社にはリスクが及ばず、配給営業においては劇場のチケット収入、配給宣伝においては物販収入、そして両配給それぞれに対して配給手数料というメリットを用意しました。

　他方、カラーにとっては当然リスクだけではなく、最大の配給営業力と最強の配給宣伝力を得られます。3社全てにとって良い商売を作れたと考えています。そのうえで、両社の心意気によってこれまであり得なかった競合同士の共同配給が実現しました。

　『シン・エヴァ』本編冒頭に現れる七色に輝く東宝マークと、波飛沫の東映マーク。そのあとに続くカラーのマーク。庵野にとって両社のマークがひとつの映画に並ぶことはいち映画ファン、いちオタクとして長年の夢でもあったそうです。

宣伝とプロデュースの観点　公開日の判断

　『シン・エヴァ』は2度の公開延期を経て2021年3月8日の月曜日に劇場公開しました。当初発表した公開予定日は2020年6月27日の土曜日で、劇場のブッキングはもちろん、企業とのタイアップや各種メディアでの宣伝も6月に照準を合わせ、宣伝予算、制作予算の執行計画も6月にピークを設定済みでした。つまりビジネスとして公開日を変更することが普通はできない状況が積み上がっていたのですが、新型コロナウイルス感染症流行によって2020年4月7日に7都府県を対象に初めての緊急事態宣言が発出され（のち、4月16日に対象を全国に拡大）、世相が非常に緊張しており不安と混乱の中にあること、映画に限らず、人が集まるあらゆる種類の興行の実施が事実上不可能かつ先行きも見通せないこと、制作の山場時期に直撃したことによる制作スケジュールへの影響から4月14日に公開延期を決定し、4月17日に延期を発表しました。

　2021年1月23日の土曜日に公開日を再設定し、再びタイアップや宣伝も公開日に照準を合わせましたが、年末年始の感染急拡大によって2021年1月8日に2度目の緊急事態宣言が発令されました。前回の発出時と異なり発出時点ですでに『シン・エヴァ』は完成していました。

　『シン・エヴァ』は多くのお客さんが劇場に足を運んでくれるタイトルです。だからこそお客さんの安全と健康を配慮しなければなりませんし、作り手としてもお客さんに喜んでもらえる形で公開を迎えたいという思いがあります。加えて、それらを疎かにすれば興行収入に影響することが明らかです。そのため東宝さん、東映さんと協議を重ねて1月12日に公開再延期を決定し、1月14日に延期発表しました。

　再延期する以上、TVや劇場等における公開直前の告知宣伝や、日本テレビさんの地上波プログラムである『金曜ロードSHOW!』での『エヴァ：序』『エヴァ：破』『エヴァ：Q』の3連続放映等は中止にし、改めての公開時期に合わせて放映を先送りしたかったのですが、この時期から1月23日までの間を告知宣伝のピークとなるよう調整し、大掛かりな放映・上映枠をすでに契約締結していたため、取り下げはできません。そのため告知映像に付ける予定だった「西暦2021年1月23日より全国劇場にてロードショー」という文言を削除し、「公開日検討中　共に乗り越えましょう。」というメッセージに差し替えたうえで放映・上映しました。『金曜ロードSHOW!』での過去作の放映後にも、主要キャラクターの声優を務める緒方恵美さん、林原めぐみさん、三石琴乃さんを通じてメッセージを放映させてもらい、宮村優子さんもTwitterで動画によるメッセージを発信してくださいました。再び世の中が大きな緊張と不安にある中、ささやかながら僕らの思いをお客さんに伝えられたことまでは良かったのですが、『シン・エヴァ』公開告知に関する予算の大部分はこの時期の放映・上映に合わせて契約した各種宣伝に割り当てており、公開告知予算のほとんどをある種空振りの形で執行することとなってしまいました。

　その後2度目の緊急事態宣言は当初2月7日までと発表されていましたが、3月7日まで延長されることが発表されました。当時の僕らを取り巻く状況はこういうものです。

　① 大規模な公開告知キャンペーンを打てるような予算がもうない

　② 2021年4月16日から『名探偵コナン　緋色の弾丸』の劇場公開が始まるため『コナン』公開

後しばらくの間は劇場のブッキングが難しい（同作も新型コロナウイルス感染症流行の影響を受けて、当初2020年公開予定だったものを延期した作品です。『名探偵コナン』シリーズは非常に人気の高い作品で、かつ東宝さんの配給作品です）。他方、2021年3月5日から劇場公開することを発表していた『映画ドラえもん のび太の宇宙小戦争 2021』も新型コロナウイルス感染症の急拡大により1月29日に公開延期を発表。『ドラえもん』という大型作品の延期により3月は劇場をブッキングしやすい状況になっていた（同作も非常に人気の高い作品で、かつ東宝さんの配給作品です）。

③ 2度も延期をしたことでお客さんを長期にわたって待たせてしまっているうえ、2021年12月にカラーの公式SNSで『シン・エヴァ』完成の報告や関係者試写会の様子等を発信した際のお客さんからの反響が非常に大きく、できる限り早くお客さんに作品を届けたい

④ 1回目の緊急事態宣言時から2021年2月に至るまで劇場での映画鑑賞に起因するクラスター発生は報告されておらず、また2月中旬以降感染者数がかなり落ち着いてきている。加えて、劇場の感染対策が継続的に徹底されており、かつ地道に啓発を続けていた感染リスク軽減のための「新しい映画鑑賞マナー」も定着している

　これらの状況を鑑みて東映の紀伊さんから3月8日の月曜日の公開の提案がありました。平日の月曜日に公開するというのは興行収入の観点からは極めて不利で、おそらくこれまで例がありません。

　しかしながら「月曜公開」という異例な状況そのものが話題となり、宣伝になるのではないか。また、週末公開の映画を鑑賞したお客さんのリアクションやコミュニケーションは当然週末中に行われ、ピークも週末になるものですが、月曜公開によって週頭の月曜日から熱心なお客さんによるリアクション・コミュニケーションが起き、それに影響されて週末に観に行こうというお客さんが増えてくれるのではないか。

　月曜公開はこのように、新たな宣伝キャンペーンを打つ予算がない中、予算をかけずに大きな宣伝キャンペーンになるのではないかという紀伊さんの直感がありました。

　他にも以下の状況と見込みがありました。

① この公開タイミングを逃したら劇場のブッキングの関係からさらに長い間お客さんを待たせることになる。また、公開日をかなり先に決めたとして、その時の新型コロナウイルス感染症の状況がどうなっているかは読めないが、現状は落ち着いてきていることが確かである

② 熱心なファンの方々は平日であっても劇場に来てくれる可能性が高い一方、「興味はある」というくらいの方は休日に観るはず。土日公開だとどちらのお客さんも集まって一極集中が起き、感染状況が落ち着いてきているといっても望ましい状況ではない。月曜公開にすることでお客さんの集まりをいくらかでも分散できる

　これらを庵野含め関係者で検討し、3月8日の月曜日の公開がいま選択できる最良のプランだと結論付け2月26日に公開日を発表しました。

　公開直前の3月5日に緊急事態宣言の再延長が発表されましたが、公開を発表した2月26日時点から感染流行状況が悪化していなかったため、再々延期はせず予定どおり3月8日に公開しました。

　とてもありがたいことに、お客さんは公開決定を支持してくれました。宣伝予算の制約、劇場ブッキングの制約、新型コロナウイルスに関する状況の三方向を向いた公開日設定でしたが、いずれも満足することができたと評価しています。

　平日でも構わずに観に来てくれるお客さんは、やはり月曜日から熱量の高い感想をSNS等に書いてくれて大きな話題になりました。自分から積極的に確認しようとしていなくても、ある種勝手に流れてくる感想に影響されて興味を持ってくれる人も非常に多かった一方、早く観に行きたくても平日には時間が取れず、かつ人の感想を見聞きしたくない人が、情報が流れてこないようにあえてSNSを遮断する、という光景も非常に多く見られました。

　土日に観に行こうとしていた人が感想に影響され前倒して平日に観に行く、土日まで待っているうちに感想をうっかり目にしてしまわないように前倒して平日に観に行く、というような光景も非常に多く見られました。事前に情報を摂取したい人、したくない人、どちらにとっても『シン・エヴァ』を意識する月曜日から金曜日を演出できたことは、宣伝の仕掛けとして面白い発明だったと思います。

　見込みどおり、ファンの方々は月曜日から金曜日にかけて鑑賞してくれ、土日にもう少しライトな興味を持っているお客さんが鑑賞してくれました。公開日の月曜日には、月曜日の劇場動員数として日本の映画史上最高数の動員を記録したうえ、火曜日から金曜日にかけても大入りとなり、週末にはまた動員数が跳ね上がるという、映画興行として稀有な一週間を構築できたとともに、動員の分散化も実現できました。

　月曜日の公開は宣伝としてもプロデュースとしても興行収入目標に大きな貢献をしたと評価しますが、これを可能にしたのは作品そのものが持っている力と、作品に力があるという自信です。作品に力がなければ公開翌日の火曜日には勢いが下火になり、土日にも影響して総崩れになっていたでしょうし、自信がなければそもそも月曜公開という判断は選択肢に上がらなかったでしょう。まず作品があり、そのうえでの工夫が奏功したと評価しています。

長尺映画であることについて

　『シン・エヴァ』の上映時間は2時間35分で、上映時間の長い映画です。他方、政府からの自粛要請により『シン・エヴァ』の公開期間中、全国の劇場営業時間は20時まで、遅い時期でも21時までとなっていました。2時間35分の上映時間だと、上映前の宣伝やお客さんの退場時間を含めると1回の上映に3時間程度必要です。それらを考慮すると1日の最後の上映開始は午後4時や5時台となり、例えば日中会社勤めをされている方が平日の勤務後に鑑賞することは望めない状況でした。

　もしも上映時間が2時間程度であれば1日の上映回数を増やせるうえ、日中の仕事が終わった

あとでも人によってはぎりぎり間に合うような上映開始時刻を設定できるかもしれません。2時間35分という上映時間ではそれらが不可能であり、興行収入100億円達成の足を引っ張ることになります。

こういった話は庵野と幾度もしましたが、しかし最終的には長尺映画になることに反対しませんでした。庵野が、尺は削りようがないし長尺でも大丈夫、と言うのは、考え得ることを考えたうえでの判断なのがわかっているからです。僕自身もラフ編集が更新されるたびにチェックしていましたが、この内容を削るのは難しいと感じていました。

別の視点として、尺を削って2時間に収めることは、そうは言っても絶対に無理なことではありません。可能な範疇だと考えます。しかし単に物理的にカットやシーンを削って尺を収めるのではなく、削ったうえでも破綻せずに成立していて、面白い作品であり、『新劇場版』シリーズが完結できるためには根本的なところから手を入れなければなりません。その検討と試行錯誤には、今ある2時間35分のプランで作品を完成させるよりもさらに時間とコストが必要だろうと感じました。また、2時間に収まって一本の作品として完成したものの「完結」はできず、もう一本作らざるを得なくなる、というようなこともあり得ます。よってうまくいくかどうかわからないものに対して時間とコストをかけるよりも、今この時点ですでに形になっている練られたプランで進めた方が良い、と考えました。

結果、尺を削らないという当時の判断は正しかったと評価しています。2時間35分かけたことで、作品としてもあるべき正しい形になっていると思っています。

『シン・エヴァ』によってカラーが得たもの

粗野なたとえになってしまうのですが、『エヴァ』を作るということは見たことのないパンチに打たれ続け、打たれ慣れることのように感じます。このパンチはあのとき打たれたことがある、だから今回も立っていられるはず、という感覚。あんなパンチを打たれたときにも立っていられた、だから初めて見るこんなパンチにもきっと立っていられるだろう、という感覚です。

ではなぜ立ち続けていられるか。これは耐久性の問題ではありません。未知への対峙は耐久性で乗り越えられる種類のものでは、おそらくないからです。未知なしんどい仕事を乗り越えた結果、それに見合うすごいものを作れたという実感。このパンチに耐えたら絶対に良いものが出来上がってくるという期待。そういったものがあるから立っていられるのだと思います。それを何度も経験するうちに大概のことはできるようになっているし、よほどのことにも怯まなくなります。

2017年に『シン・ゴジラ対エヴァンゲリオン交響楽』というオーケストラコンサートをカラーで主催しました。演奏は東京フィルハーモニー交響楽団、合唱は新国立劇場合唱団、会場は東京渋谷のシューボックス型コンサートホールであるBunkamuraオーチャードホール、という本格的なフルオーケストラのコンサートです。このコンサートを手掛けた頃から僕自身も、アニメ制作会社なのに何をやってるんだろうな、これからも何でもやることになるんだろうな、もう何が来ても怖くないな、と思うようになりました。『シン・エヴァ』はその到達点で、未知の盛り合わせだったと言

えます。

　未知が多いというのは、言い方を変えれば枷の嵌められていない、贅沢な作り方です。しかし作り手としては贅沢であればあるほど、しんどさも増します。枷が嵌められておらず、何でもやっていいということは同時に、何でもやらなければならない、初めてのこと、知らないことをやらなければならない、試行錯誤を繰り返さなければならないということでもあります。見たことのないパンチを浴びに行くことだからです。

　しかしそれらを乗り越えた結果、有形無形の多くの財産を得られました。例えば『シン・エヴァ』で大々的に採用したVirtual Camera (VC) は、なるべく多くのシーンに適用したいという要望に応えるため『シン・エヴァ』制作中に社内開発を進めたことで、当初は大規模なスタジオセットでしか実施できなかったものが、会議室程度のスペースがあればどこでも実施できる低コストで手軽な運用ができるようになり、カラーのお家芸のようになってきました。プロデュース面でも、初めてP&A費まで含めて制作にかかる全てを出資したことで、P&Aについて詳らかに把握することができましたし、その全般に関わることができました。一例として挙げると、通常の劇場フォーマットに加えてIMAX、4DX、MX4D、Dolby Cinemaといったラージフォーマットまで含めてプリントに直接関与することができ、作り手としてお客さんに見てもらいたい、聞いてもらいたい品質にこだわってプリントすることができました。

　そして新型コロナウイルス感染症というかつてないタイプのパンチです。これに対峙して『シン・エヴァ』を完成させ、かつ、興行収入目標を達成したという経験。これは先々で「あのパンチよりマシだ。立っていられる」と思い返す拠り所のような経験だと思います。

興行収入100億円達成の意義

　公開から約1ヶ月が経過した2021年4月11日、MCに主人公・碇シンジの声優を務める緒方恵美さんをお迎えし、庵野、鶴巻、前田によるお客さんへの御礼の舞台挨拶を行いました。当日、主会場の新宿バルト9に向かう車中で、庵野は興行収入100億円を目指していることをお客さんに話すべきかどうかを考えていました。

　コミックス・ウェーブ・フィルムさんが制作した新海誠監督の作品『君の名は。』(2016年) の興行収入が約250億円、同じく新海誠監督の作品『天気の子』(2019年) が約142億円。ユーフォテーブルさんが制作した外崎春雄監督の作品『劇場版 鬼滅の刃 無限列車編』(2020年) が約404億円。これは日本の映画史上最大の興行収入で、2001年にスタジオジブリさんが制作した宮崎駿監督の作品『千と千尋の神隠し』が記録した当時の日本の興行収入記録であった約317億円を19年ぶりに更新しました。『シン・エヴァ』の公開後ではありますが、『劇場版 呪術廻戦 0』(2021年・朴性厚監督)、『ONE PIECE FILM RED』(2022年・谷口悟朗監督)、『すずめの戸締まり』(2022年・新海誠監督)、『THE FIRST SLAM DUNK』(2022年・井上雄彦監督) が100億円を超えています。いずれの作品も日本国内のみでの興行収入です。

　興行収入100億円というのは作品を観てくれるお客さんには何も関係がないものです。しかし

多くの業界で独自の指標があるのと同じように、100億円という数字は映画業界の中では重要な指標です。100億円を超えた作品、それを作った監督、制作会社、配給会社というのは映画業界において特別な位置付けを得られます。

かつて、長い間スタジオジブリさんしかなし得なかった日本産アニメ映画による興行収入100億円の突破を、他社のアニメ映画作品が達成していく中、庵野は『シン・エヴァ』で100億円を目指すことがどんな意味を持っているか、それは御礼の舞台挨拶の場でお客さんに話すに値するものか、ということを考えていたのだと思います。

結果、舞台に立って庵野がお客さんに向けて話した言葉は「こんなニッチなロボットアニメで100億円を目指せるのはありがたいことだなと思っています。こういうものでも100億円を超えられるというのは、アニメ業界にとって良いことに思います」というものでした。

『エヴァ』はお陰様で多くのお客さんに支えられるようになりましたが、その出自は原作を借りてきていないオリジナル作品で、ロボットアニメ作品で、SF作品です。つまり観る人を選ぶニッチな作品です。かつてはこのようなアニメ作品も多くありましたが、今は少なくなりました。「やはり人気のないロボットアニメで100億円は望むべくもないね」という空気が業界内にはあったと思います。僕にとってオリジナルのロボットアニメは思い入れのある特別なものですから、それはとても悔しいことでした。

そんなニッチなアニメが100億円に到達できたというのは、アニメの可能性を拡げるものだと思います。例えば、日本でMCU（マーヴェル・シネマティック・ユニバース）のようなSFを撮ることは現状では困難ですが、アニメでなら大きなSF作品を作れるかもしれない、そういう夢を持てると思っています。

それとは別に、1995年に放映を開始した作品が、作品を劇場公開するごとに成長していき、長く続けたその先の完結作品で興行収入が最も高くなり、かつ100億円を突破したというのは、カラーとしても庵野秀明としても良い足跡だったと考えますし、これからへの布石としても重要な意味があると思います。

プロデュースと庵野秀明について

「今の時点では」という注釈付きにはなりますが、商業アニメを作るために必要なものはアニメを作りたいという思いと、自分ひとりでは作れないことへの自覚です。これは役割、役職にかかわらず共通することです。

プロデューサーという仕事はプロデューサー個々人で定義、仕事の範囲、やり方が異なりますが、僕の場合は心中する相手を見つけて、彼・彼女の代表作と呼ばれる作品を作ることがプロデュースだと考えています。そのために必要なものがお金なのか、時間なのか、技術なのか、特殊なクリエイターなのか、環境なのか、音楽なのか、といったことを考え、用意できるのがプロデューサーです。

心中と表現したのは、クリエイターの才能を見抜くというよりも、仕事に惚れるという感覚が

あるからです。「この人と作ったらすごいものができる」という思いと同時に「この人はもっと世に知られ評価されなくてはならない」という思いが湧き上がることです。僕にとっては前田真宏がその最初の人でした。

ですから『シン・エヴァ』での僕の役割は、庵野に時間を割かせるにはもったいない仕事、例えば会社の切り盛りやビジネスの綱引きを引き取ったり、『シン・エヴァ』の出資と金庫番をしたり、庵野の構想を実現するために必要なものは何かを割り出してコーディネートすることでした。

僕は庵野のことを、自身の作品に関して「ひとつも取りこぼす気がない人」と考えています。作品のクオリティ・コスト・デリバリー、公開（配給）規模、宣伝、コスト回収を考え、決める。音楽・音響の予算も自身の手のひらで考えられるし、ディレクションもする。有り体に言えば、庵野の手掛ける仕事範囲と仕事量は桁外れです。

ひとつも取りこぼさないために、庵野は知識と経験に対しても貪欲です。オタクだから自分で調べることが好きだし、しかも飲み込みが早い。人が培った知識も吸収消化して作品に取り込む。他の誰かを手伝ったりプロデュースしたりしながら、その経験を吸収消化して自身の作品に活かす。庵野にとって面白い作品を作るというのはそう在る必要があることで、そう在るために監督でありプロデューサーであり社長である、ということなのだろうと思っています。

カラーの経営について

カラーは『エヴァ』以外にも様々なものを手掛けていますが、やはり『新劇場版』シリーズを作るという明瞭で大きな目標が柱としてあり、その達成が経営方針の前提でした。

既述のとおり『新劇場版』シリーズは自社出資で制作しています。そのためには現金が必要です。よってカラーの資産として最も大きなものは現金で、『新劇場版』シリーズを作るための現金が常に手元にある状態を堅持してきました。

他方で、作品の準備や制作の期間中は作品からの直接の収入が発生しません。そのため、『エヴァ』を筆頭としたカラーが持つIP（知的財産）の商品化や二次利用事業と、各種投資・出資事業を行うことで収入を得ています。また自社作品の準備中等でクリエイターの手が空いている時期には作品制作の受託や、作品制作の一部工程の受託もしています。

IP関連事業はかねてから株式会社グラウンドワークスにライセンス管理と小売窓口を委託しており、投資・出資は『エヴァ：破』のBlu-ray・DVD販売のヒットによって得られた収入をもとに開始し、以後継続しています。これらによって、必ずしも経営状態を測る尺度として最適ではないかもしれませんが、カラーは創業以来赤字決算になったことは一度もなく、また、無借金経営を続けています。

好調に経営できていると現状を自己評価しますが、これに寄与しているのは、良いのか悪いのかは何とも言えませんが、会社の規模を大きくしていないことだと考えています。付随して、作品を量産しない・量産できないこと、見方を変えると制作する作品を絞っていることも寄与していると考えています。

　これは受託事業にも関係します。つまり、規模が大きくないため他社からの仕事をあまり多く受けることができません。しかしそれによって、カラーの規模にとってはちょうど良い按配でクリエイターの稼働にバランスが取れています。カラー自身の作品が稼働していない間は受託の仕事でクリエイターにはそれぞれ手を動かしてもらい、カラー自身の作品が稼働を始めたらカラーの仕事に集まってもらう、というシンプルな状況が作れます。人件費を下げ、規模を拡大し、受託を増やせば売上は増えるかもしれませんが、本来やりたいことであるカラー自身が制作したいものに対して疎かになります。

　お金の使い方にはもちろん慎重を期しますが、現金が確保してあり、収入源を維持できていることによって精神的な余裕をもって経営判断ができます。『シン・エヴァ』で制作費からP＆A費までを自社出資するときにも「こちらで溶かすことになってもあちらからの収入があるので、結果的に会社の財布の中身は変わらない」という思考で臨むことができました。つまり『シン・エヴァ』の興行収入と、制作にかかる出費がトントンになっていたら、会社は経営状態も、精神状態も、作家性も変わらずに維持でき、貯金も減りません。また、そうならないように万全を期していますが「万一のときにはあの資産を売却すれば済む話だ」というように割り切ってもいます。だから僕らはこれまでも、『シン・エヴァ』でも、やった方がいいことがあり、しかしそれにお金がかかるときに迷わずにやることができたのだと思います。

　『シン・エヴァ』によって『新劇場版』シリーズは完結し、庵野秀明が総監督として制作する『エヴァ』も完結しました。しかしカラーとしては今後もエヴァに関連した事業を続けていくつもりです。

　僕らの業界には「ガンダム」という先達があります。ガンダムは、1980年代まではガンダムを生み出した富野由悠季さんを中心としたプロジェクトでしたが、1990年代からは様々なクリエイターの手掛ける多種多様なプロジェクトに変化し、今もなお続いています。創始者の手から離れたことで拡がりを獲得し、ガンダムというアイコンに対する認識が改定されて、そのうえで再度「ガンダム」として定着するというのは、とても良い歴史だと思っています。創始者である富野さんも現在進行系でガンダムのプロジェクトを続けており、創始者であるにもかかわらずその拡がりの中のひとつの座となっていることも素晴らしいと思います。

　庵野の『エヴァ』はもう作られないかもしれないけれど『エヴァンゲリオン』はどこかで続いている。節目節目でデザインや世界観がらっと変わりながらも『エヴァ』として認識される。「昔、『新世紀』というのがあってね」「『：序』『：破』『：Q』『シン・』というのがあってね」と口の端に上る。この実現が今後の経営目標だと考えています。

緒方　智幸

5章

ライセンスと宣伝

本章では、『シン・エヴァ』におけるライセンスと宣伝について、
担当者による振り返りを行った。

『シン・エヴァ』のライセンスについて

株式会社グラウンドワークス：代表取締役
神村靖宏

略歴

1962年生。株式会社グラウンドワークス：代表取締役、株式会社ガイナックス代表取締役。特定非営利活動法人アニメ特撮アーカイブ機構研究員。

1987年　日本電信電話株式会社に入社。

1991年　株式会社ガイナックスに入社。

2001年　ガイナックスにて版権事業部の責任者となる。

2010年　株式会社グラウンドワークス：を設立し代表取締役に就任。ガイナックスを退職。

2020年　株式会社ガイナックス代表取締役に就任。

庵野秀明・カラーとの関わり

大学在学中にDAICON FILM[1]の活動に参加。『DAICON FILM版帰ってきたウルトラマン』、『DAICON4オープニングアニメ』等で制作進行を務め、庵野と親交を深める。

ガイナックスに入社後、総務業務の傍ら『新世紀エヴァンゲリオン』で「デジタル2Dワークス」として作品内のCG風画面やサブタイトルテロップの制作などを補佐した。2001年に版権事業部の責任者となって『エヴァ』のライセンス管理を担当し、カラー設立時には『エヴァ』著作権のガイナックスからカラーへの移行に立ち会った。

グラウンドワークス設立後はカラーから業務委託を受け、カラー関連作品のライセンス管理を行うとともに、作品のプロモーション協力も行っている。

1　1980年代に大阪を中心に活動したアニメ・特撮の自主制作映像グループ。庵野秀明が中核の一人として関わった。

はじめに

『エヴァンゲリヲン新劇場版』は作品を経るごとに社会に影響力を増してきたと思います。それに伴って『エヴァ』のライセンスに興味を持つ企業も増え、多くの商品や多様な企画を実現できました。また、20年以上ひとつのコンテンツに向き合った経験によって、コネクションやノウハウも蓄積できました。『シン・エヴァ』という作品がそうであるように、ライセンス事業においても『エヴァンゲリオン』の集大成があったと感じています。

ここで言うライセンス事業とは、作品を知的財産として取り扱い、キャラクターやデザインの意匠を外部の企業等に使用を許諾してその対価を得ることです。具体的にはキャラクター商品の制作販売や企業プロモーションへの協力などですが、対価は必ずしも金銭とは限りません。作品宣伝のための媒体を提供してもらうことや、作品のバリューアップそのものが対価だと考えることもあります。

映像作品の制作・製作やパッケージ制作・製作には直接関与しませんが、それ以外のいわゆる「作品の二次使用」については、キングレコード株式会社が担当する音楽・音響関係のサービスを除き、グラウンドワークスが『エヴァンゲリオン』のライセンス全般をカラーから業務委託を受ける

形で運用しています。

ライセンス方針1　作品本位

　ライセンス事業は作品本体が持つ価値の維持・向上を第一の目的と考えています。収益はもちろん大事ですが、より重要なのは作品本体の価値です。作品の存在がライセンス事業を成立させる前提だということもありますが、商品や企画に接したファンがより作品を好きになり、作品の持つ付加価値が向上することが理想だと思っています。

　これは自明なことのようで、意外と難しいことです。作品の人気に乗じた製品は売れるでしょうが、作品のイメージを摩耗させてしまうリスクは常にあります。ファンだから買ってもらえる製品、ではなく、手に入れたことをファンとして誇れる製品になるかどうかは常に気を付けています。

ライセンス方針2　庵野・カラーとの意識共有

　グラウンドワークスは『エヴァンゲリオン』のライセンスを著作権者であるカラーから業務委託を受けて管理していますが、裁量は大きく預けてもらっており、個々の事案についてカラーや庵野さんの決裁を細かく仰がなくても、迅速に判断ができるようにしてもらっています。

　僕は学生時代に庵野さんたちと一緒に自主映画制作に参加し、アニメや特撮映画の制作で長期にわたって寝食をともにしました。趣味的にも好きな作品やジャンルの重なりが多く、お互いに気心が知れている面があります。ライセンスの運用にあたっても、庵野さんの好みや意向はまずまずの精度で予想できていると自負していますし、庵野さんも鷹揚に構えてくれているのでしょう。

　もちろん影響の大きな案件については、適宜、庵野さん本人やカラーと擦り合わせますし、特殊な想定外の事例について相談をすることもありますが、基本的には判断を一任してもらっています。これはたいへんありがたいことです。カラーというライセンサーとのやりとりに最小限の時間しかかからないので、ライセンサーの判断を待っている間に先方の熱が下がってしまう、ということが起きず、良いもの作りに繋がっています。特に新奇性のあるアイディアに対して、いわゆる「原作者チェック」なしに即応できることは、大きなアドバンテージです。企画の可否の判断基準は相手や状況に応じてフレキシブルに変化させねばなりませんから、「前例がない」とか「持ち帰らせていただいて」といったカッコ悪い返事をしなくて済むのは庵野さんやカラーからの信頼のおかげで、感謝にたえません。

ライセンス方針3　コミュニケーションツールとして

　ファンが映像作品そのものを鑑賞して楽しめる時間はTVアニメなら30分、映画でも数時間です。しかし、フィギュアや小物やアパレルなど作品の二次成果物であるグッズであれば、常に見えるところに飾ったり、身に付けて持ち歩いたりすることができます。グッズによって、より長い

時間作品と関わりを持つことができ、自分がその作品のファンであることをより強く、誇らしく感じることができます。また、他者に対して自分がファンであることをアピールでき、ファン同士の交流も生まれます。ですから、商品や企画を検討するときは、それがファンと作品の間を繋げられるような、またファン同士を繋ぐきっかけになるような「コミュニケーションツール」になるよう心掛けています。

　もともと『エヴァンゲリオン』のファン層は、年齢、性別、立場、趣味嗜好を超えて広がっていますが、最大の特徴は相互に会話が成り立つことです。年が離れた男女間で作品を語り合えるものは他のメジャー作品でも例は少ないと思います。そもそも『エヴァンゲリオン』という作品そのものが、最も強力なコミュニケーションツールなのでしょう。

ライセンス方針4　呉越同舟を演出する

　『シン・エヴァ』の公開にあたっては、商品化や企業コラボを含む活動全体が劇場公開作品のプロモーションとなるよう、個々の企画を大局的に制御して、公開に向けての山場を作ることが重要でした。

　『エヴァンゲリオン』は新作のない期間が長いですが、商品化などは間断なしに続いています。お付き合いのあるメーカーや代理店も多岐多様で、多くが作品理解も深く映画プロモーションに協力的です。そのような企業をメンバーとして不定期に「エヴァンゲリオン連絡会」を開催していました。企業規模も業種・業態も知名度も様々で、多い時には大小100社ほどが集まりました。映画公開に関する情報を共有しつつ、参加各社からも自社の『エヴァ』関係情報の開示や意見交換をしてもらうという連絡会で、他社から刺激を受けてもらい、企業同士の交流から新しいコラボレーションが生まれることを期待して行っています。これによって、相乗効果のありそうな企画のタイミングを揃えたり、逆に競合企画を調整したりしながら、映画公開時に盛り上がりが頂点となるような「波」を作れたと思っています。この場をきっかけに成立した案件もいくつもあり、参加各社からも好評でした。

ライセンス方針5　認識の更新と拡張

　『エヴァ』といえば、『新世紀』のサブタイトルに用いた「黒地に白の太明朝体をL字に配したデザイン」が「エヴァっぽい」アイコンのひとつと見なされているようです。テレビ放映から25年以上を経てなおこのイメージが定着しているというのはすごいことだと思います。

　一方『新劇場版』では、本編でもプロモーションでもこの「L字の文字組」をほとんど使っていませんし、商材も『新世紀』の頃のような黒背景は多用せず、白を基調とした明るくシンプルなスタイルが基本です。

　にもかかわらず、外部から提案される企画の多くで、この25年前のデザインが前面に押し出されてきます。『エヴァ』を好きだと主張する企画者であるほど、古い作品イメージに拘泥する傾向

が顕著でした。『新劇場版』で若いファン層に支持されている要素を取り込めていない企画も多く、「文字曲げるの禁止！」「黒背景禁止！」をライセンシーにお願いしたのは10回や20回ではありませんでした。僕らはこれを「エヴァの呪縛」と呼んでます（笑）。

　古い作品イメージに囚われた企画を、『新劇場版』の前向きなイメージに修正し、新しい映画のプロモーションとして成立するように誘導することが仕事の大きな部分だった気がします。

　作品とは別の方向性で商業企画に落とし込むこともあります。登場人物を作品内と異なるイメージで活用したり、作品内ではあり得ないシチュエーションを作るアプローチです。2012年に行った剃刀メーカー「Schick」とのコラボレーションはその典型で、気難しいイメージの髭キャラ「碇ゲンドウ」が髭をそり爽やかに笑っている、というものでした。キャラクターイメージをひっくり返すことは驚きと話題を生みますが、一歩間違うとファンが嫌悪感を抱くリスクもあります。この「キャラ変更」は、そのキャラクターの認知度や受け止められ方を熟慮したうえで行わねばなりませんし、「カラー（庵野）は公式に容認しているが、実行者はSchickである」と受け止められる温度感が重要でした。「作品の製作者であるカラーは自身でキャラクターを歪めることはしないけれど、他者やファンがキャラクターで「遊ぶ」ことは容認している」という位置付けの明示でもあります。それによって『エヴァ』の「度量」を見せ、ファンが「安心」して新しい遊びを楽しむことができます。「『エヴァ』らしい」というイメージを尊重しつつも固定をさせず、拡張性と柔軟性を持たせることは、とても重要だと考えています。

　また別の例として2016年の庵野秀明総監督作品『シン・ゴジラ』公開時に「ゴジラ対エヴァンゲリオン」という企画を実施しました。怪獣映画の宣伝に、ジャンルも版権元も異なるアニメ作品を投入したコラボレーションです。この企画では参加各社が良い意味で暴走をして、思いもよらない商品が多く生まれました。あるフィギュアメーカーは、エヴァ初号機にゴジラ細胞を注入したら……という発想から「エヴァンゲリオン初号機"G"覚醒形態」という2キャラクターが融合したフィギュアを発売し、このアイディアはのちにパチンコ機にまで発展します。これらの企画によって映画『シン・ゴジラ』の宣伝媒体を多く確保でき、映画公開に繋がる話題も喚起できました。

　この方法論は『シン・エヴァ』公開のあとに、庵野さんが関与した『シン・ウルトラマン』『シン・仮面ライダー』も巻き込んだ4大キャラクター、版権元4社のコラボ企画にまで発展しています。

ライセンス方針6　RADIO EVA

　『エヴァンゲリオン』公式ブランドとして2009年に立ち上げたRADIO EVA（ラヂオエヴァ）は、『エヴァンゲリオン』の作品イメージをアパレルやファッションアイテムに落とし込んだ製品を展開し続けている公式ブランドです。創業時にまだ媒体力が弱かったカラーと『エヴァ』を外側から、ガイナックスとは異なる位置でサポートできればと立ち上げました。

　2008年に出会ったクリエイティブ・ディレクターの故・武藤祥生さんと、『エヴァ』は作品に登場するキャラクターやメカ、さらに言葉や画面構成までもが独特でハイレベルのデザイン性を持っているため、キャラクターのイラストなどを直接使わなくても、カラーリングや記号だけで十分作品世

界を表現できるということで意見が一致し、株式会社プラグインクにRADIO EVAのブランドを立ち上げてもらいました。

この新しい考え方で展開したRADIO EVAのアイテムや企画は、従来のアニメグッズとは異なる発想で作品を楽しむ切り口を増やし、『エヴァ』のポテンシャルを拡張できたと考えています。昨今では他の作品でもRADIO EVAを追随する例が見受けられ、少しずつ一般化してきたと感じますが、この手法では『エヴァ』が依然として先頭を走っていると思っています。作品そのものに潜在するデザイン性と、それを読み解くファンのリテラシーの高さがあってのことですから。武藤さんは常々、RADIO EVAの製品はファンと作品を繋ぐコミュニケーションツールでありたいと言っていました。作品の公開間隔が広く空いている『新劇場版』シリーズにおいて、RADIO EVAはたしかにその役割を果たしてくれましたし、今後もそうあり続けてくれると期待しています。

ライセンス方針7　EVANGELION STORE

グラウンドワークスは『エヴァンゲリオン』のオフィシャルストアである「EVANGELION STORE（エヴァンゲリオンストア）」を株式会社ムービックと共同で運営しています。ECストアといくつかの実店舗に加え、全国各地で不定期のポップアップストアを展開し、原則として市場に出る『エヴァンゲリオン』の関連商品の全てを取り扱っています。

自分たち自身の販売チャネルを持つことで、商品の売れ行きや評判だけでなく、ファンがどんなふうに作品を楽しんでいるのか、なぜ作品に愛着を持っているのか、といったことも感じることができます。これらは企業の商品展開やタイアップ企画に対してもフィードバックすべき重要な情報で、諸々の企画への適切なアドバイスに繋がると考えています。

また、商品を供給するメーカー側にもメリットがあります。ECでも実店舗でも、商品をエヴァストアに並べることは、販路確保だけでなく、エヴァファンに訴求力を持つ宣伝となります。実商品を伴わない企画であっても、ストアをプロモーションの場所として提供することも可能です。実際、販売力も宣伝力も十分でない小規模メーカーの企画が、エヴァストアを販路とすることで成立したケースも少なからずありました。

前述のRADIO EVAもスタート時はエヴァストアを主要な販路としていましたし、逆にRADIO EVAのスタイリッシュな商品群がエヴァストアの店舗イメージを高めるなど、双方向に効果が出ています。

通常、版権元が一度許諾した商品の売れ行きや評判、あるいは販売・宣伝方法にまで踏み込むことは稀だと思います。しかし『エヴァ』では作品とファンとのコミュニケーションの活性化を大事にするコンセプトをここでも徹底しています。メーカーや企業にライセンスを出す版元、そしてメーカーの製品をユーザーに届ける小売、この対極にある二つの立場でライセンスを運用しており、それを対象商品のみならず作品の付加価値向上に繋げたいと考えています。

新型コロナウイルス感染症の影響と対応

　新型コロナウイルス感染症はライセンス事業にも大きな影響がありました。まず、人を集める企画が実施できなくなり、JR東日本の大規模なスタンプラリーをはじめ、多くのイベント企画が中止となりました。準備に要した金銭の損失も大きかったです。

　また、劇場公開が2度にわたって延期され、企画の実施時期に影響が出ました。例えば山崎製パン株式会社の商品キャンペーン「人類補パン計画」は劇場公開後に話題を作る、いわゆる「後パブ」として準備されていましたが、公開が再延期されたために図らずも公開前宣伝、いわゆる「前パブ」となり、結果的には大きな効果がありました。時期の変更ができなかったために映画公開との相対時期が変わってしまったものの、かえって良い結果を生んだ例です。企業側の努力でタイミングを映画公開に合わせてもらった事例も多く、コロナ禍はどの企画にも大きな影響がありましたが、全体としては参加各社のご理解とご協力で難局を乗り越えられたと考えています。

ライセンス事業を成立させた作品力

　『エヴァ』のライセンス事業では、新奇でユニークなことにチャレンジし続けることができたと感じています。ビジネスの成功や維持よりも、作品本体を支えるためにそうしたいと考えていました。

　国内で長期の人気を維持している近しい作品としては、『ガンダム』、『ゴジラ』、『仮面ライダー』、『ウルトラマン』など様々な先行作品がありますが、そういった作品の中では『エヴァ』は後発であり、シリーズとしての作品数は多くありません。『新劇場版』シリーズもそれぞれの公開間隔が空いていて、新作がない時期が長くありました。その空白期間にも作品を古びさせず熱量を維持するには、ある程度以上の頻度で話題やアイテムを投入し、作品とファンとのコミュニケーションを活性化し続けることが必要でした。そしてそれを可能にしたのはなによりも、『エヴァンゲリオン』という作品が持つポテンシャルでした。

　個性と深みのあるキャラクター、セリフやキーワードの強さ、デザインの新しさと汎用性、常に話題が尽きない物語の魅力など、商品や企画のフックにできる要素が大変な密度で詰まっている作品であったからこそ、多彩で多量の二次展開が可能でした。

　また、ファン層の幅広さも特筆すべきで、『エヴァ』は10代から60代まで、男女ともに、職業や嗜好も異なる人々から支持されています。そして『エヴァ』を介在にして、一見差異のある人々どうしのコミュニケーションが成立しています。こんな作品はそう多くありません。歴史の古い観光地・箱根でのキャンペーンは、新人女性スタッフの進言を『エヴァ』のパチンコにハマっていた観光協会の重鎮が承諾した結果だそうです。

　商品化や企業タイアップなどのライセンス事業は、そもそも作品なしには成立しませんし、その作品が十分に支持されていなければ困難です。

　しかし、ファンがその作品を好きでい続けることをサポートし、新しいファンが作品に気付く

きっかけを作り、作品の楽しみ方の幅を広げることも大事なことです。

　『シン・エヴァ』の完成は『エヴァ』としてひとつの区切りではありますが、作品の魅力はこれからも発信し続けねばなりません。ですが今は、これまでとても充実した仕事をさせていただけたことに感謝しています。

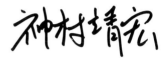

『エヴァンゲリオン』における主なライセンス実績（抜粋）

1997年	
7月	UCCミルクコーヒー「人類補缶計画」キャンペーン
2004年	
2月	ぱちんこ遊技機「CR新世紀エヴァンゲリオン」稼働開始
2005年	
12月	EVANGELION STOREが通販サイトとしてオープン
2006年	
10月	EVANGELION×BEAMS T コラボTシャツ発売
2007年	
9月1日	**『ヱヴァンゲリヲン新劇場版：序』公開**
2008年	
8月	RADIO EVA始動
2009年	
5月	ローソン×ヱヴァンゲリヲンキャンペーン
6月	ロッテリア、キャンペーンを開催
	箱根町観光協会「箱根補完マップ」配布
6月27日	**『ヱヴァンゲリヲン新劇場版：破』公開**
7月	NTT docomoから携帯電話「SH-06A NERV」発売
12月	フェンダーがマスタービルダー製作によるコラボギター発表
2010年	
2月	**株式会社グラウンドワークス：設立**
5月	レーシングチーム「エヴァンゲリオンレーシング」発足
7月	富士急ハイランド「エヴァンゲリオン：ワールド」オープン
9月	ユニクロとコラボ実施
2011年	
4月	JINSとコラボ実施
7月	箱根仙石原にて「ヱヴァンゲリヲン×箱根町×TOYOTA 電力補完計画 節電推進ver.」開催
11月	EVANGELION STORE TOKYO-01が原宿にオープン
2012年	
5月	Schick×EVANGELION キャンペーン
	「ヱヴァンゲリヲンワールドスタンプラリー」を日本、フランス、アメリカ、中国で開催
7月	小田急 箱根湯本駅に「箱根湯本 えゔぁ屋」オープン
	全日本刀匠会『ヱヴァンゲリヲンと日本刀展』開催（以後、2020年まで全国巡回）
11月	SCRAP「リアル脱出ゲーム」が初のキャラクターコラボレーション「ある使徒からの脱出」を公演
11月17日	**『ヱヴァンゲリヲン新劇場版：Q』公開**
2013年	
5月	ガンホー『パズル＆ドラゴンズ』とコラボ実施
8月	『エヴァンゲリオン展』開催（以後、2022年まで全国巡回）　主催：朝日新聞社
2014年	
11月	セブン-イレブン、キャンペーンを開催
2015年	
1月	USJ「エヴァンゲリオン・ザ・リアル4D」開始
3月	ヨウジヤマモト GroundY×エヴァ
10月	**『新世紀エヴァンゲリオン』放映20周年企画**
11月	JR西日本500系新幹線「500 TYPE EVA」運行開始

『エヴァンゲリオン』における主なライセンス実績 (抜粋)	
2016年	
7月	映画『シン・ゴジラ』プロモーション企画「ゴジラ対エヴァンゲリオン」を展開
2018年	
8月	テレビ東京系『新幹線変形ロボ シンカリオン』でコラボ回。「500 TYPE EVA」とエヴァンゲリオンキャラクターが登場
2019年	
1月	海外向けレーベル「EVA GLOBAL」発足
6月	キャナルシティ博多でアクアパノラマ『エヴァンゲリオン 使徒、博多襲来』上演開始
7月	ポノス「にゃんこ大戦争」とコラボ開始
11月	「RADIO EVA STORE」を渋谷パルコにオープン
2020年	
6月	屋内型ミニチュアテーマパーク、スモールワールズTOKYO開業。「エヴァンゲリオン 第3新東京市エリア」と「エヴァンゲリオン 格納庫エリア」が設置
	ロッテ「エヴァックリマンチョコ」発売
8月	東映太秦映画村「エヴァンゲリオン京都基地」オープン
12月	海洋堂、幕張メッセにて「エヴァンゲリオン ワンフェス」開催
	「EVANGELION トウキョウスカイツリー計画」開催
2021年	
1月	シン・エヴァンゲリオン劇場版×TOWER RECORDS コラボグッズ発売
	エヴァ×ヤマザキ「人類補パン計画」キャンペーン
2月	UCC『シン・エヴァンゲリオン劇場版』キャンペーン
	サントリー、キャンペーンを開催
	セブン-イレブン、キャンペーンを開催
3月8日	**『シン・エヴァンゲリオン劇場版』公開**
3月	「すき家」「なか卯」「はま寿司」「ココス」「ビッグボーイ」 同時にコラボレーションキャンペーン「外食5チェーン共同作戦」開始
	『シン・エヴァンゲリオン劇場版』×JOYSOUNDコラボキャンペーン
7月	『クールインパクト、発動!! ロッテ×エヴァンゲリオンキャンペーン』
10月	「庵野秀明展」開催 (2023年現在、全国巡回中) 主催：朝日新聞社／日本テレビ放送網
2022年	
7月	渋谷ヒカリエで「EVANGELION CROSSING EXPO -エヴァンゲリオン大博覧会-」開催 (2023年現在、全国巡回中)

『シン・エヴァ』の宣伝について

株式会社カラー 宣伝・音楽制作担当
島居理恵

略歴

1979年生。アニメプロデューサー、音楽ディレクター。株式会社カラー宣伝・音楽制作担当。
2003年　株式会社ゴンゾ・ディジメーションにアルバイトとして所属。
2006年　キングレコード株式会社に入社。『新劇場版』シリーズの宣伝・音楽制作を担当。
2016年　キングレコードを退社。引き続き『新劇場版』シリーズ、カラー関連作品の宣伝及び音楽制作を担当。

宣伝方針1　方針の転換　制限から開示へ

　『シン・エヴァ』の宣伝においてSNS、とりわけTwitterは重要な宣伝ツールでした。『:Q』を制作、公開した2011年から2012年頃はTwitterの影響はまだ限定的でしたが、どんどん一般化し、今ではTwitter発のニュースや話題を大手メディアが後追いで報道することや、企業の発表や告知を自前の公式Twitterアカウントから直接発信することが当たり前になっています。その結果、SNSに情報が存在していない商品や企画は、現実世界に存在していないかのようになっていったと感じています。

　『:Q』までの『エヴァ』の宣伝はねらって情報を制限したもので、秘密主義と言ってもいいような仕立てのものでしたが、SNSの一般化とそれによる社会変化を見て、秘密主義では『エヴァ』自身の存在が薄れ、忘れ去られていく危機感を持ちました。

　そんな時期に『シン・ゴジラ』の宣伝が動き出したので、東宝という大企業によるSNSの活用の仕方をカラー側の関係者のひとりとして観察するようにしました。また、その頃にはクリエイターとそのファンが個人としてSNSを使って熱心に情報発信するようになっていたので、その観察も心掛けていました。そういった方々の発信は、SNS利用者が思わず目に留めてしまうものについての理解が深く、告知でありながら作品でもあり、作品でありながら告知でもある、といった高度で、複雑さがあり、その情報発信を見ているだけで楽しめます。そのうえ発信量も限りがなく、すごい速さで行われるので、延々と見ていられます。

　当然ですが『エヴァ』のファンにも、『エヴァ』以外に好きなものは多くあります。『エヴァ』以外がそうした巧みな情報発信をしている中、『エヴァ』がそれをしないままでは存在は薄れゆく一方です。ですから秘密主義を前より控え、世の流れに付いて行くようにしていきました。

　ただ、線引きは持つようにしており、ファンの立場で見たときに、これをこのタイミングで言うのは野暮なもの、作品を鑑賞した時に知りたかったと感じるであろうもの、公式が決めるものではなくお客さんの気持ちや判断に委ねるべきもの、というようなことは、たとえ注目が集められるようなものであっても宣伝に使わないことを心掛けています。

宣伝方針2　SNSの定跡ではなく

　時々刻々変化があると思いますが、SNS上で高確率に注目を集めることのできる手法、というものが定跡のように複数確立されていると思います。これらの手法の有効性は「代替」や「交換」を前提にしていたり、許容しているものに限られているように思います。例えば、今日ある商品が、「すごく可愛いと」何万もの「いいね」が集まり、翌日は全く別ジャンル、たとえばある動物が「すごく可愛い」と何万もの「いいね」が集まる、というようなことで、この文脈で競い合う場合にはとても有効だと思います。

　一時期、『シン・エヴァ』でも代替・交換に基づいたSNS施策を複数試してみたことがあるのですが、そうした宣伝はあまり効果がなく、「共有」や「共感」のできる思い出や記念として扱う施策の方がしっくりくるうえに、効果があったのです。そうした施策は特にリピート鑑賞に繋がりますし、リピート鑑賞なくしては興行収入100億円の達成はなかったと思います。

　従って、宣伝において最も大事なのは宣伝活動ではなく、思い出や記念の源泉となる作品本体だと考えています。宣伝施策にコストとリソースを使うよりも画面のクオリティをさらに上げることに使った方が宣伝効果があると思います。

　2023年3月8日に『シン・エヴァ』のBlu-ray・DVDが発売になりましたが、SNS等にコストとリソースを大量に注いでインプレッションを獲得するよりも、同じコストをかけるなら新作の映像（『EVANGELION:3.0(-46h)』）をしっかり作り、特典として加えることの方が断然宣伝効果が高いんです。カラーとしても新作映像という資産を獲得できるわけですしね。

　いろいろな考え方があると思いますが、『エヴァ』に関しては、宣伝ができることは作品の力を借りながらアシストすることだと思います。それゆえに、作品に力があればあるほど、宣伝によるアシストの力も増すと考えます。

宣伝方針3　「残酷な天使のテーゼ」の再発見と再興

　あるカラオケサービスブランドが発表した「年代別で最も歌われた歌」によればアニメ・特撮・ゲームのジャンルでは2007年から2013年までずっと『残酷な天使のテーゼ』が1位だったんですね。このジャンルに限らず総合ランキングでもずっと高ランクで、2010年は総合ランキングでも1位でした。そして年齢も、10代から60代まで全て10位以内に入っていました。

　「残酷な天使のテーゼ」は『新世紀エヴァンゲリオン』のオープニングに使用された楽曲ですが、オープニング映像と楽曲が非常に高いレベルで融合した、一度見聞きしたら忘れられないものすごい力を持ったものでした。そしてカラオケで「残酷な天使のテーゼ」をかけるときはほぼ必ず、このオープニング映像が歌詞と合わせてディスプレイに流れていたわけです。さらにこの楽曲と映像は、カラオケという「楽しめる、良い思い出になりそうな場」にうってつけの大変盛り上がる曲です。

　それが10代から60代までランクインしているということは、『エヴァ』を観たことはないけれ

ど「残酷な天使のテーゼ」を歌えるしアニメの雰囲気もなんとなく知っている、「残酷な天使のテーゼ」を通じて『エヴァ』を認知し観るきっかけになった、「残酷な天使のテーゼ」を歌ったり聞いたりしたことで久しぶりに『エヴァ』を観たくなった、ということがとても多くあるはずです。ですから、「残酷な天使のテーゼ」にはいまだ多くのポテンシャルがあると感じました。

「残酷な天使のテーゼ」は歌手の高橋洋子さんが歌っています。2014年頃に音楽プロデューサーとして高橋さんの担当をできるようになった時、「残酷な天使のテーゼ」を再び積極的に歌ってもらうことをお願いしました。高橋さんは、歌声が劣化してしまっていたら『エヴァ』のファンを悲しませてしまうという考えの方で、テレビや催事の出演に関し、当初はためらわれている部分もありましたが、努力を惜しまず、かつてと同じ歌声を聴かせてくださいました。その結果、『シン・エヴァ』に至る数年間で多くのテレビ番組で歌を披露し、バラエティでも活躍し、最終的に2021年の紅白歌合戦での披露にまで繋がります。

他方、カラオケ映像に関してもHD画質にしたうえ、摩砂雪さんに新たに編集をしてもらって楽曲尺の約4分半の映像作品に仕上げて、2017年に差し替えました。これも反響が非常に大きかったです。

「残酷な天使のテーゼ」は2018年と2019年のアニメ・特撮・ゲームのカラオケランキングで再び1位になりました。「残酷な天使のテーゼ」の再興は、『シン・エヴァ』を大きく後押ししたと思っています。

1995年10月4日、『新世紀エヴァンゲリオン』は「残酷な天使のテーゼ」とともに始まりました。そして約25年を経て、『シン・エヴァ』という『エヴァ』の結びにまでその魅力をある意味、一気通貫させることができました。「残酷な天使のテーゼ」の持つ楽曲と映像の力は、本当にすごいと思います。

宣伝効果の測定

宣伝施策の効果は、主に以下を見て測定しています。

- 各SNSでの反応
- 観客動員数の推移
- 物販販売状況の推移
- アプリ「EVA-EXTRA」のダウンロード数やアクティブ状況推移

お客さんに『シン・エヴァ』をリピート鑑賞してもらう、という観点で特に効果が高かったものに以下が挙げられます。

- 主要キャスト14名による来場御礼舞台挨拶（2021年3月28日実施。全国劇場への生中継付き）
- 庵野、鶴巻、前田、緒方恵美さん4名による大ヒット御礼舞台挨拶（2021年4月11日実施。

全国劇場への生中継付き）

- 庵野とキャスト4名によるフィナーレ舞台挨拶（2021年7月11日実施。全国劇場への生中継付き）
- 『:Q』の前日譚漫画と『シン・エヴァ』スタッフの描き下ろしイラストレーションを収録した36ページ特典冊子入場者特典『EVA-EXTRA-EXTRA』（通称、シン・エヴァの薄い本）の配布と、『シン・エヴァ』本編映像に調整を加えた『EVANGELION:3.0+1.01』バージョン上映の、同時開始（2021年6月12日より開始）

　こういった施策が商業主義的であるとして好まないファンがいることも理解しています。立場によっていろいろな考え方があると思いますが、『シン・エヴァ』における宣伝の考えとしては、これらの施策はすでに一度『シン・エヴァ』を鑑賞してくれた人たちのうち「またそのうち観に来たいな」と思ってくれた人の背中を押す、ということを意識して実施しています。また観に行くための言い訳に使えたり、理由がつけられるようにする、ということです。そのうえで上記に挙げた施策は、また観に来てくれた人に対してできうる最大限のサービスで応える、ということも意識した施策でした。

　『シン・エヴァ』鑑賞済みのお客さんに、特に喜んでもらえたものにラジオ番組『シン・エヴァンゲリオンのオールナイトニッポン』（2021年6月22日放送）があります。生放送で主要キャストらが長時間にわたって話し込む様子と、録音による多くのキャストの言葉を届けることができました。ラジオという音声だけのメディアを通して、キャストらと思い出を共有・共感し、SNSでも自身の思いをつぶやいたり実況中継しながらファン同士も思い出の共有・共感をする。そのような時間を作ることができました。平日深夜だったにもかかわらず、番組が始まってすぐにTwitterの世界トレンドで1位になりました。

　公開日からの時間経過とともに劇場用ポスタービジュアル内の時間帯を変化させたことも、思い出の共有・共感を生んだと思います。これは庵野のアイディアです。公開時は朝方のビジュアルだったものを、最後のバージョンでは日没が迫る夕景にしています。絵の色を変えただけ、というシンプルなものですが、『シン・エヴァ』という『エヴァ』の完結作品が長きを経て公開され、その公開自体もそろそろ完結する、というコンテクストのあるポスターになりました。反響は大きく、鑑賞済みのお客さんは「ああ、もう終わっちゃうんだな」と寂しさの混じった反応をしてくれました。この夕景への色変えは、ほぼカラー社内の撮影処理のみで制作したもので、制作コストとしては非常に安上がりなものです。お客さんの思いを強く掻き立てるものでありながら、かつ、低コストである。極めて庵野らしい発想です。

　劇場で流す予告映像も宣伝効果が高いと考えています。『エヴァ』の予告映像は、大雑把に言ってしまえば作品本編の映像を抽出し、繋いで、音楽を付ける、という非常にシンプルで低コストなものですが、独特の雰囲気があり、あまり『エヴァ』に興味がないお客さんの意識をも惹き付ける力があると思っています。特に初めて劇場で予告を公開する際は、観た方々がすぐにSNSで大きくリアクションをしてくれて、少し時間を置いて公式SNSやYouTubeに予告映像を公開する際にも注目が集まり、非常に費用対効果が高いと考えています。

新型コロナウイルス感染症の影響と対応

　新型コロナウイルス感染症には甚大な影響を受けました。宣伝として一番やりたかったことは「人を集めること」だったんですね。ファンの皆さんと25年間の思いを共有する場を多く作りたかったんです。キャストやスタッフを呼んでトークやライブをするとか、一緒に『新世紀』をオールナイトで観るとか、大規模なものから小さなものまで、とにかくファンとの交流、ファン同士の交流の場を作りたいと思っていました。古いノリかもしれないけれど、『エヴァ』自体が1995年に始まったこともあって不思議とその時代のノリにマッチすることがあるんです。

　馬鹿みたいに聞こえるかもしれませんが、スーパー先行試写と銘打って富士山の八合目でファン向けの『シン・エヴァ』最速試写をやる、なんていう案もあったんです。登ってきてくれたファンひとりひとりに「おめでとう」と拍手をして、いっそ、スタッフのPCで上映会をやる、というような。『シン・エヴァ』に参加しているクリエイターもサプライズで参加して、交流したり。新型コロナウイルス感染症がなかったとしても実現できていたかはわかりません。でも、我々はそういう類のこともやりたいと思っていました。そして、そういったことの一切をやれませんでした。

　もうひとつ全くやれなかったことに海外での劇場公開があります。当初、全世界で劇場公開することを視野に入れていました。しかし海外は厳格なロックダウン等、日本よりも劇場の状況が厳しい。この状況が早期に収まることはないだろうと結論して諦め、その対応としてAmazonによる全世界同時配信を行ったんです。配信によって、劇場公開よりも多くの人に届けることができたとは思います。それは本当に喜ばしいことですが、劇場で観たという思い出を作ってあげられなかったことは残念です。熱心なファンにとっては、チケットを予約し、公開日が迫ってくるにつれて意識が増していき、劇場に行くまでの道中や、上映直前の期待感と緊張感、暗闇の中エンドクレジットを観ながらひとり静かに思いを巡らす、そういったことまでを含めて映画体験です。海外でこれを実現できなかったことは残念というより他ありません。

　新型コロナウイルス感染症への具体的な対応としては、予告映像の末尾に当初付けていた「西暦2021年1月23日より全国劇場にてロードショー」という文言を削除し、「公開日検討中　共に乗り越えましょう。」というメッセージに差し替えました。また、『金曜ロードSHOW!』での『：序』、『：破』、『：Q』の3週連続放映では、本編の放映に繋げる形で主要キャストからいただいたボイスメッセージを放映しました。長年待ってくれているファンの心情を考えると2度の延期は本当に申し訳なさが募るのですが、どうか引き続き待っていてください、と言うことしかできなかったんです。ありがたいことにファンは、引き続き待つ、ということ自体を肯定的に、前向きに捉えてくれました。そのおかげで、『シン・エヴァ』は待ってくれている人たちがいる作品なんだな、ということも結果的に多くの人に知られるようになりました。

『エヴァンゲリオン』インディーズバンド仮説

　『エヴァ』を作ることに関わる全般は、バンドのようだと思っています。

　バンドではない、例えばスタジオミュージシャンやオーケストラには、基本的に仕事と仕事以外の境目や区分があります。ですが、バンドの中にはそれらが存在していないことがあります。レコーディングやコンサートで演奏することだけがバンドなのではなく、その周辺をひっくるめてバンドなんです。誰かからの発注どおりの時間で、発注どおりに演奏することがバンドではないのです。楽器を延々と取っ替え引っ替え試していつまでもレコーディングが始まらないとか、何日もスタジオに籠もっていつまでも何かの作業をやめないとか、そういう営み全てを指してバンドだったりするんです。

　『エヴァ』の場合、中枢のメンバーは腕利き揃いなので、当然発注どおりにレコーディングする技術があります。でもそれはせずに、必ずセッションから始める。何なら楽譜もない。そうかと思えばあるワンフレーズだけ後録りに変えて、150回弾いてみた結果、3日前に弾いた2テイク目で行こう、みたいなこともします。アルバムを作るときもレコード会社が計画して尻を叩いて、という感じではなくて、自分たちが「作ろう」となったときに作り始める。そこで庵野は、ボーカルもダンサーもプロデューサーもこなすという、圧倒的なフロントマンを務める。制作も、音楽音響も、宣伝も『エヴァ』に関する全般はこういった調子で、バンドの振る舞いで行われている。そのように感じています。

　先述した特典冊子の『EVA-EXTRA-EXTRA』にしても計画していたものではなくて、公開後の思いつきで「やろう」となった。印刷所への納入締め切りを確認したらその日から約3週間後。打ち合わせして、議論して、という進め方で間に合うスケジュールではない。でも、自由に絵を描いてほしい、大体こういう漫画にしてほしい、と言ったらあとはセッションで形にできるクリエイターたちだということを知っている。だから実施に踏み切れたんですね。

　『エヴァ』というバンドの再現や、模倣について考えてみるのですが、難しいところがあると感じています。コピーバンド的に楽曲をコピーすることはできても、このバンドのグルーヴや偶発性まではコピーできないためです。そうすると、バンドを組むところからにならざるを得ないと思うんですね。セッションの中で固有のグルーヴと偶発性が生まれ、それを継続させられたとき、それが『エヴァ』と似ても似つかないものだったとしても、実はそれが『エヴァ』に最も近いものと言えるのかもしれません。

『シン・エヴァ』における主な宣伝施策等の実績（抜粋）

2018年	
7月20日	『シン・エヴァンゲリオン劇場版』特報1公開。2020年公開を初めて発表
2019年	
7月1日	公式アプリ『EVA-EXTRA』運用開始
7月6日	『シン・エヴァンゲリオン劇場版 AVANT1（冒頭10分40秒00コマ）0706版』世界同時上映。通称「0706作戦」
7月19日	『シン・エヴァンゲリオン劇場版』特報2公開。2020年6月の公開を初めて発表
8月9日	『シン・エヴァンゲリオン劇場版』特報2.5公開
8月28日	『シン・エヴァンゲリオン劇場版 AVANT1（冒頭10分40秒00コマ）0706版』使用劇伴音楽集配信
12月27日	公開日を2020年6月27日と発表。グッズ付きムビチケカード予約開始
2020年	
3月3日	公式アプリ『EVA-EXTRA』フルリニューアル、プレミアム会員サービス開始
4月17日	新型コロナウイルス感染症流行の影響による公開延期の発表とともに、イメージビジュアル、メインスタッフ情報、キャッチコピー「さらば、全てのエヴァンゲリヲン。」、サブタイトル「THRICE UPON A TIME」を発表
10月16日	『シン・エヴァンゲリオン劇場版』特報3公開。公開日を2021年1月23日と発表
12月25日	『シン・エヴァンゲリオン劇場版』本予告及び劇場用ポスターを公開
2021年	
1月14日	新型コロナウイルス感染症流行の影響による公開再延期の発表とともに、『シン・エヴァンゲリオン劇場版』本予告・改公開。「共に乗り越えましょう」のメッセージを追加
1月15日	日本テレビ系列『金曜ロードSHOW!』にて『序 TV版』（1.01"）を放映。本編終了後に『シン・エヴァ』主人公、碇シンジの声優を務める緒方恵美によるメッセージを放映
1月22日	日本テレビ系列『金曜ロードSHOW!』にて『破 TV版』（2.02"'）を放映。本編終了後に『シン・エヴァ』登場人物、綾波レイの声優を務める林原めぐみによるメッセージを放映
	『シン・エヴァンゲリオン劇場版』TV SPOT 15秒公開
1月29日	日本テレビ系列『金曜ロードSHOW!』にて『金曜ロードSHOW!』にて『Q TV版』（3.03"）を放映。本編終了後に『シン・エヴァ』登場人物、葛城ミサトの声優を務める三石琴乃によるメッセージを放映
2月26日	『シン・エヴァンゲリオン劇場版』本予告・改2公開。公開日を2021年3月8日と発表
3月8日	午前0時にAmazon Prime Video等で「これまでのヱヴァンゲリヲン新劇場版＋シン・エヴァンゲリオン劇場版 冒頭12分10秒10コマ」を公開
	『シン・エヴァンゲリオン劇場版』公開。劇場鑑賞者用プレゼントとして「式波・アスカ・ラングレー」描き下ろしイラストチラシを配布開始
3月15日	『シン・エヴァンゲリオン劇場版』TV SPOT B 15秒公開
3月19日	劇場用ポスターを、新バージョンの「公開中」ポスターに差し替え
3月27日	劇場鑑賞者用プレゼントとして「シン・ポスタービジュアルカード」配布開始
	『シン・エヴァンゲリオン劇場版』追告A・追告B公開
3月28日	新宿バルト9にて来場御礼舞台挨拶開催。緒方恵美、林原めぐみ、宮村優子、三石琴乃、山口由里子、石田彰、立木文彦、岩永哲哉、岩男潤子、長沢美樹、優希比呂、勝杏里、山寺宏一の14名が登壇。全国334の劇場に生中継を行った
4月5日	過去の『新劇場版』と『シン・エヴァ』を交え、『シン・エヴァ』登場キャラクターを中心に構成された映像「Character Promotion Reel」を、碇シンジ、綾波レイ/アヤナミレイ（仮称）、式波・アスカ・ラングレー、真希波・マリ・イラストリアス、渚カヲル、葛城ミサトの順番で6日連続で公開。BGMは宇多田ヒカル「Beautiful World（Da Capo Version）」
4月11日	新宿バルト9にて大ヒット御礼舞台挨拶開催。庵野秀明、鶴巻和哉、前田真宏、緒方恵美が登壇。全国328の劇場に生中継を行った
5月15日	劇場鑑賞者用プレゼントとして、キャストサイン入り「アヤナミレイ（仮称）/式波・アスカ・ラングレー」リバーシブルミニポスター配布開始
6月11日	「公開中」ポスターを更新。ポスター内の時間を夕方に変更し、「終映迫る」のメッセージを追加
6月12日	劇場鑑賞者用プレゼントとして、『シン・エヴァ』制作スタッフによる漫画「EVANGELION:3.0 (-120min.)」、イラスト等を収録した「EVA-EXTRA-EXTRA」配布開始
	一部のカットを更新した『シン・エヴァンゲリオン劇場版　EVANGELION:3.0+1.01』上映開始
6月22日	ニッポン放送『シン・エヴァンゲリオン劇場版』のオールナイトニッポン』放送。声優の緒方恵美、林原めぐみ、宮村優子、長沢美樹、歌手の高橋洋子がスタジオ生出演し、『シン・エヴァ』監督の鶴巻和哉、前田真宏がリモート生出演。その他、声優の坂本真綾、三石琴乃、山口由里子、立木文彦、清川元夢、関智一、岩永哲哉、岩男潤子、沢城みゆき、山寺宏一が録音コメントにて出演。MCは荘口彰久
7月6日	「続0706作戦」をカラー公式YouTubeチャンネルにて実施。「これまでのヱヴァンゲリヲン新劇場版」＋『シン・エヴァンゲリオン劇場版 冒頭18分47秒13コマ』、メイキング映像等を公開
7月11日	新宿バルト9にてフィナーレ舞台挨拶開催。緒方恵美、三石琴乃、山口由里子、立木文彦、庵野秀明が登壇。全国333の劇場に生中継を行った
7月21日	『シン・エヴァンゲリオン劇場版』終映（一部劇場を除く）
8月13日	Amazon Prime Videoにて『シン・エヴァンゲリオン劇場版』を、日本を含む世界240以上の国と地域で配信開始
2022年	
10月4日	『シン・エヴァンゲリオン劇場版』のBlu-ray、DVDを2023年3月8日に発売することを発表
2023年	
3月8日	『シン・エヴァンゲリオン劇場版 EVANGELION:3.0+1.11 THRICE UPON A TIME』Ultra HD Blu-ray、Blu-ray、DVD発売

6章

外部評価

本章では株式会社カラーに所属をしていないものの、株式会社カラーや本プロジェクト
にゆかりのある５名による本プロジェクトの評価を行った。

外部評価　川上量生

Nobuo Kawakami

略歴

1968年生。プログラマー、経営者。

1997年　株式会社ドワンゴを設立し代表取締役に就任。いろメロミックスなどのモバイルコンテンツ事業、ニコニコ動画などのウェブサービス事業、ニコニコ超会議などのライブ事業を手掛ける。

2011年　株式会社スタジオジブリに入社。スタジオジブリ作品の『風立ちぬ』（2013年）、『かぐや姫の物語』（2013年）、『思い出のマーニー』（2014年）にプロデューサー見習い、『夢と狂気の王国』（2013年）、『山賊の娘ローニャ』（2014年〜2015年）にプロデューサーとして携わる。

2014年　ドワンゴは株式会社KADOKAWAと経営統合し株式会社KADOKAWA・DWANGO（現・株式会社KADOKAWA）の代表取締役会長に就任。通信制高等学校のN高等学校の設立など教育事業を手掛ける。

2023年現在、株式会社ドワンゴ顧問、株式会社KADOKAWA取締役、学校法人角川ドワンゴ学園理事、公益財団法人角川文化振興財団理事長などを務める。

著書に『ルールを変える思考法』（2013年）、『ネットが生んだ文化 誰もが表現者の時代』（2014年）、『ニコニコ哲学-川上量生の胸のうち』（2014年）、『コンテンツの秘密-ぼくがジブリで考えたこと』（2015年）、『鈴木さんにも分かるネットの未来』（2015年）、『ゲーマーはもっと経営者を目指すべき！』（2015年）など。

庵野秀明・カラーとの関わり

2013年　株式会社カラーの取締役（社外取締役）に就任。

2015年　カラー、ドワンゴ、株式会社スタジオポノックとともに美術背景スタジオの株式会社でほぎゃらりーを設立。

2017年　カラー、ドワンゴ、学校法人麻生塾とともに株式会社プロジェクトスタジオQを設立。カラー、ドワンゴ共同企画の『日本アニメ（ーター）見本市』（2014年〜2016年）にエグゼクティブプロデューサー、カラー制作の『龍の歯医者』（2017年）に制作統括として携わる。

庵野秀明総監督作品の『シン・ゴジラ』（2016年）では企画協力として携わる。

『シン・エヴァンゲリオン劇場版』では協力として携わる。

『シン・エヴァ』について①　作品として

　『エヴァンゲリオン』は特殊な観られ方をされてきた作品だと思っています。登場人物に自身を重ね、作品と自身を一体化する視聴者がとても多くいました。『エヴァ』に囚われてしまったと言ってもいいかもしれません。ファンだけでなく、庵野さんだって『エヴァ』に囚われていた。『シン・エヴァ』はファンも庵野さん自身も、その呪縛から解いてあげたい、そういう願いが込められた作品だと思います。

　『シン・エヴァ』は作品単体のみで十分な評価ができる作品ではないと思います。『シン・エヴァ』のすごいところは、単体の作品として捉えたときには結末がついていないようにすら見えるにもかかわらず、『シン・エヴァ』によって四半世紀にわたる『エヴァンゲリオン』という物語が完結したと誰もが、ファンも、カラーの人たちも、おそらく庵野さんも感じる作品になっていることです。これはものすごい芸当です。

　『シン・エヴァ』によって『エヴァンゲリオン』が世の中に与え続けてきた物語が終わり、世の中に与え続けてきた影響から回復したと感じる。これだけの完結、このような形の完結、このような回復を今まで成し遂げられた作家がいるのだろうかと思います。終えることができないままの物語が世にとても多くある中、『シン・エヴァ』は見事に終わりました。

　『シン・エヴァ』はもともと、前作の『エヴァ：Q』の後半として構想していたと聞いています。ですから、当初はそんなに時間がかかるとは関係者の誰も思っていなかった。庵野さん自身だって時間をかけるつもりがなかった。しかし『エヴァ：Q』から約8年の時間がかかった。その間、庵野さんからはたびたび「もう大体はできてる」と聞いていました。同時に「でもラストが決まらない」「ラストがわかったら作る」とも聞いていました。「完結」とは何なのか、どうすれば「完結」するのか、ということを考え続けていたのではないかと思います。

　考える時間を確保する。これは新しいものを生み出そうとするクリエイターにとってはもちろん、頭脳を使う仕事全般においてとても大事なことです。庵野さんはその時間の中で『シン・エヴァ』から離れて『シン・ゴジラ』を作りました。これは決定的に大事な時間の使い方だったと思います。一旦距離を置いて『シン・ゴジラ』を作ることで庵野さんは、何かに納得したり、何かを許したりすることができたのではないか。そんな気がしています。そして改めて『シン・エヴァ』に向き合った。

　2018年辺りに庵野さんの雰囲気が変わったと感じています。庵野さんが「『シン・エヴァンゲリオン』は自分のクリエイターとしての全てを注ぎ込んだ作品にする」ということを言うようになった。庵野さんはこういうことをまず言わない人なので、何かを掴んだのだろうな、と感じました。

　その後、2019年末頃に会った時に庵野さんは「『シン・エヴァ』は自分の最高傑作になると思う」と言いました。庵野さんが自分の作品や自分自身を称揚する発言をそれまで一度も聞いたことがなかったので、これは相当なことだと感じました。『シン・エヴァ』で何を表現し、どう完結するのか。それが完全にビジョンとして見えたのでしょう。

　2020年末、『シン・エヴァ』の本予告映像とポスターが発表されました。その中にあった「さら

ば、全てのエヴァンゲリオン。」という文句を見た時に「あ、これだったんだな」と思いました。この言葉を思いついたのが2019年末だったのではないかと、僕は想像しています。

『シン・エヴァ』について② 経営者として

庵野さんはマーケティングと経営の能力が高い人だと思います。言葉を選ばずに言えばお金儲けがうまいと思います。でも、お金儲けのためだけに経営するつもりはさらさらなくて、お金はただの制約条件でしかないと捉えているはずです。制約条件だから大事なことではあるのだけれど、目的ではない。これは僕と庵野さんの似ているところです。例えばドワンゴがカラーとともに行った『アニメ（ーター）見本市[1]』も、共同出資して設立した美術背景スタジオの「でほぎゃらりー」にしても、営利事業ではないと思っています。世の中のためになることをしようという思いで手掛けました。

『シン・エヴァ』にはそれが強く表れています。2時間半という上映時間。これは明らかに利益を追い求めたものではない。庵野さんがこの長さで作りたかったからとしか説明がつかない。なのでやりたいことを優先して、その代わりに興行収入100億円を諦めたのかと思いました。

しかし、従来は映画公開週の初動を上げるために使われてきた入場者特典の配布を、公開期間の終わりが見え始めて上映回数も減ってきたタイミングで打ち出すなど、見たこともないプロモーションを次から次に繰り出して成功させ、100億円を達成した。これは、エベレストの頂上を目指して登るとき、効率的でリスクも少ないルートがあるにもかかわらず新しいルートを開拓して登るようなことで、何もこんなに苦労するルートをわざわざ選択しなくても、という印象です。

2時間半の映画にしたことが逆に興行を後押ししたという意見も聞きます。確かにそういう側面もあるのかもしれません。しかしそれは結果論で、普通は明らかにマイナスに働くものが今回は意外とそうならなかった、というように評価しています。

ですから『シン・エヴァ』という作品が仮に利益を追求することを第一の目的にしていたのであればマーケティングの観点からは明確に邪道だと思います。しかしそれは庵野さんの第一の目的ではなかった。にもかかわらず利益も追求し、策を考え、ビジネスとしても結果を出した。僕は『シン・エヴァ』をそのように見ています。

クリエイター庵野秀明について

庵野さんは確かにクリエイターです。しかし僕が思うのは、庵野さんはクリエイターである以前にオタクである、ということです。庵野さんの制作姿勢はよく「作品至上主義」と評されますが、そうではないと思います。あれはオタクの有りようそのものです。庵野さんのクオリティに対する

1　2014年から2016年にかけてカラーとドワンゴが共同で行った短編アニメ制作・配信企画。様々な個性と技術をもつアニメクリエイターが参集し、36作品の短編アニメを制作して無料配信や劇場上映を行った。

厳しさは凄まじい。しかし庵野さんにとっては厳しくしているつもりはないんです。庵野さんとしては、当たり前のことをやっていて、そんなに真剣にやっているわけではないんです。しかし庵野さんの目からすると世の中があまりにも真剣にやっていないように見えている。そういうことじゃないかと思います。あまりに真剣じゃないことに対して、オタクとして許せない。だから庵野さんにおける厳しいクオリティラインの設定はクリエイターとして設定したものではなく、オタクが観るに値するものを作れと自身の強烈な自我が、自身に対して要請しているのだと思います。自分の中のオタクが「これでは甘い」と。この点は、多くの人が誤解しているのではないかと思います。

　僕がこれまでお付き合いしてきた人の中で庵野さんに最も似ていると感じる人はビーイングの創業者で音楽プロデューサーの長戸大幸さんです。日本のCDの売上の半分以上が長戸さんのプロデュースだったという時期があったくらいに彼は大プロデューサーなのですが、その根本はオタクです。「自分は単なる音楽オタクだった。音楽オタクがたまたま音楽業界に紛れ込んでみて驚いた。なんでみんな音楽のことをこんなに知らないのか」。そんな風な言葉を聞いたことがあります。長戸さんもクリエイター以前にオタクなんです。

　彼は邦楽洋楽問わずオタク的な音楽のデータベースが頭の中にあって、「ここはこの曲のこの部分、ここはこの曲のこの部分、メロディーはこれを使って、リズムはこれの感じでやりましょう」ということをリアルタイムでプレゼンできたそうです。庵野さんの頭の中にも膨大なアニメや映画のデータベースがあり、それを参照・編集して作品に組み込んでいるのだと思います。

　そして、オタクは何事も「正確」であることを極めて重んじます。参照の作法についてももちろんそうですし、『シン・エヴァ』のエンドクレジットひとつをとってもそうです。エンドクレジットに庵野さんの名前が何回出てくることか。これは庵野さん自身だけでなく、誰がどの仕事をしたのかを正確に表現したいのだと思います。

プロデューサー庵野秀明について

　僕は庵野さんをクリエイターとしてよりも、プロデューサーとして評価しています。というより彼の最も評価すべき点はプロデュース能力である、と考えています。庵野さんは間違いなくトップクリエイターですが、プロデューサーとしての彼がそう評価されていないのは不幸なことだと考えています。

　監督という仕事において最も重要なことは「完成形のビジョンが見えていること」だと思います。庵野さんはこれができる人です。加えて、庵野さんは「作品がどのようにお客さんに届くかをシミュレーションすることができる」人です。作品がお客さんに届く、というのは劇場にお客さんが観に来てくれるということだけではなく、何に対していくらのお金を払いたくなるか、友達とどんな風に話題にするか、というところまで含めたものです。それはプロデューサーの領域です。

　こういうことができるのも庵野さんがクリエイターであるとともに、最も熱心なコンテンツの消費者であるからだと思います。どういう作品で、どういう風な情報の出し方をしたら、皆がど

う感じるか、という分析ができる。クリエイターとして成功すると、なかなか自分が視聴者として時間を使うことができなくなる人が多いですが、庵野さんはクリエイターでありつつも、いまだに現役のヘビーなコンテンツ消費者です。だから、情報摂取量が一般人に比べて、そしてクリエイターと比べても過剰に多い。しかも、それだけでは飽き足らず、自分がわからないことに関しては、きちんと調査したり、周囲の意見を聞いたりすることで対応しているように見えます。完璧主義のオタクですね。

庵野さんは「自分は今回の作品には手を出しません」と言いながら、結局手を出してしまうことがしばしばあります。庵野さんのクリエイター気質がそうさせていると思われているようですが、僕は違うと考えます。庵野さんは本心から任せたい、勝手にやってくれていい、と思っているはずです。

作品が売れるかどうかは、その作品の出来だけでは決まりません。むしろ、ひとつ前の作品の出来の影響の方が大きいことも多い。おそらく経営者としての庵野さんが、この作品の出来が悪いと、その次の作品の売上げにまで影響があるかもしれない、という恐れから、つい自分でやってしまうんじゃないかと僕は想像しています。もし、独立したビジネスとして成立すると判断したならば、自分のオタク美学からズレていたとしても手は出さずに任せると思います。

お金は制約条件でしかない、お金は目的ではない、ということはビジネスより作品が大事であるということを意味しません。制約条件を満足させなければ作品制作そのものが維持できなくなるからです。「制約条件としての経済的条件の成立」。庵野さんはこれを注視し、これに苦心しているのだと思います。だからこそ、庵野さんは売れることに対する欲求がとても強いクリエイターなのでしょう。

バイナリアン庵野秀明について

僕と庵野さんは、意見を求め合ったり相談をし合ったりというような、何かを与え合うとか役に立つとかの関係ではありません。性格や、価値観や、立ち位置に似ている部分があり、お互い共鳴するところがある、という感じです。他にも僕の視点からは、バイナリアンであることが類似していると感じます。

僕の出自はプログラマーです。そしてプログラマーの中にはバイナリアンと呼ばれる人たちがいます。バイナリアンというのは根源的なものに興味を持つ人たちのことです。コンピュータに所定の動作をさせるとき、例えばJavaとかC言語といった高級言語によるプログラミングで命令を出しても、実際は高級言語がコンパイラによって機械語に翻訳され、機械語がコンピュータに命令をしています。ではコンパイラがどんな機械語を吐き出しているのか、そこでどんな変換がされているのか。機械語とはそもそもどういうもので、どんなアーキテクチャ上でどのように動作するのか。機械語によって動作させられているCPUの回路はどうなっているのか。そんな風に根源の追求をしていく人たちをバイナリアンと呼びます。

庵野さんに、とあるカットの画面をどのようにして作っているのかを聞いたことがあるのです

が、庵野さんは「このカットには人が好む傾向のある要素を3つ入れています。3つ入れておけば誰でもそのうち1つくらいは惹かれるはず。つまり好まれる確率を上げることを考えて作っています」と説明してくれました。庵野さんは人が好む要素についての分析が済んでおり、その組み合わせを駆使してなるべく多くの人に訴求する画面を作っているのです。つまり庵野さんの作り方は工学的で、マーケティング思考的です。自分と同じ感性を持つ視聴者が好むものは直感的にわかっても、自分と違う感性を持つ人が好むものは直感ではわからない。なので一般的に人間が好むものは何かを解析して、要素として組み込む。とても合理的な作り方ですよね。

これは庵野さんの出自が自主制作のアニメーターというところに関係しているかもしれません。そう簡単には情報が手に入れられない時代に自主制作を始めた人なので、自分ひとりや、少数の仲間とともに様々な表現手法を研究して、解析して、試す、ということを頻繁に行っていたんじゃないでしょうか。

プロジェクト・シン・エヴァンゲリオンと合理性

庵野さんはものすごく合理的な人です。そのように見られていないかもしれませんが、例えば『シン・エヴァ』ではVirtual Camera（VC）を使ってアングルを探るという手法を取っていました。その理由を、人間の脳の中でシミュレーションすることのできるアングル数よりも現実に存在するアングルの方が遥かに多いから、人間の脳の中を探すより現実で探した方がいい、と言っていました。実に合理的です。そもそも、なぜアングルを探す必要があるかというと、みんなが見たことのないアングルを使ったカットを作りたいからでしょう。そして見たことのないものを作るには、脳から絞り出すのではなく現実でカメラを動かして探した方がいいと庵野さんは結論したということでしょう。

しかも庵野さん自らがVC撮影するだけじゃなく、むしろ積極的に他の人たちにやらせていました。今までに見たことのない奇跡のアングルを偶然使って探そうとしているのに、自分自身が撮影すると、結局、探すアングルのパターンがこれまでと似たものになってしまう。そういうことを心配したのではないでしょうか。偶然性のパターンを作るのはむしろ他人に任せて、自身は結果の判断だけする。とても合理的です。

結局、納得のいくものはほとんど庵野さん自身が探して見つけたものだったという話も別の人から聞きましたが、庵野さんがどういうアングルが欲しいかのイメージを作るためには、他の人が探してきた「これじゃないアングル」というのが必要だったんじゃないかと思います。

『シン・エヴァ』のパンフレットの冒頭に「我々は三度、何を作ろうとしていたのか？」という庵野さんの文章があります。作り手たち全員へのメッセージとも取れる大事なものですが、『シン・エヴァ』制作中に庵野さんからスタッフにこれを伝えたことは一度もないと聞きました。そうしなかった合理的な理由が推測できます。庵野さんがこれをスタッフに伝えると、スタッフが独自に勝手な解釈を加えて、ズレて受け取るからでしょう。みんな、原則とか目標といった本質的なものを求めます。本質的なものがあるとそれに頼ることができて楽だからです。つまりそれは、思

考をしなくなるということです。そのうえ受け手は勝手な解釈を加えてしまう。この状況は合理的に考えて何も良いことがない。だから伝えないのです。

　作品のテーマもスタッフには説明していないそうですね。でも、もし「さらば、全てのエヴァンゲリオン。」がテーマだったとして、『シン・エヴァ』は「さらば、全てのエヴァンゲリオン。」がテーマなのでこれを作りますと説明し、テーマを基にテーマから逆算してみんなが制作を始めたら、なにか、おかしなことがきっと起こるでしょう。なぜならテーマを絶対的基準にして作品を作るというのは、作品作りにわざとハンディキャップを付けているだけに過ぎないからです。制約をわざわざ付けて作品にならなかったら本末転倒です。

　目の前のことをしっかりやって、クオリティを地道に積み上げていくことこそが重要なのです。積み上げた先で、最後に積み足すものがテーマです。この最後のプロセスは監督の仕事でありプロデューサーの仕事です。

　『シン・エヴァ』は、素晴らしいクオリティの作品を作り、そのうえで作品をマクロに、かつ、メタに覆ったテーマを積み上げたのです。「『シン・エヴァ』は自分の最高傑作になる」という庵野さんの言葉を聞いた人間は本当に少数だと思います。おそらく自分を奮い立たせる決意でもあったのでしょう。こういうプライベートなエピソードを紹介するのは本当にいいのか、ちょっと憚られる気もするのですが、庵野さんが評価者のひとりに僕を指名したというのは制作に直接携わっていない周囲から見た『シン・エヴァ』の真実を記録として残したいということでしょう。庵野さんは『シン・エヴァ』で僕への言葉どおりに最高傑作を見せてくれた、そう僕が思ったことは事実として残したいと思います。

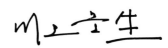

外部評価　尾上克郎

略歴

1960年生。特撮監督。株式会社特撮研究所取締役。日本映画大学特任教授。大阪芸術大学客員教授。

1982年　『爆裂都市 BURST CITY』で美術を担当し、商業作品デビュー。

1985年　株式会社特撮研究所に所属。

1994年　『ブルースワット』で特撮監督デビュー。

2023年　芸術選奨文部科学大臣賞を受賞。

主な監督履歴

- 『アナザヘヴン』(2000年)／特撮監督
- 『陰陽師』(2001年)／特撮監督
- 『リターナー』(2002年)／特撮監督
- 『陰陽師II』(2003年)／特撮監督
- 『戦国自衛隊1549』(2005年)／特撮監督
- 『私は貝になりたい』(2008年)／特撮監督
- 『太平洋の奇跡 -フォックスと呼ばれた男-』(2011年)／特撮監督
- 『のぼうの城』(2012年)／特撮監督
- 『進撃の巨人ATTACK ON TITAN』(2015年)／特撮監督
- 『進撃の巨人ATTACK ON TITAN エンドオブワールド』(2015年)／特撮監督
- 『パンク侍、斬られて候』(2018年)／特撮監督

(ほか多数)

その他仕事履歴

『スーパー戦隊シリーズ』(1987年〜2003年)

(光戦隊マスクマン、超獣戦隊ライブマン、高速戦隊ターボレンジャー、地球戦隊ファイブマン、鳥人戦隊ジェットマン、恐竜戦隊ジュウレンジャー、五星戦隊ダイレンジャー、忍者戦隊カクレンジャー、超力戦隊オーレンジャー、激走戦隊カーレンジャー、電磁戦隊メガレンジャー、星獣戦隊ギンガマン、救急戦隊ゴーゴーファイブ、未来戦隊タイムレンジャー、百獣戦隊ガオレンジャー、劇場版 百獣戦隊ガオレンジャー 火の山、吼える、忍風戦隊ハリケンジャー)／操演、デジタルエフェクト

『仮面ライダーシリーズ』(1987年〜2003年)

(仮面ライダーBLACK、仮面ライダーBLACK RX、仮面ライダーJ、劇場版 仮面ライダーアギト PROJECT G4、仮面ライダー龍騎)／操演、特撮、スーパーバイザー

『ローレライ』(2004年)／監督補、『日本沈没』(2006年)／特技統括・監督補、

『隠し砦の三悪人 THE LAST PRINCESS』(2008年)／セカンドユニット監督、

『宇宙兄弟』(2012年)／スペシャルエフェクトスーパーバイザー、

『いだてん〜東京オリムピック噺〜』(2019年)／VFXスーパーバイザー、

『劇場版 ウルトラマンタイガ ニュージェネクライマックス』（2020年）／VFX スーパーバイザー、
『Ribbon』（2022年）／特撮プロデューサー
（ほか多数）

庵野秀明・カラーとの関わり

　樋口真嗣（映画監督・特技監督等）の誘いで『ドラゴンクエスト ファンタジアビデオ』（1988年）に特殊効果として参加した際に、当該作品でエフェクトアニメーション及び出演をしていた庵野と出会い、交友を結ぶ。

　その後、庵野秀明監督作品『ラブ＆ポップ』（1998年）にデジタル操演としてピンポイントで参加。以降、庵野秀明監督作品の『式日』（2000年・特撮監督）、『流星課長』（2002年・演出補）、『CUTIE HONEY キューティーハニー』（2003年・監督補）に関わる。

　交友は続きながら時間を経て『巨神兵東京に現わる』（2012年・監督補 / 特殊技術統括）、『シン・ゴジラ』（2016年・准監督／B班監督／特技統括）、『シン・ウルトラマン』（2022年・准監督／撮影）、『シン・仮面ライダー』（2023年・准監督）と、庵野秀明が関わる実写作品に引き続き中枢的立場で関わる。

　『ヱヴァンゲリヲン新劇場版:Q』（2012年）ではアニメーション・マテリアル、『シン・エヴァ』ではプリヴィズ制作協力、特殊技術素材、パネル美術撮影として参加。

『シン・エヴァ』と特撮技術の更新について

　もの作りをしている人は誰でもそうだと思いますが、自分の志向や嗜好を自らの作品に反映させます。庵野さんはその傾向がとりわけ強い気がしますし、好きなものを作品に取り入れたいという姿勢の貪欲さは人並みではありません。でも、庵野さんの面白いところは、好きだからという理由だけで作品に取り入れることを自身に許さないところです。

　庵野さんは特撮ファンで『シン・エヴァ』には特撮の手法を多く取り入れていますが、「我々は三度、何を作ろうとしていたのか？」の一節に「エヴァ：破の頃から試みていた特撮映像の手法と感覚を取り入れたアニメ映像の面白さ」と書かれているように、取り入れる意味を考え、それを他者とも共有しようとしているように思います。

　特撮という言葉が使われるとき、「技術としての特撮」と「文化としての特撮」の2種類の文脈があります。「技術としての特撮」とは手法としての特撮技術のことで、一般的には映画の黎明期に発見され発達してきた特殊撮影技法のことです。特に日本映画においては予算の制約や物理的な制約を発想と工夫で乗り越えるうちに培われた特殊撮影の現場の知恵や技のことです。

　「文化としての特撮」は、そうした技術を使って作られた作品に、結果的に独特の面白さや不思議な色気のようなものが付加されたことで愛されるようになった映像ジャンルのことです。

　庵野さんは幼少期に「文化」として特撮を愛でるところから始まって、どうやって撮影したのかに興味を持つようになり、それを「技術」として分析するうちに自分で作りたいという欲求が強くなり、結果として作る人になってしまったんじゃないでしょうか。対して僕は仕事として「技術」の特撮に触れ、その魅力にとりつかれました。以降「技術」に取り組んでいるうちに、子供の頃に親しんだ「文化としての特撮」の面白さを再認識するようになった。

　実を言うと、僕が仕事を始めた頃には日本の特撮技術はもう行き着くところまで行き着いてしまっていました。伝統という名に縛られてなにか新しいことに挑戦することが難しい雰囲気もあった。先がなかなか拓けない状況で、映画の制作環境もどん底に近い時期というのもあって、過去の遺産を使い潰しているという感覚がありました。

　庵野さんが『シン・エヴァ』で行ったのは、一方では特撮技術独特のレイアウトや質感をアニメに取り入れることで、アニメが持つ面白さとは別角度の面白さを作品に取り入れながら、他方では先が拓けず停滞していた特撮技術を、新しい使い道を開拓するという形で更新しようとしたということではないかと思っています。庵野さんは以前からそうしたことを構想していて、これまでも部分的には試みていた。それがデジタル映像技術の進歩によって『シン・エヴァ』でようやく構想どおりの、特撮とアニメの融合と更新を実現できたのではないかと思います。

『シン・エヴァ』と特撮技術・特撮文化の継承について

　庵野さんが「文化としての特撮」で最も好きなのは『ウルトラマン』や『仮面ライダー』で、その原作のテイストを色濃く残したものを自分も作りたい、という思いを強く感じます。

　いわゆる特撮作品を愛でるには一定の審美眼を養う必要があります。その審美眼を持ったコアなファンは一定数いるわけですが、そちらにだけ目を向け続けていては、庵野さんが愛する、美を持った「文化としての特撮」は先細りする一方でしかない。庵野さんは「文化としての特撮」を今後も残すためには今の子供、今の若者、そして特撮に興味がない人たちにも通用するものを作らなければならないと考えていると思います。

　特撮を愛でる審美眼を養うには良質の作品が必要だと思います。だからこそ昔ながらの「技術としての特撮」から離れることになっても仕方がないし、使える新しい技術が「文化としての特撮」を表現できるのであれば、昔ながらの技術を差し置いてでも成し遂げなければならないと考えているように思います。

　つまり、いち特撮ファンとして「特撮」を愛する庵野さんがいる。愛するものだから残したい。その思いを実現するために「技術としての特撮」を作品に取り入れ、今のお客さんが面白く観られるものに仕上げる。「あそこはつまらなかったね」「古くさかったね」と言われないように、自身が愛する昔ながらの特撮手法にこだわらず新しいCG技術をふんだんに使い、あらゆるアニメの技と組み合わせて統合し、斬新な画面を作る。物語面から見ても特撮を使うことに意味があるものに仕上げる。そんな全方位から粋を凝らした『シン・エヴァ』を通して、特撮に親しみのないお客さんが「文化としての特撮」を発見する。特撮のことなど見向きもしなかったクリエイターが『シン・エヴァ』を通して「技術としての特撮」を発見する。昔ながらの特撮が好きな人たちも特撮の面白さを再発見する。そのような形の継承を『シン・エヴァ』で試みたのではないかと思います。

　特撮とCGを、古いものと新しいものとして対立させようとすることがありますが、間違っていると思います。どちらも等しく表現の道具として捉えるべきで、目的に応じて活用すればいいし、道具であればこそ簡単に捨てるのではなく、取っておくべきだと考えます。

　庵野さんはCGを取り入れながら特撮もずっと取っておいた。だから『シン・エヴァ』で新しい活用の仕方、「エヴァ：破の頃から試みていた特撮映像の手法と感覚を取り入れたアニメ映像の面白さ」を示すことができたのだと思います。

作法や手法の波及について

　『シン・エヴァ』では手描きとCGの垣根がかなり取り払われ、高度にハイブリッド化した画作りがなされていると思います。そのうえで、さらに特撮や実写の手法も取り入れた。このような混在や侵食は庵野さんの実写作品制作の現場でも起きています。

　庵野さんの作品制作に対する真摯な態度や現場の緊張感によって、スタッフたちは他の実写作品の現場ではできない経験をし、技術や知見だけではなく作品に取り組む姿勢も向上する。もとも

と見込みのある者たちに声をかけていることもあって士気も高く、刺激に満ちた現場になります。

　ではそれを他の現場で活かすことができるかというと、正直なところ今の日本の実写の世界では難しい。映像表現に対する指向や作品の性質が異なるから、という場合もあるでしょうが、それ以前に映像作りに対する態度や取り組み方があまりに違う現場が多い。庵野さんの映像作りが刺激的で面白いと思っていても、他の現場にその作法や手法をそのまま持ち込んでしまうと、理解できる人がおらずに、軋轢が生まれるだけなんです。なので現場ごとにチャンネルを調整し、その現場に合わせた仕事をせざるを得ないというのが現実だと思います。

　庵野さんはカラーの若い人たちに「オペレーターではなくクリエイターであれ、作業者ではなくて表現者であれ」というような話をすることがあるそうです。一方、僕は「我々映画人は「クリエイター」だと思うか「職人」だと思うかが食べていけるかどうかの分かれ目だ」というような言い方をすることがあります。それを聞くと「クリエイターではなく歯車にしかなれないのか」と幻滅する若い人たちがとても多い。しかし、僕らの関わる作品は制作会社とかスポンサーからいただいた予算で作られるものですから、仕事として引き受け、決められた条件や制約に縛られながら作品に携わっていくしかないんですね。そうするとクリエイターではいられない局面がたくさん出てくる。そんな中でも仕事として長く続けて、食べていけるような意識を持ってほしいという意味を込めて僕は言っています。

　世の中は若い人たちにクリエイターになれと焚きつけるんだけど、残念ながらクリエイターの需要はそんなに多くないと思うんですよ。クリエイターが現場に1,000人いたら製品としての作品は形にならない。それはつまり、純粋にクリエイターを目指す若い人たちのほとんどは食べていけないということを意味している。根本には「クリエイターであれ、表現者であれ」という意識がないと絶対にやっていられないし、続けることは難しいと思います。しかし集団作業の世界では、クリエイターになりたい人がクリエイターになるのではなく、作る者同士の切磋琢磨の中から、他者が「あなたはクリエイターだ」と認めてくれない限りはクリエイターではないと思うんですよ。そのような現実がある中で庵野さんの言葉を無邪気にそのまま受け取ると、現実はそんなに甘くなかったってことにどこかで気付かされてしまうことになる人が、少なからずいるんじゃないでしょうか。

　他方で庵野さんがカラーの人たちに「クリエイターであれ、表現者であれ」というのは、庵野さんのもとに集まる人たちの中に庵野さんの歯車になってしまう、あるいは自ら進んでなってしまう人が多いという現実があるのかもしれません。卓越したクリエイターのもとにやって来てその実力を目にしてしまったら、まして庵野さんや『エヴァンゲリオン』に憧れを持ってやって来たのであれば、そうなってしまうのは理解できます。カラーのように優れたクリエイターが集まり、力を存分に発揮できる場所なのに、あるいはだからこそ、そうなる。これは贅沢な悩みであり、矛盾でもありますね。

　今はまだ、庵野さんの作品、庵野さんの作り方を見て「あんなのは映画ではない」という人が映画業界の中に多くいます。例えば庵野さんが実写映画で初監督をした『ラブ＆ポップ』では小型の、機動的でマルチアングルがねらえるハンディタイプのデジタルカメラを多用して新しいアング

ル、新しい画面の映画を作ったのですが、業界の人たちはそういうところに目を向けず、フィルムカメラに比べて画質が悪いというところばかりを批判した。そしてあれから20年以上が経った今も、庵野さんがiPhoneを多用した撮影をすることに対してあの頃と同じ批判をしている。

　しかしiPhoneで4K画質の撮影をすることができるようになり、だんだん画質に差がなくなってきました。それはお客さんにとってカメラの違いが問題ではなくなってきたということです。すると残っているのは作り手の精神、作り手のプライドの問題だけです。

　庵野さんは今でこそCGを縦横無尽に使いますが、もともとCGにかなり懐疑的だったと聞きます。庵野さんの出自は稀代のアニメーターで、つまりは技術者です。僕も技術者だからわかりますが、技術者というのは保守的です。自分の持っている手慣れた技術から離れて新しいことを取り入れるというのは怖いもので、それは嫌悪という形で表れたりします。例えば僕が1980年代にCGに手を出し始めた頃はまるで裏切り者扱いでした。しかしミニチュア撮影こそが至高だ、円谷英二の時代に発明された特撮に勝るものはないんだ、という意識を持ち続けた人たちはやがて仕事を失っていきました。

　庵野さんは『エヴァ：序』の制作を始めたばかりの頃、当時若手のクリエイターだった小林[1]君や鬼塚[2]君からCGのプレゼンテーションを受けて考えを改め、すぐにCGを積極的に取り入れるようになったそうです。新しいものを取り入れられるかどうかは、仕事にどこまで貪欲かどうかだと思います。他人よりマシなことをやりたい。お客さんを驚かせたい。お客さんの鼻を明かしたい。お客さんにも同業者にも「どうやったんだ」と思わせたい。その思いが技術者としてのプライドに勝るかどうかだと思います。

　ですから、本心では庵野さんの手法を見て「あのやり方は使えるな」と感じている人も多くいるはずです。若い人たちに至ってはすでにどんどん使い始めている。現状、大きな予算の作品で僕らのような作り方をしている人たちは少ないですが、若い人たちが力をつけて大きな作品を作るようになったら一気に置き換わっていくかもしれません。Virtual Cameraやプリヴィズについてもそうです。確かにこれらには初期費用や運用のスキルが必要です。しかし映画制作を俯瞰的に捉えたとき、クオリティ面ばかりか予算面でも助けになるはずです。

　まだまだ庵野さんの考え方や作り方が波及するのには時間がかかりそうです。あと10年はかかるかもしれない。しかし、無視を続けることはできなくなってきていると思います。

1　小林浩康。株式会社カラー取締役。『エヴァ：序』から『エヴァ：Q』までCGI監督及びデザインワークス、『シン・エヴァ』ではCGIアートディレクターを務めた。

2　鬼塚大輔。株式会社カラー所属。『エヴァ：序』から『シン・エヴァ』までCGI監督を務めた。

庵野秀明とカラーについて

　これまでのカラーは庵野秀明の『エヴァ』を作ることを軸に置いた会社で、『エヴァ』に携わりたい、『エヴァ』をやりたいって人が集まってきた。そして『シン・エヴァ』によって庵野秀明の『エヴァ』が終わった今、カラーはそこから脱皮しようとする過渡期にあるのではないかと思います。

　当然、それを最も理解しているのはクリエイターとしての庵野秀明であり、経営者としての庵野秀明だと思います。庵野さんが『シン・ゴジラ』を経て『シン・ウルトラマン』や『シン・仮面ライダー』という実写映画での大きな仕事を拓いたことで、カラーの人たちも実写の仕事に携わることが増えました。他にもいろいろと仕込んでいる新しい仕事があるでしょう。それらの中には庵野さん自身が手掛けたくて手掛けている作品もあれば、誰かに説得されてやることになった作品もあると思いますが、そうした『エヴァ』とは異なる作品を通して、庵野さんはカラーの人たちにこれまでとは違った経験、付き合い、繋がりを作っていこうとしているように感じるところがあります。

　庵野さんが際立って特異なところは、作品に必要なことも、作品の中でやりたいことも引っくるめて、技術的にも、経済的にも実行することのできるカラーという独立した環境を作ったことだと思います。こんな人は日本では本当に珍しいのではないでしょうか。

　もうひとつあるとすれば「これは庵野作品だから」とスタッフに自ずと特別な構えを取らせる、これまで彼が出してきた結果を含めての、特別な空気感、あるいはカリスマ性を持っているところではないかと思います。

　カラーの技術はすでに最高レベルにあると言っていいでしょう。これはなかなか衰えるものではないと思います。庵野秀明の『エヴァ』を終えたこれから先は、庵野さんのそういった特異なところをカラーの人たちにどう吸収させて受け継がせるか、またカラーの人たちがどう吸収して受け継ぐか。そういう時期にあるのだと思っています。

　僕個人の見方かもしれないですが、カラーには、ジョージ・ルーカスが『スター・ウォーズ』の大成功を元手に自分の志向する特殊効果映像を実現する目的で立ち上げたI.L.M（Industrial Light And Magic）との共通性を強く感じることがあります。I.L.Mは特殊撮影の伝統的技術を継承しながら、若い世代が新たな技術を開拓し40年以上にわたり現在も世界を引っ張っている。これからのカラーはそんな会社になっていく予感がしています。

尾上克郎

外部評価　高橋望

Nozomu Takahashi

略歴

1960年生。映画プロデューサー、編集者。

1983年　株式会社徳間書店に入社。『テレビランド』、『アニメージュ』、『4WD FREAK』の編集を経て、1989年に株式会社スタジオジブリに出向。

1995年　株式会社サイビズに入社。『月刊CYBiZ』に創刊編集長として携わる。

1998年　株式会社徳間書店に再入社。スタジオジブリ事業本部映像企画制作部部長、本部長代理を歴任。

2004年　日本テレビ放送網株式会社に出向。2008年、日本テレビに転籍。映画事業部にてプロデューサー、担当部次長、専任部次長を歴任。

2019年　日本テレビを退社。スタジオジブリを経て現在フリー。特定非営利活動法人アニメ特撮アーカイブ機構研究員。

主なプロデュース履歴

- 『おもひでぽろぽろ』(1991年)／制作担当
- 『紅の豚』(1992年)／制作担当
- 『海がきこえる』(1993年)／プロデューサー
- 『平成狸合戦ぽんぽこ』(1994年)／制作担当
- 『耳をすませば』(1995年)／制作担当
- 『On Your Mark〜ジブリ実験劇場』(1995年)／制作担当
- 『ホーホケキョ となりの山田くん』(1999年)／制作担当
- 『式日』(2000年)／プロデューサー
- 『千と千尋の神隠し』(2001年)／制作担当
- 『猫の恩返し』(2002年)／製作プロデューサー
- 『ギブリーズ episode2』(2002年)／製作プロデューサー
- 『ALWAYS 三丁目の夕日』(2005年)／プロデューサー
- 『ALWAYS 続・三丁目の夕日』(2007年)／プロデューサー
- 『サマーウォーズ』(2009年)／プロデューサー
- 『ALWAYS 三丁目の夕日'64』(2012年)／プロデューサー
- 『おおかみこどもの雨と雪』(2012年)／Co.エグゼクティブプロデューサー
- 『花とアリス殺人事件』(2015年)／エグゼクティブプロデューサー
- 『バケモノの子』(2015年)／エグゼクティブプロデューサー

(ほか多数)

庵野秀明・カラーとの関わり

　大学生の時に、DAICON FILM作品を通じて、そのメンバーのひとりとして庵野を認識。特に『帰ってきたウルトラマン マットアロー1号発進命令』(1983年／監督・デザイン・光学・主演(ウルトラマン)庵野秀明)に強く感銘を受ける。

　『アニメージュ』での自身による企画記事のインタビューで庵野と初対面し、1984年11月号に「本業より魅力的？　なぜか特撮に熱中するふたりのアニメーター」というタイトルで掲載される。その後、『王立宇宙軍 オネアミスの翼』(1987年)の特集記事でも再び取材者と被取材者として対面する。

　スタジオジブリに出向後、『新世紀エヴァンゲリオン』(1995年)の11話『静止した闇の中で』にてスタジオジブリが作画グロス(下請け)を担当した際、スタジオジブリの制作担当として庵野と再会。当初3話を受注する予定だったところ、阪神大震災の影響等によって1話のみの受注となり、庵野とは発注者・受注者の関係で困難な調整を行う。その後徐々に公私ともに関係を結ぶようになり、2000年に庵野秀明監督作品『式日』にてプロデューサーを務める。

　カラーの設立に際して2005年末から庵野の相談に乗り、事務手続き・権利関係整理等を引き受け、2006年のカラー設立にむけて中枢的に関わり多大な貢献をする。

　『ヱヴァンゲリヲン新劇場版：序』(2007年)、『エヴァンゲリヲン新劇場版：破』(2009年)で協力、『エヴァンゲリヲン新劇場版：Q』(2012年)で宣伝協力として携わる。『シン・エヴァ』では協力として関わる。

『シン・エヴァ』について

『:序』『:破』『:Q』までは明確にはそういったことはなかったのですが、『シン・エヴァ』では庵野さんから脚本に対して意見を求められました。僕は一読して、「新劇場版を開始する時に庵野さんが立てた志、『我々は再び、何を作ろうとしているのか？』という問いに対して、正面から立ち向かい答えを出す作品になると思う」、と答えました。

僕は『:Q』で『新劇場版』は終わりということにして、新しい作品を作ってもいいのではないか、と思っていました。次作で完結というけれど『:Q』で終わっているようにも感じられたし、この『:Q』の先を作ることは難しいのではないかとも思ったからです。

しかし送ってもらった『シン・エヴァ』の脚本を読んだら、『:Q』からのストレートな完結の物語となっていた。うまく続けることができなくなってうやむやにしてしまう作品も世の中には多くあると思います。風呂敷を広げれば広げるほどそうなる傾向がある。でも庵野さんは、これだけ広がってしまった収拾不可能にも思える風呂敷をひとつひとつ畳んで決着をつけようとしていた。一言でいうと「作り手の覚悟と勇気」を感じました。

そして完成映像を観た時は、脚本に描かれていたことをそのとおりに映像化し、描ききったと感じました。もともとの『新世紀エヴァンゲリオン』は、オタク青年である僕らと、その親との関係を扱っていたように僕は思います。あれから25年、『シン・エヴァ』はオタク青年だった作り手が、年をとってかつての親の年齢になったからこそ描けた物語のような気がします。シンジとゲンドウ・ユイとの、子供と親の物語（あと、ミサトの物語）を説得力をもって描くには、作り手の側にも一定の時間が必要だった。『エヴァ』を再起動させて10年の月日が経ったからこそ、今回の力強いドラマを生み出すことができたのではないか、と思いました。

なぜ庵野秀明を応援してしまうのか

僕はこれまで様々な監督、というか作り手と接点がありました。その中でも庵野さんは特別中の特別な存在です。庵野さんのことは応援するのではなく、応援せざるを得ないんです。

その最大の理由に、僕と庵野さんが同い年であることが挙げられます。同じ年に生まれ、同じものを見て育ってきたということが非常に強い結びつきに繋がっている。他の世代の方たちが作った作品は、どんなに良いものであったとしてもどこかに必ず違和感がある。上の世代には尊敬の念があるし、下の世代にはなるべく後押しをしてあげたいという思いがありながらも、いつもどこかに一抹のズレを感じる。しかし庵野さんの作品は、根本のところで極めてしっくりくるんです。

カラーの創立10周年に寄せた寄稿文で、「庵野秀明は我々の世代にとってのチャンピオンである」と表現しました。ここでいう我々とは、僕の世代のアニメや特撮やSFオタクのことで、オタクが高じて作品制作に手を出してしまった者たちのことです。

僕も学生の時には自主制作で特撮映画を作っていました。だから学生時代には庵野さんをはじめ凄腕のクリエイターが集うDAICON FILMに対して嫉妬していたし、ライバル意識も持ってい

た。今だっておそらく、庵野さんに対する複雑な感情がちょっとは残っていると思います。でもそんな些細な感情を超えて「庵野さんは我々の代表なんだ。だから無条件で応援するんだ。頑張ってもらうんだ」という思いがあります。もちろん庵野さんの作品はとても好きですが、好きだから応援するとは少し違うんです。庵野さんが面白い作品を作り、それを観たお客さんが喜び、作品がヒットする。それが自身の喜びになるんです。ある種の同一化と言えるかもしれません。

　僕はある時、スタジオジブリでは自分が思い描くものを実現することが難しいと感じていたことがあります。上司だった鈴木敏夫さんから「ならば環境を変えてみたらどうか」と提案され、それも一理あると思い日本テレビに出向することにしました。出向に前向きになれたひとつの理由は、日本テレビのように大きなメディア企業でお金もある組織にいれば庵野さんの応援ができるんじゃないかと考えたからです。そしてそれは『：破』公開直後の2009年7月3日に、『金曜ロードショー』で前作『：序』の地上波初放送をするという形で実現しました。

　当時日本テレビには『エヴァ』を知っている人なんてほとんどいなかった。だから僕が日本テレビにいなければ、そして僕が働きかけなければ『：序』がゴールデンタイムに地上波で放送されることはなかったと言い切れる。放送の力で『：破』の公開を盛り上げることができたのは僕の人生の中で数少ない、自分を褒めることのできる誇らしい仕事です。

　僕はこれまで、アニメージュの編集者だったり、スタジオジブリのプロデューサーだったり、日本テレビの映画事業部といった立場で庵野さんと関わってきました。近くにいながらも、常に少し距離を置いた関係です。これが例えば僕がカラーにいて、至近距離で庵野さんと付き合っていたら衝突もあり得たと思うんです。庵野さんがやろうとすることは常にすごく大変なことばかりだし、それに庵野さんは、ときに作家としての狂気を孕むこともあると思うんです。そういうのと付き合うことは簡単なことではない。ですから少し距離を隔てた関係性が結果的には良かったのかなあ、と思っています。

　だからこそ思うのは、カラー創立時から庵野さんの隣にいる轟木一騎さんの大きさです。カラーを作る時、庵野さんに「誰と始めるんですか」と聞いたら「轟木というやつがいる」と言いました。長い付き合いの中で初めて聞く名前だったので最初はどんな人なのだろうかと思っていましたが、アニメ界の人ではないが、庵野さんと庵野作品に対する深い愛のある得難い人物だということがやがてわかりました。轟木さんはカラー創立以来、庵野秀明と併走するという大変なことをずっとしている。貴重な存在だと思いますね。

　庵野さんを応援する理由のもうひとつに、庵野さんが持っているアニメと特撮に対する深い愛情と具体的応援への敬意と賛同が挙げられます。庵野さんは新しいものを作ることだけでなく、過去をとても大事にしている。そしてその思いを全国に巡回した展覧会「特撮博物館[1]」の開催、

1　2012年7月10日(火)〜10月8日(月・祝)に東京都現代美術館にて開催され、全国巡回を行った展覧会「館長 庵野秀明 特撮博物館　ミニチュアで見る昭和平成の技」。散逸や破棄によって失われつつあるミニチュア、小道具、設定画などの特撮資料を文化遺産として位置づけ、やがて博物館に整理保存される契機となることを願って全国の資料所有者の協力のもと約500点の資料展示を行った。

アニメ特撮アーカイブ機構（ATAC）[2]の設立と活動、そして須賀川特撮アーカイブセンター[3]の設立といった形で、つまり具体的かつ持続的な形で結実させている。

　2022年の10月に池田憲章[4]さんが亡くなりました。SFドラマやアニメ・特撮のライターで、池田さんの活動は非常に広範囲に及びますが、たとえばアニメについて言うなら初期のガイナックスの『王立宇宙軍 オネアミスの翼』[5]も池田さんの筆によって大きく後押しされていました。その彼が入院しているという情報があった時、庵野さんは即断で「必要な支援をしてあげよう」と決めた。

　庵野さんはアニメにも特撮にも好き嫌いがはっきりありますが、大きなところでアニメと特撮全体に対する愛があり、未来に残すことを考え、実践している。そしてアニメと特撮に貢献してくれた人たちに対して、できるだけ力になろうとする。これは本当に感心するところです。我々の世代からこういう人が出てきてくれたことを、僕は誇らしく思っています。

2　2017年に設立された特定非営利活動法人。散逸や破棄によって失われつつあるアニメや特撮映像に関わる資料を収集、整理、保管、研究、デジタル化し、利活用可能な状態とし、世に広報し、これらの活動の為の人材を育成することを目的に設立された。庵野や高橋含む18名を発起人として発足。理事長は庵野秀明。

3　2020年に開館したアーカイブ施設。ミニチュア、小道具、設定画などの特撮資料の収集・保存・修復及び調査研究と、特撮文化の顕彰・推進及び、来館者への見学を目的に、円谷英二の出身地である福島県須賀川市とアニメ特撮アーカイブ機構（ATAC）によって福島県須賀川市に開館。

4　1955年生。アニメ・特撮ライター、編集者等。アニメ雑誌『アニメージュ』、特撮雑誌『宇宙船』などで執筆した。雑誌『アニメック』で連載した『特撮ヒーロー列伝』で1986年度星雲賞を受賞。OVA『ロードス島戦記』（1990年〜1991年）でプロデューサーを務めた。単著に『これが特撮SFXだ』（1985年）、『ゴジラ99の真実（ホント）怪獣博士の白熱講座』（2014年）。共著・編著多数。2022年10月17日永眠。

5　1987年3月14日公開されたオリジナル長編アニメ映画。株式会社ガイナックス制作。

再び『エヴァ』を作るという庵野秀明の選択について

　庵野さんは、日本の商業アニメ制作はその誕生時からそもそも商売として成立していなかったと言うんですね。確かに、日本初のテレビアニメシリーズ作品である『鉄腕アトム』[6]からして番組制作費だけでは赤字だったと言われています。ではなぜ虫プロ（株式会社虫プロダクション[7]）が『鉄腕アトム』を制作し続けることができていたかというと、明治製菓のマーブルチョコレートというお菓子にアトムのシールをおまけとして付けたからという話があります。このお菓子が当時ものすごい大ヒットとなった結果『鉄腕アトム』は約4年間にわたって制作・放送され、虫プロも存続できた。つまりキャラクターによるマーチャンダイジング収入がアニメ制作に不可欠だったということです。その状況は何ら変わっていないし、今もそうなんだというのが庵野さんの認識です。

　だから庵野さんが自身の会社のスタート時に、新しいオリジナル作品ではなく再び『エヴァ』を選んだのは、非常に理にかなっているんですよね。『エヴァ』はマーチャンダイジングのベースが固まっていた。ただし、マーチャンダイジング収入を継続的に維持するためには新作投入が必要となる。だから自分の手で新作を作る。それによって利益が生まれ、マーチャンダイジングも成長し、さらに新作を作ることが可能となる。このサイクルを始めたのは、アニメ制作以外での収入がなければアニメスタジオが持続しえないという事実を、庵野さんは身に染みてわかっていたからだと思います。

　もしも再び『エヴァ』を作ることを選ばなかったら、今のような大ヒットはなかったかもしれないけれど、この間の庵野さんは確実に随分楽だったはずです。庵野さんほどの人ですから作品を作ってほしいという人や会社は必ずあったはず。声をかけてきたところに企画を出して、そこで作品を作り、また他から声をかけられたらそこで作品を作る。そういうことを繰り返していても庵野さんは活躍していたと思うし、プレッシャーも葛藤も少なかったはずです。しかしその道を庵野さんは選ばなかった。

　庵野さんは昔からヒットに対する欲求が強い。そう評されることがあるようです。実際にそうだったと思いますし、今もそうでしょう。ただ、僕が思うに、それは自己承認欲求とか自分がお金を儲けたいとか、（ちょっとはあるかもしれないけど）そういうことではないんじゃないでしょうか。カラーを作って、しばらく経ったころ、「いつまでカラーを続けるのか」という話をしたことがあります。その時の庵野さんの答えが印象的で、「今回動画の子を採用したから彼らのためにあと20年、いや30年はやりたい」と。その時の年齢でいうと、80歳くらいまではやる、という意味

6　1963年1月1日から1966年12月31日まで放送された、日本初の30分番組のテレビアニメシリーズ作品。総監督は手塚治虫。

7　1961年に手塚治虫が創立したアニメ制作会社。『鉄腕アトム』のほか、『ジャングル大帝』（1965年）、『リボンの騎士』（1967年〜1968年）、『どろろ』（1969年）、『あしたのジョー』（1970年〜1971年）、『哀しみのベラドンナ』（1973年）など多数の作品を制作。1973年に倒産。

でした。様々な人を見てきましたが、こういう考え方をするクリエイターは本当に少ないんです。自分の好きなように作ることができさえすればそれでいい。そういうクリエイターが圧倒的に多いんです。

　継続的にアニメを作っていくために、そしてカラーに集（つど）っているスタッフたちがクリエイティブな仕事に専念できるように、さらに彼らの生活を保障するためにもヒットを生まなければならず、そのためにはより意識的に監督、プロデューサー、経営者をひとりで引き受けて作品作りに当たらなければ実現できないと考えたのではないか。再び『エヴァ』を作ることを選択したのではないか。そのように僕は感じています。

　『シン・エヴァ』で『エヴァンゲリオン』は完結しました。おそらく庵野さん自身の『エヴァ』が作られることはもうない。でも『エヴァ』のマーチャンダイジングは今後もカラーを支えていくでしょう。だって、キャラクターとして残るようなものはそうそう生まれないですから。宮崎駿さんでさえ、大きく言えばトトロだけです。ちなみに、鈴木敏夫さんはもちろん、宮崎さんも「商売」を考える人なんじゃないかと思います。作りたいものを作るだけじゃなくて、売らなければならないということを考えている。本当に優れたクリエイターというのは、クリエイティブだけでなくビジネスも深く考えているのではないかと思います。逆に言うとそれをできる人が、大きな事を成すのだと思います。

　最後に個人的なことを付け加えさせてください。2006年にカラーを創立してから、約15年をかけて「エヴァ完結」という大事（だいじ）をやり遂げた。これだけのことを達成し、やっと大きな荷物を下ろすことができたのだから、今後（監督としての）庵野さんには（特撮もアニメも）好きに作品を作ってほしいと思っています。というより、好きに作品を作れるところにようやく戻ってくることができたのではないか。15年の苦難を乗り越えて、その道程で得たものをもとに次のステージに進むことができるのではないか。庵野さんだけでなく、ずっと庵野さんと一緒に作ってきたカラーの多くのクリエイターたちにも、新しい作品、面白い作品をどんどん生んでほしい。カラーにはそれができると思います。

以下は高橋によるインタビュー記事「本業より魅力的？ なぜか特撮に熱中するふたりのアニメーター」（『アニメージュ』1984年11月号）より抜粋。この時のインタビューが高橋と庵野の初対面だった。

ANIME-LAND・ANIME-LAND・ANIME-LAND・ANIME-LAND

ANIME-LAND ③ 自主特撮

本業より魅力的？ なぜか特撮に熱中するふたりのアニメーター

アニメーターには、実は特撮マニアが多い。

そして中には、それが高じて、自分で特撮映画を作ってしまう連中もいる。アニメでは満たされないものが、特撮というジャンルには存在するのだろうか。

さて、この"ふたり"の考えは……。

「帰ってきたウルトラマン」監督と主役が庵野秀明氏

特技監督　赤井孝美、脚本・設定　岡田斗司夫

バグジェルと戦うウルトラマン。リアルなセットが光る

一方、映画「マクロス」や「ナウシカ」の原画マン・庵野秀明くん（24歳）の場合は、事情がちょっと異なる。彼は、大阪芸術大学在学中に自主制作で「帰ってきたウルトラマン」などの特撮、「DAICON Ⅲオープニングアニメ」などのアニメの両ジャンルにかかわっていたのである。

そして、彼はいま、特撮をやりつづけたいという熱意を持っている。

「どちらがいいというのではなく、ともに魅力あるジャンルです。実際、ぼくの世代はみんなそうだと思うんだけど、子どものころから特撮アニメもやっているし、両方とも見られているんです。特撮もこういうアニメもいいわけがあるんです。

理想としては、特撮とアニメをかわりばんこにやっていけたら、と思います。おのおのの特性を生かした映画をつくっていきたいですね」

アニメはいまひとつおもしろくなくなってきていますが、特撮映画の企画も考えています。今度は、パロディではなく、1本の映画として完成度の高いものを作りたいですね」

庵野くんは、特撮には特撮の、アニメにはアニメのよさがあるという。

「特撮は、奥ゆきのある空間を描写できる強みがあり、アニメにはすべてを現実の制約なく、自在にコントロールできるおもしろさがある。どちらがいいというのではなく、ともに魅力あるジャンル……」

と、自主特撮に熱中する越智くんと、特撮もアニメも両方こなす二刀流作家をめざす庵野くん。アニメーターというわくにとらわれることなく、自分の活躍の場を広げているふたり。ひと昔前までは、存在しないタイプのアニメーターだろう。アニメーターも本業のアニメでも、おもしろい作品を生んでいってほしいと思う。

90

外部評価　紀伊宗之

Muneyuki Kii

略歴

1970年生。映画プロデューサー。東映株式会社映画企画部ヘッドプロデューサー。

1995年　東映映画興行株式会社に入社。広島東映劇場に配属。

2000年　株式会社ティ・ジョイに出向。ティ・ジョイ新潟万代支配人、ティ・ジョイ大泉支配人、広島バルト11支配人、新宿バルト9開業担当、編成課長兼興行課長を歴任。エンターテイメント事業部を立ち上げ、執行役員兼エンターテイメント事業部長に就任。

2014年　東映株式会社に異動。

主なプロデュース履歴

- 『佐賀のがばいばあちゃん』(2006年)／配給
- 『日本のいちばん長い夏』(2010年)／プロデューサー
- 『攻殻機動隊 S.A.C. SOLID STATE SOCIETY 3D』(2011年)／配給
- 『009 RE:CYBORG』(2012年)／製作総指揮
- 『ヱヴァンゲリヲン新劇場版：Q』(2012年)／配給
- 『リップヴァンウィンクルの花嫁』(2016年)／プロデューサー
- 『孤狼の血』(2018年)／企画プロデュース
- 『小さな恋のうた』(2019年)／エグゼクティブプロデューサー
- 『犬鳴村』(2020年)／原案、企画プロデュース
- 『初恋』(2020年)／企画プロデュース
- 『シン・エヴァンゲリオン劇場版』(2021年)／配給
- 『樹海村』(2021年)／企画・プロデュース
- 『孤狼の血 LEVEL2』(2021年)／企画プロデュース
- 『牛首村』(2022年)／企画
- 『シン・仮面ライダー』(2023年)／企画・プロデュース

(ほか多数)

庵野秀明・カラーとの関わり

株式会社ティ・ジョイ[1]のエンターテイメント事業部長時に、フィルム上映からデジタル上映に切り替わったティ・ジョイ系列の映画館に伝送設備を整備して、映画館におけるライブビューイング事業を日本で初めて開始。他のマスメディアが持っている需要や、新規需要を映画館に呼び込んで国内の映画全体の興行収入の1割の額をライブビューイングで売り上げることを目標に、競合他社にもライブビューイングの普及啓発と設備整備の協力を行う（2017年に国内の映画館全体で約180億円を売り上げて目標達成）。

ライブビューイングの売上を快調に成長させる一方、映画自体の売上の大きさに改めて着目し、興行会社としては異例ながらティ・ジョイ自ら映画配給を手掛けることを推し進める。都市型で、熱心なファンがいる劇場アニメ作品の製作・配給はターミナル駅に映画館を持つティ・ジョイに合致すると考え、アニメ業界とも関わりを持ち、配給を手がける。

アニメ業界との交流の中で『ヱヴァンゲリヲン新劇場版：序』（2007年）、『ヱヴァンゲリヲン新劇場版：破』（2009年）のエグゼクティブ・プロデューサーを務めていた大月俊倫に「庵野と話をしてみてほしい」と声をかけられ、2010年頃にプレゼンテーションを行い、『ヱヴァンゲリヲン新劇場版：Q』（2012年）に配給として参加。『シン・エヴァ』でも配給を務める。

1　2000年設立。シネマ・コンプレックス（シネコン）の運営等の映画興行を主事業とし、のちに映画製作・配給も手掛ける。

カラーと「セオリー」について

『：Q』から『新劇場版』に配給として加わったのですが、カラーとの仕事が始まってすぐに、宣伝に対する考えも、アプローチも全く違うことがわかり、カルチャーショックを受けました。僕らには、多数の実績と経験から導き出した宣伝のセオリーというものがあります。僕らはそのセオリーに基づいて思考し、提案するわけですが、カラーの人たちはそれを歯牙にもかけない。じゃあカラーの人たちの言うことに説得力があり、納得感があるかというとそんなことはなく、にわかには理解できない。そんな風にカラーとの仕事は混乱から始まったのですが、とことん付き合っていく中でわかったことは、カラーの人たちは「今この世の中に『：Q』を売り出すにはどうすればいいか」と、ある意味『：Q』のことだけを徹底的に考えているということです。

対照的に僕らは、実績と経験のデータベース群から導き出されたセオリーに落とし込むことを考えていた。カラーの人たちは僕らの考え方とも、使っている言葉も違うけれど、こと『：Q』に関しては僕らのセオリーより余程深く、真剣に考えている。セオリーをあえて無視するとか、奇をてらうとか、そういう考え方でもなく『：Q』にとって最適なことはセオリーだろうがセオリーじゃなかろうが関係なくやる、という考え方です。そこを理解できてからは、セオリーを前提にしてセオリーに嵌めていくのではなく「カラーの人たちが言っていることが正しいことだと認識して、そちらを前提に考えよう」と改めることにしました。

他方でカラーの弱点にも気づきました。カラーは映画館を持っていないので映画館をツールとして使う、映画館に落とし込んで発想する、というところが弱かった。僕らは映画館で仕事を覚えてきましたし、僕らの意思と判断ひとつで動かせる直轄の映画館を持っているので、映画館の活用については最も得意とするところです。カラーの人たちの考えを受け止められるようになってからは、カラーの人たちが抽象的に、感覚的に考えていることを映画館に落とし込んで具体化し、実践までもっていくことができるようになりました。新宿バルト9[1]の壁面への『：Q』の予告上映[2]はカラーの発想と、僕らの発想が結合した到達点のひとつだと思います。

この壁面上映の実施に際して、テレビ局から壁面に投影する映像素材を提供してほしいという依頼が多々ありました。ワイドショーやニュース等で流すときに、現場に集まったファンの映像はカメラで押さえつつ、映像自体は壁面に投影された状態をカメラで撮影したものではなく、正規の高画質映像を使いたいというわけです。セオリーとしては当然、映像素材は提供するべきです。全国放送で綺麗な予告映像を流してもらえるわけですから。でも、全て断りました。この時には僕らもカラーも同調して一枚岩になっていて、『：Q』の宣伝にとって一番大事なことは「ファン

1　新宿区新宿三丁目にある大型シネマ・コンプレックス（シネコン）施設。2007年開業。

2　2012年7月1日21時に「EVA-EXTRA08」として、『：序』『：破』のプレイバック映像と、『：Q』の予告及び『：Q』公開日発表を含む一連の映像を、新宿バルト9のビル壁面に投影させて上映したイベント。雨の中、約5,000人のファンが現地に集まった。

サービス」であると。つまり、わざわざ夜9時に新宿に集まってくれたファンをいちばん贔屓することが『：Q』にとって一番大事なことだと考えていました。現地に集まってくれたファンが最初に、一番良い映像を観るべきだと。

　それが実って、現地に集まってくれたファンは本当に熱狂してくれましたし、盛んにその様子をSNS等に発信してくれました。あの時の盛り上がりは空前絶後です。僕らの宣伝の仕方が正しいと確信できた経験でした。

東宝との共同配給について

　2016年頃に庵野さんから、『シン・エヴァ』の配給に東宝を加えてもいいだろうか、という話がありました。東宝は僕ら東映の競合相手です。でも「全然いいですよ」と即答しました。

　もちろん『シン・エヴァ』は僕らで配給したいと思っていましたが、『：Q』を配給したんだから『シン・エヴァ』も配給させてくださいよ、と言うつもりは僕にはありませんでした。僕としては『：Q』の配給は大成功だったと感じていましたが、カラーとして僕らをどう評価しているかは別問題ですし、それ（『：Q』）はそれ、これ（『シン・エヴァ』）はこれ、というものだと考えていました。また、庵野さんから東宝と『シン・ゴジラ』を作ることを直接聞いた時に、『シン・エヴァ』は東宝配給になるかもしれないと予感していたところもあります。やはり、東宝の配給営業は強いですから。でも、東宝だけに絞られることはなく、僕らも配給に加わった。僕らの宣伝を評価してもらえていると思いました。

　同時にこれは、営業は営業に強い東宝に、宣伝は宣伝に強い東映にという、いいとこ取りでもあります。そしてそれは『シン・エヴァ』にとっての最適解と言わざるを得ません。これより優れている対案は思いつかない。なので「全然いいですよ」と即答したわけです。

　東映と東宝が共同して配給する。これは史上初ですが、おそらく今後も実現しないのではないかと思っています。競合同士なので、東映が出資する作品に東宝を加えるということは普通、あり得ないんです。もちろん逆もしかりです。

　ところが『シン・エヴァ』はカラーが自ら全額出資した「自主製作・自主制作」映画で、僕らも東宝も出資には加わっていません。つまり関係性としては東映も東宝もカラーから発注を受ける「業者」のような立場になるんですね。東宝が儲かったら東映が損をする、ということにはなりませんし、ヒットすればするほど両社とも得られる配給手数料は高くなる。これがもし出資となるとリスクも負うことになりますが、受注なのでリスクもない。東映にも東宝にもメリットしかない。リスクはカラーにしかありません。東映も東宝も惹きつける大きくて魅力的なタイトルを持ったうえで、こんなに大きなリスクを進んで一社単体で引き受けながら、東映と東宝の2社に声をかけることができるような会社が今のところカラー以外にないので、今後もないと感じるわけです。

　そうするとやはり、カラーはこの業界ではアブノーマルな会社に映るわけです。でも、他がやっていないからアブノーマル扱いされるだけであって、庵野さんやカラーからしたら最適解を素直に選んだだけのことです。セオリーから考えるのではなく『シン・エヴァ』のことだけを徹底的に

考えて行動しているから、結果的にそうなっただけです。

　それに現在の日本の映画業界ではなく、日本の映画史に照らして考えるとアブノーマルということでもありません。1950年代にまで遡ると、大映や日活等も自分たちで制作し、配給を外注し、ヒット作を生んでいました。重要なのはそのタイトルにとっての最適解です。

　実際に、東宝の営業は本当に強かった。会社としての体質や姿勢は僕らと東宝で全然違うので、合わないなと感じるところもあるにはありましたし、東宝も僕らに対してそう感じたところはあったと思いますが、担当者同士は会社の看板に関係なく、チームとして一体になっていました。

　仮説としても、結果を見ても、カラー、東映、東宝の三社で配給することが『シン・エヴァ』にとっては明らかに最適解だったと思います。

月曜日公開について

　『シン・エヴァ』は2021年3月8日の月曜日に公開しました。コロナ禍による2020年の公開延期を経て、公開日は2021年1月23日（土）と発表していましたが、2021年1月7日（木）に、翌日8日（金）から緊急事態宣言を発出するとの政府発表を受けて再延期することを決定しました。この時の緊急事態宣言の期間は当初1月8日（金）から2月7日（日）までとされていましたが、3月7日（日）まで延長[3]されました。

　普通に考えると緊急事態宣言が明けて最初の週末である3月12日（金）や13日（土）を公開日にするものですが、それだとあまりにもツルっとしていると感じていました。

　僕は、映画興行というものはお祭りだと思っています。いかに多くの人たちにとってのお祭りにできるか。そう考えたときに最も避けなければならないのは、ただの日常風景としてやり過ごされてしまうことです。非日常とか、不自然とか、違和感とか、ちょっと不協和音が鳴っているとか、そういう「ノイズ」を作らないとお祭りにならないと思っています。

　『シン・エヴァ』でもそういったノイズを起こすことを考えていました。しかし当初の公開日だった1月23日（土）に合わせて、各種の出金を伴う宣伝ごとはもう契約済で、それを解約することはもちろん、宣伝タイミングを動かすこともできませんでした。コロナ禍によってある意味、無駄撃ちで予算をほとんど使ってしまった形です。なので、お金をかけてノイズを起こすことは

3　政府は2021年1月7日（木）に、1月8日（金）から2月7日（日）までを期間として緊急事態宣言を発出。2月1日（月）に、3月7日（日）までの期間延長を決定。3月5日（金）に、3月21日（日）までの再延長を決定。『シン・エヴァ』は2月26日（金）に3月8日（月）の公開を発表した。緊急事態宣言の再延長によって緊急事態宣言中の公開となったが、劇場における感染対策の有効性が検証され、かつ継続的に各劇場にて感染対策がなされていたこと、感染リスクを軽減する鑑賞マナーが定着したこと、その結果2020年の流行の始まりから、単日の国内新規感染者数（当時）が最大となった2021年1月を経て、2月に至っても一度も劇場利用に起因するクラスター発生が報告されなかったことを鑑み、3月8日（月）の公開を変更しないこととした。『シン・エヴァ』と新型コロナウイルス感染症をとりまく状況は2-9「新型コロナウイルス感染症の影響と対応」も参照されたい。

もうできません。そんな条件下のもと1月、2月とずっと考え続けて思いついたものが月曜日公開です。公開日をノイズにしてしまう、ということです。データとかセオリーで発想したのではなく、ひたすら考え続けて思いついたもので、いわば「勘」です。

『シン・エヴァ』が完成していることは年末にSNSを通じてファンに報告しています。「いよいよ観ることができる」とファンの気持ちは非常に高まっていた。でも再延期によってその気持ちはいったん落ち着いてしまっている。もう一度こちらを向いて、もう一度気持ちを高めてもらうには「始まるよ」というお知らせの、そのお知らせの仕方にかかっていると思っていました。「あ、始まるんだ」ではなく、「えっ、始まるの⁉」という気持ちを作らなければならない。そして月曜日公開は、もう一度こちらを勢いよく振り向いてくれるお知らせになるのではないかと。

まず、僕の周囲は大反対です。前例がないので東宝も反対だし、カラーは反対とまでは言わないけれど逡巡がある。そりゃそうだと思います。「月曜公開にしたとして、初日どのくらい入ると思います?」と聞かれて「それはやってみないとわかりません」と僕も包み隠さずあけすけに答えましたから。『:Q』からの長い付き合いの中で、初めてカラーの人たちとツーカーで合致しなかったのが、この月曜日公開だと思います。意見が衝突して侃々諤々ということではありません。考え方に齟齬はなくて、向いている方向は同じなんです。そのアイディアはわかる。しかしあまりにもギャンブルなアイディアである。ギャンブルをするか、やめておくか、という、答えのないところで議論があったということです。

最終的には庵野さんに直接プレゼンすることになりました。「予算はない。しかしノイズは作らなければならない。僕は月曜日の公開というのがノイズになると思うので、月曜日に公開するべきだと思う」と。そうしたら庵野さんは「うん、いいんじゃないですか。それで行きましょう」と即決し、その場で3月8日の月曜日公開が決まった。驚きましたね。

『シン・エヴァ』は公開日に53万9,623人を動員しました。これは月曜日の観客動員数として、日本の映画興行史上最高記録です。ただ、月曜日公開が『シン・エヴァ』にとって本当に良かったことなのか、金曜日や土曜日公開に比べてより効果があったのかはわからないです。検証のしようがないですから。でも、月曜日に公開されたこと、そして月曜日から週末にかけて流れていたあの異様な雰囲気や熱気を、ファンの方々が当時面白く感じてくれていたり、今もどことなく覚えてくれたりしたなら、それだけが月曜日公開がうまくいったと言える唯一の証左だと思っています。

興行収入100億円達成について

公開から2週間ほどの興行収入推移を見て、『シン・エヴァ』の最終的な興行収入は85億円だと考えました。カラーの緒方さんも、東宝も同じ見解でした。緒方さんには「100億円到達には実弾（劇場特典配布）しかないと思う。それもちょっとした特典をいくつも投入するようなことではなく、大きな波紋を作れる特殊な一撃を放り込まないといけない」と伝えました。緒方さんは「『:Q』の前日譚的な物語というものがある。それをカラーのスタッフの手で漫画にしてみるのは

どうだろう？」、「それはいける」と。これが劇場特典冊子の「EVA-EXTRA-EXTRA」の発端になりました。

「EVA-EXTRA-EXTRA」は『：Q』の前日譚「EVANGELION:3.0 (-120min.)」のほか、『シン・エヴァ』に参加してくれたクリエイター陣によるイラスト等を加えた36ページの冊子になり、100万部を用意しました。全てを配布できる＝プラス100万人が鑑賞してくれるということなので、計算上はプラス約15億円になり、100億円に到達します。しかしもちろん100万部を用意した＝100万人が観に来てくれる、というわけではありません。でも何もやらなかったら85億円で終わる。他方で、僕らは『シン・エヴァ』という作品に自信があった。100億円に届く力を持った作品だと思っていました。

「100億円に届く力を持った作品」というのはつまり、尋常じゃなく強度がある作品ということです。強度があるというのは、僕の考えでは企画、脚本、表現や、庵野さんがよく言うアングルや編集といった様々な要素と、その面白さが、トータルでガシッと組み合わさっているものだと思っています。もっと感覚的に言うと、観終わったあとに「クソおもろかった！」と感じる作品です。ただ「おもろかった」ではなく、頭に思わず「クソ」と付けてしまう。

でも、映画というのはそもそも、大体が面白いんです。つまらないと感じる映画があったとしても、ほとんどは相対的につまらないだけなんです。映画というのは大金をかけて、膨大な時間と才能と方法論を注ぎ込んで作られるものなので、フラットに観たらどんな映画もまあまあ面白い。そんななかで『シン・エヴァ』は圧倒的に面白い、つまり「クソおもろい」作品だと僕らは思った。

公開前のリサーチでは『シン・エヴァ』の予測興行収入は60億円でした。でも、その予測値には作品強度と、それが引き起こす波紋がパラメータとして組み込まれていなかった。もちろん、そんなものを事前に組み込むことはできません。公開されてお客さんの反応を見るまではわからないし、公開から随分時間が経過した今になっても具体的にはその正体はよくわかってはいません。興行というのは水ものだと感じます。予想外の何かが起きることも、全く何も起きないこともある。いつまで経ってもよくわかりません。ただ、それでも僕らは『シン・エヴァ』を観て100億円の力があると思った。そして作品がその力を持っているのだから僕らのアイディアやアクションで力を引き出して、100億円までもって行ってみせるという気迫が皆にあった。それは大事な働きをしたと思います。

「EVA-EXTRA-EXTRA」は大盛況で、100万部を配りきりました。それは「EVA-EXTRA-EXTRA」が素晴らしい特典だったからですし、『シン・エヴァ』が「クソおもろい」作品で、特典にかこつけてまた観に行きたくなる作品だったからだと思います。

プロデューサーとして見た、プロデューサー庵野秀明について

配給を御し、興行を御し、マーケットを読んでアイディアを出し、実現させるという「こと作り」が僕の得意とするところです。こういう「こと」をしたらお客さんは喜んでくれるんじゃないかな、という「こと」を、出来上がってきた「もの（作品）」をもとにして考える。なので僕は、「こ

と」を始めるための「もの」については監督に委ねています。

　庵野さんは、監督として「もの作り」をしている最中から同時にプロデューサーとして「こと作り」まで見据えていると思います。監督として「もの」を作りながら、同時にプロデューサーとして「お客さんはこういう気分、こういう期待や不安を持ってこの映画の公開を待っていて、こういう画やシーンを観たくて、あるいはこういう画やシーンは予想だにせず映画館に足を運ぶはずで、観終わったあとにこういう話で盛り上がったり、こういうものを買って手元に置きたくなるはずだから、こういう画や、シーンや、セリフを作品に入れなきゃだめだ」と、「もの」を超えて「こと」まで考え、「こと」まで取り込みながら「もの作り」をしていると思います。プロデューサーの自分が監督の自分に注文をつけたり、その逆をしたりというせめぎ合いをしている。僕はプロデューサーとして自分をそういうところまで追い込めていません。「出来上がったもの」をどうするかには深く踏み込めるけれど、「作っている最中のもの」にまでは踏み込めていないところがあります。なので、プロデューサー庵野秀明は僕の遥か先にいると感じます。

　『：Q』、『シン・エヴァ』、『シン・仮面ライダー』と、庵野さんとの大きな仕事を３本経たことで、プロデューサーとしての自分は変化したと感じています。より作品に踏み込もうと思うようになりました。プロデューサーとしての自分の考えと、監督のクリエイティビティを作品の中で折り合わせて、作品をトータルデザインする。そういう課題を持つようになりましたね。

プロデューサーとして見た、監督 庵野秀明について

　庵野さんは、僕というプロデューサーからしたら、めちゃくちゃやりやすい監督です。僕が監督に求めることはシンプルで、作品の強度を上げることです。そしてそれは、何も言わなくても庵野さんは勝手にやります。こんなにやりやすいことはありません。

　一般的にプロデューサーと監督は、予算とスケジュールに関して対立します。ただ、僕が特殊なところがあるのかもしれませんが、いいものを作るためにお金と時間がかかるのは当然だと思っているんですね。例えば、予算は会社が決定するものです。でも、その予算＝適正な金額、ということではなくて、会社が「まあこのぐらいでやれよ」と言っているくらいのものだと思っています。僕は「興行収入がこのくらいまで行くのなら、別にもっと使ってもいいじゃん」というように考えます。全てが終わって、結果が決まってから、かかったコストが適正だったかどうかが決まるはずです。最初に予算を「適正」な値として扱うというのは、結果に対する責任が曖昧になると思います。責任のバトンを持たずに済むようになってしまう。「適正」予算内で作ったんであとのことは関係ないですから、というふうに。

　もちろんお金も時間もいくらでも使っていいということはなく、自分にとっての許容限度というものはあります。「これ以上使われたら俺、よう勝たんわ」というところはある。でも自分にとっての限度内であれば、作品が完成した時に「適正」な予算やスケジュールに収まっていなかったとしても、プロデュースの力によって勝たせることができると考えています。それがプロデューサーの仕事です。僕は、興行に対する全ての責任はプロデューサーにあると考えているし、それを

明快にしています。プロデューサーとして責任を取るために、大きな判断に関与するし、皆が嫌がる判断もします。

　庵野さんは作りながら考えて、作りながら変化していくので、予算もスケジュールも計画どおりに行かないことがあります。でも、計画どおりに進めることが最重要ではないんです。「これくらいでやろうって話したじゃないですか、監督」なんて言うことには何の意味もない。監督には作品強度を上げることにベストを尽くしてもらう。そしてそれにかかったコストはプロデューサーが回収してみせる。そうすれば、失敗はどこにもないんです。

『シン・エヴァ』の功績

　映画宣伝というのは両極端で、事前に情報をオープンにして公開するか、クローズのまま公開するかの2つです。そして商業映画においては99.9パーセントは事前に情報をオープンにします。『シン・エヴァ』は0.1パーセント側でした。

　確かに『シン・エヴァ』は『：Q』の時よりも情報をかなりオープンにしています。カラーの人たちの自己認識としては『シン・エヴァ』は明確にオープンに舵を切ったと考えていると思います。実際に『：Q』よりも多彩で、多くのことをやりました。でも、『エヴァ』以外を多く知っている僕からすると『シン・エヴァ』も全然クローズでした。

　全く情報を出さず、クローズのまま映画を公開したら世の中がどう動くか。カラーと仕事をすることで、僕はそれを初めて経験しました。世の中の商業映画には基本的にオープンなものしかないなか、クローズなものが現れたことで、両者の距離がどれくらいあったのかを理解できたし、世に示したと思います。つまり、これまではオープンという1点しかなかった。そこにクローズというもう1点を置いた。2点あることで線が引けるようになり、その距離を導き出した。そして距離を示しただけでなく、クローズでも100億円を達成できることをも示した。これは『シン・エヴァ』の大きな功績だと思います。めちゃめちゃ面白い仕事でした。

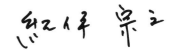

外部評価　鈴木敏夫

略歴

1948年生。映画プロデューサー。株式会社スタジオジブリ代表取締役プロデューサー、公益財団法人
　　　徳間記念アニメーション文化財団副理事長。

1972年、株式会社徳間書店に入社。『週刊アサヒ芸能』、『月刊テレビランド』で編集を務める。

1978年　『アニメージュ』の創刊に参加。

1982年　『アニメージュ』副編集長に就任。

1984年　『風の谷のナウシカ』にて映画プロデュース業務を経験。以後アニメージュ副編集長とプロ
　　　デュース業務を兼務。

1985年　株式会社スタジオジブリの設立に参加。

1986年　『アニメージュ』編集長に就任。以後アニメージュ編集長とプロデュース業務を兼務。

1989年　スタジオジブリに出向し、以後スタジオジブリの専従に。

1990年　株式会社徳間書店を退社し、スタジオジブリの取締役に就任。

1995年　スタジオジブリ常務取締役に就任。

2001年　財団法人徳間記念アニメーション文化財団の理事に就任。

2004年　東京大学大学院情報学環特任教授に就任（任期5年）。

2005年　スタジオジブリ代表取締役社長に就任。

2008年　スタジオジブリ代表取締役プロデューサーに就任。

2011年　公益財団法人徳間記念アニメーション文化財団の副理事長に就任。

2014年　第64回芸術選奨文部科学大臣賞を受賞。

2022年　第49回アニー賞にてウィンザー・マッケイ賞を受賞。

著書に『ジブリの哲学　－変わるものと変わらないもの－』（2011年）、『風に吹かれて』（2013年、2019年に文庫
版Ⅰ・Ⅱ巻刊）、『鈴木敏夫のジブリ汗まみれ』（全5巻・2013年～2016年）、『仕事道楽 新版－スタジオジブリの現
場』（2014年）、『ジブリの文学』（2017年）、『南の国のカンヤダ』（2018年）、『天才の思考－高畑勲と宮崎駿』
（2019年）、『新・映画道楽 ちょい町哀歌』『ALL ABOUT TOSHIO SUZUKI』（2020年）、『読書道楽』（2022年）な
ど多数。『シン・エヴァンゲリオン劇場版』では協力として携わる。

主なプロデュース履歴

- 『風の谷のナウシカ』（1984年）／製作委員会
- 『天空の城ラピュタ』（1986年）／製作委員会
- 『となりのトトロ』（1988年）／製作委員会
- 『火垂るの墓』（1988年）／（ノンクレジット）
- 『魔女の宅急便』（1989年）／プロデューサー補佐

- 『おもひでぽろぽろ』（1991年）／プロデューサー
- 『紅の豚』（1992年）／プロデューサー
- 『平成狸合戦ぽんぽこ』（1994年）／プロデューサー
- 『耳をすませば』（1995年）／プロデューサー
- 『On Your Mark』（1995年）／プロデューサー
- 『もののけ姫』（1997年）／プロデューサー
- 『ホーホケキョ となりの山田くん』（1999年）／プロデューサー
- 『式日』（2000年）／製作
- 『千と千尋の神隠し』（2001年）／プロデューサー
- 『猫の恩返し』（2002年）／製作プロデューサー
- 『イノセンス』（2004年）／共同プロデューサー
- 『ハウルの動く城』（2004年）／プロデューサー
- 『ゲド戦記』（2006年）／プロデューサー
- 『崖の上のポニョ』（2008年）／プロデューサー
- 『借りぐらしのアリエッティ』（2010年）／プロデューサー
- 『コクリコ坂から』（2011年）／プロデューサー
- 『巨神兵東京に現わる』（2012年）／製作
- 『風立ちぬ』（2013年）／プロデューサー
- 『かぐや姫の物語』（2013年）／企画
- 『思い出のマーニー』（2014年）／製作
- 『ガルム・ウォーズ』（2016年）／日本語版プロデューサー
- 『レッドタートル　ある島の物語』（2016年）／共同プロデューサー
- 『アーヤと魔女』（2020年）／プロデューサー

（ほか多数）

庵野秀明との出会い

　僕と庵野は古い知り合いで、出会ってからもう40年になろうとしています。年齢はちょうど一回り違い。初めての対面は『風の谷のナウシカ』[1]を作っていた最中です。学生だった庵野が自分の描いた原画を大量に持って突然現れた。その様子は今も強烈に覚えています。というのも庵野は、何かをしでかすに違いない、というどこか危険な気配を纏っていたから。

　宮さん（宮﨑駿）は原画をその場で見て「明日から来なさい」と即決で採用。宮さんはどこの馬の骨とも知れない庵野に、巨神兵が大暴れして、そしてドロドロに溶けていくという映画終盤の大変なシーンを任せるんだけど、迷いはなかった。この大変なシーンはプロじゃない方が一生懸命やるに違いない。その方が粘りのあるシーンになるに違いない。そういう直感があった。庵野は本当によく頑張ってくれて、思ったとおり粘りのあるアニメーションを作り、映画のクライマックスを飾ってくれました。

　ジョン・フォードというアメリカの映画監督に『静かなる男』[2]という作品があります。映画のラストは男ふたりが延々と殴り合いをするんですが、宮さんはこの映画が好きだったからか、このシチュエーションは『紅の豚』[3]で使われます。ただ、ジョン・フォードのそれと比べると、なにかあっさりしているようにも感じていたんですね。

　ところが『ナウシカ』の巨神兵のシーンは庵野の作画のおかげで強い粘っこさがある。これによって映画を「観た」という感情が湧く。もしここがあっさりしていたら映画として成立しない。だから僕は改めて映画は表現ありきだと思った。ストーリーも大事なんだけど、それよりもシーンをどうやって構成して、どう描き、成立させるか。それが大事なんだと改めて思った。僕は『ナウシカ』で庵野の仕事を見て、庵野への感謝の念が生まれたんです。宮さんもすごく感謝しています。自分が想像していた以上の仕事を、庵野という若い青年がやってのけてくれた。そして庵野も宮さんの仕事を間近で触れて、この人は信頼できると確信した。宮﨑駿と庵野秀明の強い結び付きはこの時に生まれたんです。

　ちなみに、これは庵野がどこかで発言していたと思うんだけど、庵野によれば『ナウシカ』には幻の絵コンテがあった。それによれば巨神兵は溶けずに王蟲の大群と真っ向からぶつかって大立ち回りを演じる、というものだったようです。諸般の事情でそれは無くなり今の形に変わるわけですが、庵野は今もってそれが実現しなかったことを悔しがっているらしい。で、僕が推測するに宮さんは多分、巨神兵と王蟲で『静かなる男』をやりたかったんじゃないかなってね。こんなこと本当は勝手に言ってはいけないんだけど、ま、いいでしょう。もう宮さんも正真正銘じいさん

1　1984年公開。原作・脚本・監督は宮﨑駿。プロデューサーは高畑勲。

2　1952年公開。アカデミー監督賞、アカデミー撮影賞受賞。

3　1992年公開。原作・脚本・監督は宮﨑駿。プロデューサーは鈴木敏夫。

になったし、今度こそ引退しますから。

『ナウシカ』で庵野との付き合いが始まり、付き合っていくうちに腕がいいというだけでなく、いい奴だってことがわかってきた。アニメを使って一儲けしたいという輩が多かった中、そんなことよりもまず第一に作品を作ること。それが何より先立っていた。だからすごく信頼が置けた。そんな風に付き合いが始まり、付き合いが続き、今も庵野が何かやろうとしてるときは気になっちゃうわけです。

庵野秀明との付き合い

庵野は半年に1回、年に1回みたいな形で定期的にジブリに遊びに来てくれてたんです。結構面倒くさい話なんかも持ってきたりすることがあった。例えば前の『エヴァ』の劇場版[4]がヒットして、お金がいっぱい入ったらしい。それで訪ねて来て率直に言ってくるんです。「スタッフみんなに配分したい。ついてはそれを合法的にやる方法を教えてください」とかね。で、自分の知る限りの知識を一応伝える。こういう時はどうしたらいい、ああいう時はどうしたらいい、って、そんな交流を何年にもわたってずっとやっていたんです。

するとある時突然、会社を作ろうと思っている、なんて言い出した。えっ、なんで？って驚いて理由を聞いたら庵野の名台詞ですよ。「いや、だから、なんで人は会社を作るか知りたい。鈴木さんはなんで会社（スタジオジブリ）を作ったんですか」って。仕方なくホワイトボードを目一杯使って頑張って説明した。で、その後、高橋望に加勢してもらって、本当に会社の設立に向かって動き始めた。それがカラーになるわけです。

弁護士さんや税理士さんも紹介したんだけど、ある時その弁護士さんが言った。「鈴木さん。庵野さんって経営が好きですね」と。え、あいつが？と驚いたんだけど、曰く「庵野さん、鈴木さんがホワイトボードに書いた説明、全部ファイリングして持ってますよ」って。ホワイトボードにプリント機能が付いていて、その時の説明書きを庵野はプリントアウトして、ずっと取っておいたみたいなんです。むちゃくちゃ真面目だな庵野、と思いましたね。そしたら庵野と会ったある日、「決算書って面白いっすね」とか言ってくる。これにもびっくりさせられました。「なに、お前が経営やってんの？」「だってしょうがないじゃないすか」って。

こんなこともありました。ある時庵野が、貴重な特撮資料が日々散逸したり破棄されたりしている、このままでは特撮の文化も技術も消えてなくなってしまうと、特撮が直面している窮状を熱心に説明してきた。その熱意に感心していると「三鷹にジブリ美術館があるでしょう。その隣に特撮資料の博物館を作りましょう」と言う。そんなに簡単じゃないんだよ！って答えたんだけど、一緒にいろいろ考えて最終的に『館長 庵野秀明　特撮博物館　ミニチュアで見る昭和平成の技』という展覧会にまとまりました。特撮資料を展示するためには個人所有者も含めて様々な人

4　『新世紀エヴァンゲリオン劇場版 シト新生』(1997年公開。総監督 庵野秀明、監督 摩砂雪、鶴巻和哉) 及び、『新世紀エヴァンゲリオン劇場版 Air／まごころを、君に』(1997年公開。総監督 庵野秀明、監督 鶴巻和哉、庵野秀明)

の協力を仰ぐわけですが、それによって今現在どこに、誰が、どんな特撮資料を持っているかを把握し、特撮資料の目録が作れると考えたわけです。それはうまくいき、のちの「アニメ特撮アーカイブ機構」の設立にも繋がった。

　その『特撮博物館』のポスタービジュアルは僕が作ったんですね。キャッチコピーは「エヴァの原点は、ウルトラマンと巨神兵。」とした。お客さんに振り向いてもらうためにはある種強烈な言葉が必要だし、エヴァを持ってくることで特撮を現代に結びつけることができると考えたんです。周囲は、これは庵野さんが一番嫌がるコピーですよ、なんて言ってたんだけど、僕は庵野がどんな反応を示すか興味があった。そしたら「あ、いいんじゃないすか」ってすんなり。庵野が『ウルトラマン』から強い影響を受けていることは本人が昔から公言してるし、それが高じて実際に演じたりもしているけれど、その反応を見てやっぱり庵野にとって巨神兵も大きなものだったんだな、と思いました。あとは彼の宣伝センスです。このポスターとコピーはお客さんが来てくれると判断したのでしょう。実際、集客の点でもこの展覧会は大きな成功を収めました。

　そんなこんなで、今度は『シン・エヴァ』です。庵野が『シン・エヴァ』は多くの人に観てもらいたいと。ならば配給営業には東宝の力が必要になる。関係者を引き合わせる集まりを開いてみたらトントン拍子に話が進んで、東宝としても『シン・エヴァ』をぜひやりたいと言ってくれた。これがご縁になって『シン・ゴジラ』にも繋がっていったし、庵野としても『シン・ゴジラ』を手掛けたことで『シン・エヴァ』制作には沢山の良い影響があったらしい。結果的に非常にうまくいきましたね。

　庵野とは、いろいろやってきました。

庵野秀明の特性

　庵野は結婚披露宴の司会がものすごく上手いんです。ある人の披露宴で僕は宮さんと隣同士で出席していました。そしたら庵野が司会をやっていて、平気で「ではここで、愛の接吻を」とか言うんです。そしたら宮さんが「やめろ！ そんなことしたら、俺はこの結婚を認めない！」とか野次って大騒ぎするんだけど庵野は受け流しながらすっとぼけて「では抱き合って、接吻を」とか言ってね。庵野が言うちょっとした一言がものすごく効果的なんです。すごく楽しくて幸せな披露宴だった。なぜか縁があって庵野の司会を見る機会が何度もあったんだけれど、彼の司会は抜群に上手い。

　何を言いたいかというと、庵野はきっと、人を喜ばせることが好きなんですね。なぜなら、司会をしている時の庵野は本当に嬉しそうだから。庵野は褒められて喜ぶ人間ではない。庵野は人のために何かをなして、その人が喜ぶ様子を見て、自分の喜びとするタイプなんじゃないかと思います。

　宮さんにもそういうところがあります。これは宮さんの息子、宮崎吾朗が言っていたんですが、例えば建物や部屋なんかを作るとき、宮さんが徹底することはお客さんに喜んでもらうようにすることです。つまりサービス精神。では出来上がった建物や部屋を、作った本人の宮さんが好き

かというと、実は好きじゃないんです。他方、僕も部屋を作るのが好きでね。宮崎吾朗に言われました。「鈴木さんはまず自分の居心地のいい場所を作りますよね。それをついでに人に見せているんです」と。なるほどと思いました。僕とは対照的に、宮さん自身の好みとか居心地の良さは、具現化されない。「だから親父は可哀想ですよ」と。ただ、庵野と宮さんの違いは、宮さんはこの期に及んで人に褒められると嬉しいんです。褒められると本当に幸せそうな顔をする。

　庵野の仕事の仕方を見ていると、最初から自分が手を下す、ということをしませんね。まずは誰かにやらせてみる。出来上がってきたものに意見を言ったり、手を入れたりする。それを繰り返す。つまり庵野は人を信用して任せる、ということができるし、まとめ上げる力がある。こういう作り方は、日本ではありそうでなかなかないんです。こういう作り方をするのはむしろアメリカです。僕の知っているアメリカの映画監督は、日本でいうとプロデューサーなんです。何をするにも必ず複数人との掛け合いで進める。ジョン・ラセター[5]もそうです。自分ひとりで決めるということがない。日本では、ひとりの人間が考えたものを寄ってたかって作ることがほとんどです。宮さんが典型的です。全部自分ひとりで考えてひとりで決めます。極めて独善的です。高畑さんだってそうです。高畑さんは一見すると人にやらせているんだけど、実際はすべて自分ひとりで決めている。

　対して、庵野は大勢の意見を聞く。クリエイターじゃない人にまで聞く。その結果、自分がいいと思っているもの、好きなもの、これがやりたくて始めたのに、というものまでも取り下げることをする。生まれながらのプロデューサー的な人間です。僕も始終人の意見ばかり聞いてる奴だから、そこは似ていると感じます。

　庵野は、多くのお客さんに喜んでもらうために客観性を大事にする。高畑さんも客観的であろうとし続けた人です。でも結果としては、やはり高畑さんも宮﨑駿と同じタイプです。本当に客観を徹底し、サービス精神を徹底しているのは庵野ですね。

『シン・エヴァ』について

　『新世紀エヴァンゲリオン』は一気に観た覚えがあります。当時は知らなかったんだけれど、やがて承認欲求という言葉を知りました。「自身の存在と価値を他者に認めてほしい」という願望。若い人たちにあれだけ『エヴァ』が観られていたのは、若い人たちがその願望に共鳴し、自身を重ねていたからでしょう。とにかく『エヴァ』はすごく新鮮で、驚きで、面白かった。

　ひとつ触れざるを得ないのは、2000年に庵野が監督した『式日』についてです。定期的に庵野

5　1957年生。映画監督、プロデューサー。アメリカ合衆国出身。監督作に『トイ・ストーリー』（1995年）、『バグズ・ライフ』（1998年）、『トイ・ストーリー2』（1999年）、『カーズ』（2006年）、『カーズ2』（2011年）など多数。製作総指揮作に『モンスターズ・インク』（2001年）、『ファインディング・ニモ』（2003年）、『WALL・E／ウォーリー』（2008年）、『トイ・ストーリー3』（2010年）、『アナと雪の女王』（2013年）、『ズートピア』（2016年）、『リメンバー・ミー』（2017年）など多数。宮﨑駿をはじめ、スタジオジブリとは長年の交友関係にある。

がジブリにやってきて著作権とか組織運営とかそんな話ばかりしていた中、庵野がある時突然企画をやりたいと言ってきた。アニメではなくて特撮の企画です。その時の企画書を僕はいまだに持っています。

　その企画を進めていくうち、庵野の気分がその特撮の大型作品ではなく、段々と非常に個人的な方向に興味を示していくようになった。それが『式日』になるわけです。驚いたのは、『式日』が庵野自身を極めてあからさまにした映画だったことです。こんなの世に出していいんだろうか、と思った。

　庵野は確かに経営や商売の才能がある。しかし彼にとって一番先立つのはやはり作品です。しかも彼の作品は一貫して非常に個人的なテーマで、それは「自身の存在と価値を他者に認めてほしい」。『式日』は極めて珍しく庵野も出資側も最初から興行を度外視して作ったアート系の作品だけど、アートだろうが大作だろうが庵野は一貫している、ということを『式日』で思い知りました。

　ようやく『シン・エヴァ』の話に繋がります。僕は映画において、ポスターとキャッチコピーはとても重要だと考えています。庵野もおそらくそうです。だから庵野にいたってはどちらも自分でやりますね。今回のコピーは「さらば、全てのエヴァンゲリオン」。

　ある時、庵野からメールが送られてきたんですね。何かなと思ったら『シン・エヴァ』の脚本が添付されていた。大変驚きましてね。ちょっと待ってくれと。俺関係ないじゃん、読みたくないよ、と。その後庵野は何も言ってこない。悩みに悩んで、仕方ないから読んだ。衝撃でしたね。『シン・エヴァ』はここに行くのか、と思って。

　『新世紀エヴァンゲリオン』は「自身の存在と価値を他者に認めてほしい」という願望を表したアニメだった。若い人たちみんなが、意識的、無意識的にそう思っていた時、それを表現してくれたのが庵野だった。あれだけヒットして社会現象になったのには様々な要素があると思いますが、一番大きなのはそこでしょう。けれどあれから時を経て最後の映画で「さらば、全てのエヴァンゲリオン。」と言った。

　庵野は僕らとは全然違うところで映画を作っているから、これ以上のことは僕にはわからない。でも、25年前から一貫して「自身の存在と価値を他者に認めてほしい」で作り続けて、最後に「さらば、全てのエヴァンゲリオン。」にたどり着いた。それは、すごいことだと思いますね。

庵野秀明という監督、プロデューサー、経営者

　宮さんと庵野のキャリアは相似しているところがあります。二人が47歳の時に『となりのトトロ』と『：序』、48歳・49歳で『魔女の宅急便』と『：破』、51歳・52歳で『紅の豚』と『：Q』、56歳で『もののけ姫』と『シン・ゴジラ』、60歳で『千と千尋の神隠し』と『シン・エヴァ』。

　二人の歩みは同じような足跡をたどっている。庵野がそれを意識しているのかはわからないですけどね。ただ庵野は自身の監督作品ではプロデューサーもやるし、同時に社長として会社経営もしている。この点は宮さんとは明確に異なるところですね。

　ある仲間内の集まりで、庵野に目の前でこう言われたことがあります。「僕はひとりでやってき

た。僕に鈴木さんはいなかった」。自慢とか自負を言葉にしたのではありません。その孤独を訴えたんです。庵野は僕の目の前で滔々と、長い時間にわたって述べた。その時の庵野は鬼気迫っていて、迫力があって、とにかくすごかった。でも僕は、彼が思いを言葉にしてくれたことがありがたかったし、嬉しかった。

　別の時には、庵野はこんなことを言っていました。「70歳までやりますから」って。なんで？と聞いたら「宮さんがやってますから」と。庵野は監督をしばらくやめる気がない。まだ計画がある。そう思いましたね。まぁその後、宮さんは引退を撤回し、80歳を超えてなお映画を作っている最中なわけですが。この様子を見て庵野は何を感じているでしょうね。

　会社の名前を「カラー」に決めたことは、この先も大きな意味を持つと僕は思っています。僕は、自分たちが起こした会社に自分たちの名前を入れるか入れないか、ということをすごく重要な問題だと考えているんです。そこには、会社と自身の関係性をどう捉えているかが表れるからです。自分の名前を入れないということは、会社と自身を最終的には同一化できないし、同一化されないでしょう？

　庵野が監督を、プロデューサーを、経営者を実際のところ何歳までやろうと考えているか、何歳までやれるのかはわからない。でも、彼は根っこがオタクですからね。自分が幼少期、少年期にのめり込んでいたものの再現を、創作を通じてこれからも試みていくでしょう。だって、いまだに大好きですからね。どうせ80歳になってもまだ模型とかフィギュアとかを触っていますよ。きっと死ぬまでそうです。

7章

プロジェクト総括　庵野秀明

ver1.00（2023年1月20日版）

本章では、本プロジェクトの企画、原作、脚本、画コンテ、原画、エグゼクティブ・プロデューサー、総監督を務めた庵野秀明によるプロジェクト総括を行った。

補記1　本総括は問を立てて、それを庵野が検討し答える、という問答の形で行った。答えがあるものを「問」、答えはないが検討を試みたものを「試考」とし、11の問と2つの試考に区分した。

補記2　将来的な総括の修正・更新・変化が阻害されないよう、ver1.00（2023年1月20日版）と付記した。

試考1　総括するとは、何をすることか

試問1-1:

前提として、総括とは何をすることで、何のためにすることだと考えますか?

試考1-1:

　総括というのはとても曖昧な言葉だと思います。言葉通りに読み取ると「まとめること」だと思いますが、それは切り口次第でいかようにも変わってしまうものです。その前提のうえで考えてみると、総括には、それを行うことで物事をはっきりさせる機能があるのではないかと思います。そのため総括は、日本社会にはあまり向かないように感じるところがありますし、向いていないことだから日本社会では総括があまりされてこなかったのかもしれません。

　日本社会では、曖昧であることを美徳として扱うところがあると感じます。責任の所在をはっきりさせず玉虫色にする。なるべく特定の責任者を作らず、責任を曖昧にしているのではないかと思います。他方で、うまく事が運んだものに対しても同様だと思います。特定の誰かの手柄であることが明瞭になってしまうと、困ったことになるのだと思います。総括というものをしてしまうと、そのどちらも特定されることになります。それは日本社会的な美徳に反するものです。

　ほかにも、日本語という言語が影響しているところもあるのかもしれません。日本語は曖昧で、はっきりしないところのある言葉です。これには良し悪し含めた様々な効用があると思いますが、これを使う私たちの思考は、はっきりさせることに向いていないのかもしれません。

　総括と似たような使われ方をしている言葉に「反省」があると思います。そして「反省会」というものはしばしば行われていると思います。でも、反省会が活かされることは、まずないのではないかと思います。というのも反省会は、自己満足の域や、個人的な教訓の域を超えることがなかなかできないもののように思うためです。反省の結論はおおよそ、うまくいったことは次もやり、うまくいかなかったことはやめておこう、というものだと思います。これを発展させて方法論に育て、組織や社会にまで展開させることができれば、それは自己満足の域を超えたものだと思います。ですが現実的には、個人レベルでできることに帰着してしまうのではないかと思います。

試問1-2:

　そのうえであえて総括をするとき、商業アニメ制作プロジェクトにはどのような総括の形があると考えますか?

試考1-2:

　プロジェクトの成果が、作品という「クリエイション」の性質を纏うものに対して総括を行うことは、やはりかなり難しいと感じます。

　勝ち負けが明瞭な「ゲーム」的性質のあるものは、比較的総括がしやすいのではないかと思います。例えば将棋なら勝敗という明確な結果、「決着」が必ずあります。その結果に対して、感想戦や研究などを経て、失着や敗着、勝着を見つけることができたなら、それが総括になるかと思います。将棋に限らず、「ゲーム」的なものにはこうしたアプローチを敷衍することができるのではないかと思います。

　ですが「クリエイション」の場合、勝敗のような決着がありません。いわゆる「勝負どころ」があったとしても、その対象は単一なものではなく多岐にわたっていて、かつ人によってバラバラです。そういった点では、「クリエイション」は「ゲーム」的なものより複雑性が高いというか、曖昧なものなのです。これはどちらが高度か、ということではなく性質の差異です。なので、「クリエイション」を無理矢理「ゲーム」的な総括のフレームに落とし込んでも一面的な総括しかならないと思います。

　今の現実社会は基本的に「ゲーム」的なフレームで物事を捉えることが多いのではないかと思いますが、「クリエイション」を総括するには「ゲーム」とは別のフレームを見つけることが必要なのではないかと思います。

試問1-3:

　非当事者が行う総括にはどのような形があると考えますか?

試考1-3:

　日本に多角的に分析できるジャーナリズムや専門の第三者機関があれば、そこが担うのかなと。

問1 プロジェクト・シン・エヴァンゲリオンの始まりと終わりについて

問1-1:

　一般的なプロジェクト定義に照らすと、「プロジェクト・シン・エヴァンゲリオン」の始まりは、『シン・エヴァ』の脚本の検討が始まった2009年末頃で、終わりは作品を納品した2020年12月17日、あるいは劇場公開をした2021年3月8日ということになると思います。プロジェクト終了から約2年が経った今、庵野さんの感じ方として、このプロジェクトはいつ始まり、いつ終わったと考えますか?

答1-1:

　まだガイナックスにいた頃、もう一度『エヴァ』をやるしかないと覚悟を決めたときがこのプロジェクトの始まりではないかと思います。当時、新しい作品をいくつか作ろうとしたのですが、何をしても『エヴァ』っぽいものになってしまうように感じていました。何をしても『エヴァ』のパチもんになってしまうくらいならば、もう一度『エヴァ』をやった方がスッキリとするのではないか。そう思いつき、熟考し、実行を始めた。そこが始まりではないかと思います。

　『新世紀エヴァンゲリオン(以下、『新世紀』)』『新世紀エヴァンゲリオン劇場版(以下、『劇場版』)』は、触れることが嫌で、作り終えたあとはずっと観返すことをしませんでした。『エヴァ』に限らず、僕は自分の作品を作り終えたら、まず観返さないです。でも、何かのきっかけで『新世紀』と『劇場版』を観返してみたら「結構面白いな」と思いました。もちろん制作当時は「これが面白いんだ」と思って作っていましたが、制作が終わったあとは面白いものだったかどうか、もうひとつ自信がなくなります。というより、面白いかどうかを自分の中で評価しなくなるのです。

　でも、そこから時間がかなり経ってから観返してみたら結構面白かったので、せっかくここまで出来ているのだから、このソフトをもう少しちゃんと作り直したいと思うようになりました。それが2003年に発売したリニューアルDVD[1]に繋がります。リニューアルソフト化することで、もう少しこの作品が残るようにしておきたいと思ったのです。

　声優さんの音声が6mmテープとして残っていたことが分かり、興味のあった5.1チャンネルの音響を試す機会にも使えると思いました。テレシネ技術[2]も格段に向上していたので画面の解像度も上げられます。『エヴァ』だったら、ということでキングレコードもお金を出してくれました。

　改めて全話に向き合い、もう一度監督するような作業に着手しました。その時には思いつかな

1　2003年から2004年にかけて発売された『新世紀エヴァンゲリオン』『新世紀エヴァンゲリオン劇場版』のリニューアルDVD商品。デジタルリマスター化、音声の5.1chサラウンド化等を行った。

2　フィルム撮影された映像をビデオ映像に変換する技術。

かったのですが、あとになって、もう一回自分で監督をやるというのは再監督と呼ぶのもいいな、と思ったことを覚えています。

　このリニューアル作業を経たことで、『エヴァ』というコンテンツをこのまま終わらせるのはもったいないと思うようになりました。それに、業界に残るコンテンツは一個でも多い方が未来のために良いだろうとも思ったのです。『ガンダム』のように、世間にもう少し認知されて、広がり、遺るコンテンツになればと。前述した、何をしても『エヴァ』っぽくなるならばもう一度『エヴァ』をやろう、という考えとも合致します。

　ガイナックスにいた頃は、周りにいた皆が「『ガンダム』みたいになるのはかっこ悪いから嫌だ」と言っていて、まあ皆が嫌ならしょうがないとも思っていたのですが、それから諸事情あってカラーを創業し、カラーで実現することにしました。『新世紀』と『劇場版』の話を再構成しながら新作も加えて、映画として3回か4回に分けて公開したら、またお客さんが観てくれるのではないかと考えました。それが『ヱヴァンゲリヲン新劇場版（以下、『新劇場版』）』の始まりです。

　当初は『機動戦士Zガンダム』の再構成リメイク作品である『機動戦士Zガンダム A New Translation』のように、すでにある素材を流用のうえ劇場用の画面サイズにブローアップ[3]し、そこに新作を加えることを考えていたのですが、『新世紀』のフィルム素材を使って映像テストをしてみた結果、ブローアップではなくオール新作のデジタル映像化に方針転換しました。そうしないと現在のお客さんが納得する映像クオリティにはならないと感じたためです。そこから当初リビルドと呼んでいた今の形の『新劇場版』を作ることに切り替え、制作を始めました。

　プロジェクトの終わりがいつかは、主体をどこに置くかによって変わるように思います。制作に置くならば、劇場公開と同時に終わりかと思います。劇場公開はしばらく続くので、プロデュースや経営としてはその先もプロジェクトは続きます。そちらのプロジェクト目標としては興行収入100億円達成がありました。会社のためというのもありますが、『エヴァ』のようなニッチなところから始まったオリジナルロボットアニメ作品が100億円を達成するのは、アニメ業界にとって良いことだと思うので。その先には世界配信やDVD・Blu-rayの発売もあります。そういったものが全て完了したら、『シン・エヴァ』に関する全てのプロジェクトは終わったと言えるかと思います。

3　　画面サイズを引き伸ばすこと。

問1-2：

　過去の作品に向き合い、新しい組織体を作って新しく作品を作る。それはクリエイションにおける「総括」のひとつの形であり、「総括」の結果と言える側面もあるのではないでしょうか？

答1-2：

　わかりません。ですが仮にそれを総括と呼ぶとするなら、自分個人による『新世紀』と『劇場版』の総括には時間が必要でした。10年近く経ってようやくできましたね。

問2　不確実性について

問2-1-1：

　一般的に、プロジェクトは不確実性をなるべく減らし、それでも残った不確実性にどのように対処するかが重要だと考えられていますが、『シン・エヴァ』の制作と完成に対する不確実性には何があり、どのように対処したのでしょうか？

答2-1-1：

　むしろ、不確実性を保ったまま制作することが『シン・エヴァ』でやりたかったことであり、やり遂げたことです。

　大抵の商業アニメ制作には2段階の不確実性があると思います。1つめは脚本です。物語の終わり方を見つけてまとめられるかどうか、ということです。それを見つけ、まとめることができれば1つめの不確実性はなくなります。

　2つめは画コンテです。脚本はどうあれ画コンテを完成させることができたら（現実には脚本を無視した形で画コンテが作られることも多々あります）、商業アニメ制作における不確実性はほぼなくなります。アニメにおいて画コンテが出来上がるということは、完成画面が確定するということと同義なのです。あとは画コンテどおりに粛々と制作すればいい、という状態になるのです。なので、現場は何よりも画コンテを欲します。画コンテさえあれば、あとは何とかなるからです。クオリティをどこまで高いものに仕上げられるか、という問題はもちろんありますが、それは制作や完成に対する不確実性ではありません。

　画コンテによるアニメ制作は効率が良く無駄が少ないですが、僕はかねがね、そこに大きな不満を持っていました。画コンテが出来上がった瞬間に、完成画面に対する不確実性がゼロになり、画コンテよりも面白いものにできなくなることが嫌だったのです。最後の最後まで、より面白くできる可能性を構造的に開いておき、どうやったらより面白くできるかを探り続けたいのです。それを具体的に実践したのが『シン・エヴァ』のAvantTitle 1、AvantTitle 2、Aパート、Bパートでの、VC（Virtual Camera）と実写をパート全編に活用したプリヴィズ（previsualization・プリビジュアライゼーション）の制作でした。

　本来のプリヴィズは、まず画コンテを用意し、画コンテ内容を簡易な3DCG映像等に置き換えて画コンテの出来をチェックし、うまくいっていないところは修正していく、というものです。しかし僕がやりたかったプリヴィズの形は、画コンテは用意せずに、複数人が脚本を多様に解釈したうえ、カット割もカットのアングルも画コンテのようにひとつに絞らず、良いカット割、良いアングルを思いつくままに大量に素材として作成し、そうした多種多様で大量な素材の全てを編集上で検証し、試行錯誤をしながら作ることです。かつ、うまくいかなかったところや、面白いものが

探りきれていなかったところは、社内リサーチ等を実行し、それを受けて制作的に可能ならば脚本まで遡り、やり直しをして、行きつ戻りつをしながらよりベターなものを作り続けることです。

　CパートとDパートは内容的、スケジュール的、リソース的に難しいところがあったので、この2つのパートは従来の画コンテによる作り方を当初から選びましたが、それでもできるところにはVCを取り入れました。また、Dパートは脚本に曖昧なところを残しておき、作りながらそのときどきにできることで組み上げる、という形で不確実性を残すアプローチも取り入れました。

問2-1-2:

　一般的に、プロジェクトにおいて不確実性はリスクであり、不確実性を早い段階で排除できるよう注力します。画コンテもそのために開発された方法だと思われますが、不確実性という通常忌避されるリスクを取り込むために、どのような組織的アプローチや手順を経たりしたのでしょうか?

答2-1-2:

　不確実性を保った作り方をしたい、ということはずっと前から考えていました。1990年代にまで遡ると思います。『新劇場版』にそういった考え方を適用することは『:序』のときから構想していて、『:破』から試そうとしてみましたが、まだ予算、スケジュール、スタッフの数、技術等、環境が整っていないと感じました。

　それが変わり始めたのは『:Q』の制作からです。画面に映る全てを3DCGで作ったシーンがあり、ここなら技術的に不確実性のある作り方が可能だと考え、画コンテ無しで、3DCGのアニメーターに思いつくアングルをとにかく多く出してもらって、それを素材にし、編集してプリヴィズを作る、ということを実験も兼ねてやってみました。ただ、『:Q』のなかで画コンテ無しで作れたのはその1シーンのみです。

　明確に変わったのは『シン・ゴジラ』の制作からです。『シン・ゴジラ』は不確実性を保ったプリヴィズをプロジェクトの要とし、前提に置きました。ただ『シン・ゴジラ』の製作・配給は東宝さんの単独によるもので、カラーが出資に関われていないので、東宝さんにプリヴィズ用の予算を付けてもらわなければ実施することができません。なので、准監督・特技総括の尾上克郎さんが「プリヴィズができれば後の工程を効率化し、結果的にコストパフォーマンスが高くなりますよ」とプロデューサーらに話をしたりして、十分とはいえませんが当座の予算を付けてもらい、カラー主導によるプリヴィズを実現しました。

　『シン・ゴジラ』のプリヴィズはその用途から、本編の撮影開始前に概ね形になっていて、プリヴィズの制作過程に不確定要素がある程度混じっていただけで、むしろ本編の撮影現場の制作状況の効率化を促進していたので、作品的には確定要素として機能していました(詳しくは書籍「ジ・アート・オブ シン・ゴジラ」の自分のインタビュー部分にあります)。『シン・ゴジラ』でのプリヴィズ制作体験が、自分やCG現場の意識変化の大きなきっかけになったと思います。

『シン・エヴァ』はカラー単独出資なので手法の選択に僕自身の意思決定を直接入れられますし、『シン・エヴァ』では予算もどうにかできます。『シン・ゴジラ』を経て技術と経験、やれるという実感も獲得できました。それらを総合して『シン・エヴァ』では環境が整ったと感じ、VCや実写を使ったプリヴィズという、不確実性を保って探り続ける手法を導入しました。

しかしそれでも、長年の慣習による影響は大きなものがあります。僕がそれを画コンテではない、まだ決定したものでない、と言っても、画コンテの形態・様式に出力されたものがあったら、スタッフはそれを画コンテだと認知し、画コンテによる制作を始めようとしてしまいます。例えば鶴巻の絵が画コンテ用紙に嵌められていたら、もうそれは画コンテとして扱ってしまうのです。

そうすると、差し戻しや、やり直しが難しくなります。探ってみた結果うまくいかず、原因は脚本にあると判明したときに、脚本から書き直して作り直す、ということができなくなります。

作ったものを欠番という形で部分的に削除することはアニメ制作でままあることなのでスタッフも飲み込んでくれます。ですが、一度作ったシーンをまるごと作り直すというのはアニメではなかなかできることではありません。画コンテどおりのことをやったにもかかわらずまるごと使われない、というのはアニメ制作ではある種のルール違反で、スタッフは大変な徒労を感じるのです。それはできる限り避けたいことです。

そうしないために、画コンテではなく編集ラッシュという形で作品の流れを作り、確認していきました。仮の音声も入れてスタッフが作画作業に入る前に、画コンテを作らなくても内容が確認できる方法です。先に話したように作画作業に入ってしまうと脚本から修正する、という事が困難になるので、仮の台詞も入った編集ラッシュという形で多くのスタッフに観てもらい、気になる箇所や面白くないポイントのアンケートを取る方法で、作画に入る前に脚本からかなりの部分を大半のシーンの作画IN前に修正できました。Aパートはこのアンケートのおかげでかなり面白い方向になったと思います。

とは言え、スタッフを安心させたりアニメーターを勧誘するために紙状の画コンテは必要なので、編集ラッシュをベースとした画コンテを作ってもいます。それはラッシュがある程度更新する都度に作っていたと思います[4]。

それと、VCや写真を取り入れた理由として、現場のアニメーターの負担を削減するという大きなメリットもありました。VCのデータが、確定したレイアウトとキャラの立ち位置、ポーズや動きのベースを現場に提供するので、原画マンや作画監督、演出等の作業負担をかなり軽減できたと思います。

ちなみに『シン・エヴァ』の作業工程で自分は画コンテを使っていません。全て編集ラッシュを見てのチェックでした。最新ラッシュが自分にとっての画コンテだったんです。

4　編集ラッシュの更新に合わせて変遷していった画コンテの様子を、実際に『シン・エヴァ』制作中に使用された画コンテを実例に巻末付録Ⅲ「編集ラッシュ更新による画コンテの変遷」(p334) に収録している。合わせて参照されたい。

問2-1-3:

　最終的には、不確実な状態から確実なひとつに絞り込む作業が必要になりますが、それはどのように行うのでしょうか？

答2-1-3:

　あるシーンの始まりを寄り絵から始めるか、引き絵から始めるかでそのシーンの流れは全く変わったものになります。ロケーションの全景を見せてからキャラクターに行くか、ロケーションの中でも線路だけ見せてからキャラクターに行くか、ということでも全く変わった印象のものになります。画コンテの場合はそれを平面上で決め込んで進めなければなりません。何パターンか絵を描いてみて、自分だとハサミで切り貼りして決め込むという仕方になります。

　編集をもとにしたプリヴィズだったら、平面に時間軸を加えたうえ、一人か数人で描いてまとめるパターンも膨大に増やして探ることが可能です。そのうえで直感と理論の両方にもとづいて探り、最適と思われる判断を行います。

　その時々で作品にとって一番面白いと思われるものを選ぶのが自分の仕事です。一番良いと思われる判断基準にはクオリティコントロールからの判断だけではなく、コストやリソース、スケジュール的な可否も判断材料に入っています。選んでもリソースが足りず映像としてまともな形にならなければ意味がないし、作業時間が足りず初号試写に間に合わなければ意味がないので、そうなりそうなカットは欠番にしたり、内容を修正や別のものに変更したりしています。その判断も自分の仕事と思っています。

　不確実な要素といえども、当然ですが線引きや限度があります。その時にどの段階に差し戻して内容修正ができるかを判断して、作業や指示を出しています。リテイクは帰還不能点みたいな感覚を常に意識して判断をしています。コストやリソース、スケジュールから鑑みてやれる可能性が高く、よりコストパフォーマンスの良い作業を選択して処理をしています。

問2-2：

不確実性を保つことの他に、アニメ制作に導入したいと考えているものはありますか？

答2-2：

　他はあれこれとやってきたので、ほぼないかなと思います。高畑勲さんのように、声をプレスコ[5]収録して制作したあとに、絵に合わなかったところをさらにアフレコをする、というのをやりたいと思っていましたが『シン・エヴァ』ではそれもできました。ただ、それは余所でもやれていることです。画コンテ無しで、演劇のエチュード（即興劇）とはまた違う方法で不確実に作っていくアニメはどのスタジオもやっていなかったと思います。

問2-3：

画コンテを使わずにプリヴィズを使って不確実性を保つ、という手法が波及する可能性についてどう考えていますか？

答2-3：

　例外的なものはあったとしても、基本的には波及しないと思います。アニメの場合は画コンテ至上主義を貫くと思います。画コンテは本来的なプリヴィズと同義な働きがありますし、であれば画コンテの方が低コストなので。実写の場合はそもそもプリヴィズという発想に乏しく、また予算もなく、その結果として現状はシステムがないため難しいでしょう。僕としては、プリヴィズのように、プリプロにコストとリソースをかける方が結果的に安く、また強度の高い作品を作れると思っています。

　ただそれ以前に、不確実性を保つことを誰もメリットだと考えないと思います。僕が意思決定できて、かつ、このやり方にメリットがあると信じてくれる人たちがいたカラーだからここまでやれたと思います。

5　プレスコアリング。声の収録を事前に行い、収録された声に合わせてアニメーションを制作すること。逆に事前にアニメーションをある程度、または完全に制作し、制作されたアニメーションに合わせて声の収録を行うことを「アフレコ（アフターレコーディング）」という。

問2-4-1:

『シン・エヴァ』のプロデュースについては、どのような**不確実性**があり、どう対処したのでしょうか?

答2-4-1:

興行、つまりお客さんに来てもらい、お客さんにお金を払ってもらう、という観点で答えます。

興行は確率論だと思っています。どういうものが当たるか、受けるか、ミームになるか、といったことは確率でしかないのではないか、ということです。なので、脚本やデザイン等のプリプロの段階、制作(プロジェクト)の段階、宣伝や配給の段階のいずれにおいても、確率が上がると思えることはできるだけ多数取り込み、確率を積み上げるようにしています。

『エヴァ』は世間に比較的認知されている作品です。遊技機の後押しもあって、20代から40代と、一部の50代に対しては「何それ?」というものではなく、「聞いたことはある」というくらいのものになっています。それとは別に、コアなファンがいてくれています。

『:序』、『:破』はそのコアファンに向けて、新劇場版はこういう感じのものをやりますよ、という情報は垣間見せながら、ここから先は公開されるまで、そして作品内でしか見せない、ということを徹底してやりました。気になって覗きに来た人の予想もしていないことを作品内で見せて驚かす、というねらいで、その驚き度合いをいかに強くするかを考えていました。それも確率が上がるだろうと考えてのことです。

『:Q』もその延長ですね。『:Q』では、公開されるまで前作の『:破』から14年後の話であることを可能な限り伏せておきたいと思っていました。結果、実際に公開されるまでそのことが漏洩せず、これはすごいことだと思っています。スタッフはもちろん、周辺関係者のレベルが高いと思いました。

その後、世相が徐々に変化して、ある程度の情報公開をしないとコアファンであっても以前のような勢いで観に来てくれないように感じられたのと、分かりにくいものは簡単にスルーされてしまうように思いました。なので、以前よりはもっと情報を出していこうと考えました。そして、作品内容もある程度は分かりやすくしながら、そのうえで驚きのあるものにすることを考えました。これも、この方が確率が上がると思ったためです。

問2-4-2:

2020年夏頃のリサーチ会社による統計的なリサーチでは『シン・エヴァ』の興行収入予測は60億円だったと聞いていますが、100億円という目標との開きをどのように感じていましたか?

答2-4-2：

　予測が20億円のものを100億円にするのは厳しすぎると思いますが、60億円であればあと40億円なので、無理なことではないと考えていました。

　『：序』の興行収入が20億円、『：破』が40億円、その流れで倍々にしていきたかったので『：Q』では80億円が自分個人の目標でした。もともと『：Q』と『シン・エヴァ』は1本の作品にするつもりだったのですが、諸々あって途中までとなりました。やはり「完結作品」というのは宣伝効果も高いので、当初の目論見どおりに『：Q』で完結していれば『：Q』で80億円を達成する目はあったかと思いますが、結果は53億円でした。でも、途中までになった『：Q』で50億円に届くのであれば、『シン・エヴァ』での100億円達成は、途方もないことではないと考えていましたし、それに近い数字にならないと興行だけでのリクープも難しいという現実もありました。

　元を取るための可能性をなるべく上げておきたかったので、制作当初は完成尺を2時間以内に収めたいと拘っていました。2時間を超えると劇場での1日の上映回数が減ってしまい、その分興行収入も減ってしまうからです。その頃はコロナ禍の影響で上映回数と席数が、激減どころか一部の劇場が開かない事態が起こるとは想像もしていませんでしたが。

　完成尺の2時間超えを具体的に覚悟したのは、イベント[6]用にAvantTitle1（アバン）を先行して作っていた時です。2時間に収めるにはアバンが5分程度でまとまっていないと全体的なバランスから無理でした。脚本時の行数から5分で収まると思っていたのですが、結果的に主タイトル前までで10分を切れませんでした。1コマ単位でかなり切り詰めてそれだったので、その編集作業時に2時間超えを決めたと記憶してます。その時も2時間8分の『式日』[7]よりは短くしたいと思っていましたが、Aパートが30分にまるで収まらなかったんです。その尺感ではとてもシンジが立ち直れませんでした。その時に『式日』超えも覚悟しました。まあ、世界で興収上位の作品は2時間超えて3時間くらいあるのが多いので、必ずしも長尺がマイナスに働いて、当たらない原因にはならないだろうと思い、腹を括った感じです。

　最終的に上映時間が2時間35分くらいになりましたが、導入となる『これまでのエヴァンゲリオン』も含めて、物語を描いて終わらせるのに必要不可欠、適正な長さだったと思っています。

6　当初の劇場公開日（2020年6月27日）の約1年前である2019年7月6日に、「0706作戦」と銘打って『シン・エヴァ』冒頭（AvantTitle1）部分を『シン・エヴァンゲリオン劇場版 AVANT1（冒頭10分40秒00コマ）0706版』として札幌、東京、名古屋、大阪、福岡、パリ、ロサンゼルス、上海で同時上映を行ったイベント。

7　2000年12月7日に公開された実写映画。監督・脚本は庵野秀明。

問3　監督の「責任」と監督の「仕事」について

問3-1-1：

　庵野さんは本プロジェクトに限らず、以前からたびたび「監督の仕事はOKかNGかを判断することと、その責任をとること」と述べていますが、庵野さんにとって「責任を取る」というのはどういうことなのでしょうか？

答3-1-1：

　僕の個人的な考えに沿って述べます。監督の仕事は「スタッフに任せて何もしない」から「全部やる」と幅が極端に広いと思っていますし、監督は専門技術がなくても、スタッフやキャストらが監督として認めれば誰でもできる仕事です。それは、監督の最大の仕事というか職務が、作品のあらゆる責任を取ることだからです。全てを人任せの監督も最後の責任を取れば、スタッフはまたその監督と仕事をすると思います。

　作品は、観た人がいて初めて作品として存在できるものです。なので、作品を観ることでその作品を完成させた人、すなわち観客が、その作品に対して感じることの全ては、監督が引き受けるべきだと思います。賞賛も、批判も、誹りもです。この役者の芝居が下手だ、という類の批判もです。その役者を上手にさせられなかったこと、上手ではない役者を使った責任として。

　たとえ誰かが無理矢理連れてきた役者であったとしても、使う以上は監督の責任だと思います。この役者はとても使えないと言うのであれば、その役者を降板させるか、その役自体を脚本からなくすか、最終的には監督を降りればよいのではと思います。監督をする以上は、その作品に対する全てに責任を持つべきだと思います。だから映画ではクレジットの最後に監督が一枚で出るのです。この人が最高責任者である、という表明です。

　なかには、興行についてはプロデューサーの責任という考え方もあると思います。でも、その作品の持つ強度というのは当然興行にも影響するので、運、不運もありますが、自分は興行にも多少は責任があると思っています。

問3-1-2:

監督には、連帯責任や有限責任はないということでしょうか？

答3-1-2:

　映像作品の監督については、そういうものはないのかなと思います。脚本が悪いとか、キャラや役者が悪いとか、そういうのも全てひっくるめて監督の責任だと思います。例えば脚本を一言一句変えられない、主演役者を変えられない、ということもあるかもしれません。でも、それに不服や不満があるのだったら、やらなきゃいいんです。自分の意志でやる以上は、そういうのも含めて監督の責任だと思います。

　作品を観る人が現れる前、作品として存在する前までは、チームや組織で議論、判断したことを、これはチームや組織で決めたことだから、という言い方はできると思います。作業責任者や、担当セクションによる責任もあると思います。でも、作品として存在したあとは、監督が全てに責任を持つべきだと考えます。

　そのうえで僕が思う良い監督というのは、うまくいかなかったところは自分のせいで、うまくいったところはスタッフや役者のおかげ、という形だと思っています。自分が頑張ったから作品が面白くなった、というのは監督としてデフォルトなのです。

　監督としての自分の仕事のひとつは「納得」と「諦めること」だと思います。アニメだと比較的自分がイメージしている映像に近づけることが可能です。自分の欲しいイメージを現場のリソースに合わせて描くことができるからです。それでも自分のイメージした欲しい映像になることはほとんどないんですね。それに近づけるように努力と作業を続けますが、何処かでもうここまでにしようと納得するか、時間切れやリソース不足等で諦め、なるべくクオリティを維持できるように作業や指示をしていくかです。

　実写の場合は最初から確立したイメージを持たないようにしています。実写の現場はあれこれと制約が多く、現場や状況に合わせた撮り方をしないと自分の場合はうまくいかないので。実写の現場は予算、スケジュール、現場のリソースを考慮した撮り方をしないと酷い目に遭うんです。企画開発の途中で予算を大幅に削減された『キューティーハニー』[8]の時にそれを思い知りました。実写だとある程度のクオリティの映像が撮れたら時間で切って、すぐに無理矢理納得するか諦めて現場を進める方が多いですね。そうしないと制限時間内に最低限必要なショットを撮りきれなくなるので。これは多くの監督がそうなのではないかと思います。

8　2004年５月29日に公開された実写映画。原作は永井豪による同名漫画。監督・脚本（共同）は庵野秀明。

問3-2:

監督に、責任の代わりに得られる対価はありますか?

答3-2:

　その対価が何かは、よくわからないですね。監督の仕事は作品を完成させることなので、作品を公開した後のなんとか賞や世間からの名声がその対価としてあるのかもしれませんが、自分はそういうのに喜びをあまり感じないんです。

　公開された作品は観客のものなので、気に入ってくれたお客さんから称賛の声を貰えたり、気に入らなかったお客さんから貶められるといったその全てを受け入れるべきだと思います。その上でその監督の様々な感情が外に向けられるのも当然と思います。自分個人の感覚だと黙って受け止めるか、受け流す訓練をするかなので、対価としてはマイナスな感じがしています。

　対価が何かしらあるとしたら、世間からではなくスタッフやキャストからの信頼でしょうか。

問3-3:

大きな責任を負い、苦労をしてまでなぜ監督をしたいのでしょうか?

答3-3:

　監督には、作品制作のためにスタッフの1ポジションとして監督をする人、監督をやりたくて監督をしている人、職業として粛々と監督をやっている人とかいろんな方がいると思います。責任の大きさも人それぞれ（自他の差もあるかと）と思います。

　自分が監督をするのは、面白い企画を作品という形にしたいからです。その作品にとって自分が監督をすることが一番良い結果になる可能性が高い時にそれを引き受けます。自分の場合は、作品のためにスタッフの1ポジションとして監督をしているつもりです。監督だけでなく作品がより面白くなりクオリティが維持できるなら、自分の技術でできる作業があればなんでもやっています。その分のギャラは出ていません。それも監督の仕事の領分だと思っているので、むしろ手が出せない方が苦しいです。

　そういう考えなのは自分が自主制作からスタートしているからなのかなと思います。自主制作の現場はどこも、スタッフ皆がボランティア、タダ働き、手弁当で脚代も自分持ちなんです。だからスタッフに対して、監督という立場の人間はそれに見合った面白い作品を作らなきゃならない。それまでの自分の自主制作は個人作業だったので、自分の監督や現場に対する考え方や感覚は自主制作時代がベースなんだと思います。自主制作だと役職が監督でも現場でできる事や手伝えることは何でもやらないといけなかったので。

問4　作品が「存在化する」ということについて

問4-1-1：

答3-1-1で「作品は、観た人がいて初めて作品として存在できる」と話されましたが、それは作品の制作行為と作品の誕生を切り離して考えていて、それまでの制作がどうだったかとは無関係に、新たに誕生した作品という生き物のようなものがあるのだから、それは観られてほしい、というような意味なのでしょうか？

答4-1-1：

そういうことではありません。

商業作品というのは目的がはっきりしています。それは「一人でも多くの人に代金（対価）を払って観てもらう」ということです。制作が完了し、完成データがディスクに収められたとしても、それは作品ではなくただのデータです。ディスクをPCに繋いでそのデータを開いて、モニターに絵が映り、スピーカーから音が鳴っても、それは作品ではありません。

それを観る人が現れて初めて、それは作品になるのです。観る人がいない限り、作品は存在しないのです。作品を作品として存在させるためには人に観てもらわなければならないのです。なので、作品自身が、作品として存在化するために人に観てもらうことを求めるのです。そして作品は、作品としての存在を強くするために一人でも多くの人に観てもらうことを望むものです。一人でも多くの人に観てもらうことが作品の使命、というか、一人でも多くの人に観てもらうために、作品は作品として存在化するのだと考えます。

問4-1-2：

自分たちが頑張って、苦労して面白いものを作ったのだからなるべく多くの人に観てもらいたい、という感覚はないのでしょうか？

答4-1-2：

そういった感覚、「私（達）の作品を観てほしい」という感覚の方が純粋なのだと思いますが、僕の場合はそこに自分が介在していないのです。人に観てもらうために作品はあるのだから、僕はそれを手伝いたいという感覚です。

問4-1-3：

その考え方には由来があるのでしょうか？

答4-1-3：

　自分自身の資質と、あとは自主制作の経験からの影響によるものだと思います。僕がかつてやっていた自主制作には、当時活動していた大阪という地域性もあると思いますが「ウケてなんぼ」という気風がありました。大阪での自主制作の現場は、スタッフの誰もが自分も含めて基本的にボランティアです。なので、対価としてのお金をもらうことなく自費で参加して時間を使っています。それに返す対価は、結果として面白い作品を作ることでした。自主制作の現場では担当作業があるだけで、プロの現場のような縦社会はありません。同列の中でそれぞれの役目を何でもこなす関係でした。監督をやっていてもミニチュアを作ったり荷物を運んだり、手が空いている時は手が必要なことをしています。その経験が今の自分の仕事に対するスタンスを作っている気がします。面白くて心身ともにしんどかった高校時代からの自主制作ですが、本当にありがたくてためになる経験でした。当時は自主制作からの流れでプロになった人が多かったと思います。1980年代はそういう時代でした。

問4-2：

答1-1で「自分の作品をまず観返さない」と話されましたが、それはなぜでしょうか？

答4-2：

　出来上がるまではこれが面白いと信じて作っていますが、出来上がってしまうとそれが面白いかどうか自分ではわからなくなります。スタッフや観客にとって面白いのか、というのもそうですし、自分にとって面白いものだったかもリセットされてわからなくなります。

　自分にとって面白いと思っているものが本当に面白いものなのかどうか、疑問なのです。「これが面白い」と思って作りながら同時に、「本当にこれって面白いのかな」「やはりここは面白くなかった。なんとかしなきゃ」と思いながら作っています。僕が最後の最後までいじり倒すのは、そのように思っているからです。本当に手を出せなくなる初号試写の直前くらいまで、ずっとそう思っています。

　作品として存在化したあとに観返さなくなるのは、早く次に行きたいというのもあるかと思いますが、これ以上自分が思索しても何も作品にプラスできないからかもしれません。

問4-3:

　監督としては作品が存在化したあとには作品に関わらない一方、プロデューサーとしてはその前もその後も作品に関わり続ける必要があると思いますが、プロデューサーとしては作品とどのように接していますか？

答4-3:

　監督としてはより面白いものを作ろうとしていますが、プロデューサーとしてはより受けるもの、売れるもの、映画の場合はより観客が入るものを作ろうとしています。

　自分たちが作っているものは芸術作品の面もありますが、主には商業作品としての要素が大きいです。商売である以上、作品が売れてある程度の儲けが出ないと次作が作れません。なので、より売れるための努力を出来上がった後も自分にできることを続けます。

　自分の仕事はサービス業だと思っているので、面白い作品をお客さんに観てもらって喜んでもらって代金を頂く。一人でも多くのお客さんに少しでも面白がって頂くために、自分は仕事しています。そこは監督もプロデューサーも同じなのかなと。ただ、作品完成後は監督の仕事はなく、プロデューサーの仕事だけになりますね。

問5 「面白さ」と「強度」について

問5-1:

本プロジェクトでは、作品を面白いものにするためにどのような方法論やアプローチを取り入れましたか?

答5-1:

　推理小説等で、作者より賢い犯人は作れないと言われることがあります。それと同じで、自分ひとりで考えていたら、自分が考えるより面白いものには絶対になりません。作品にとって自分自身の思考や能力が、面白さに対する限界や制約になります。

　自分が考えたものが面白い、という絶大な自信がある人はそれでいいと思います。でも、僕は自分の考えやイメージよりも、常にもっと面白いものがあるんじゃないだろうかと思ってしまうのです。

　この想いは画コンテからの脱却と直結しています。面白い画コンテがあれば確かにそれでいいのです。でも、僕は面白い画コンテというものを疑っているのです。もっと面白い画コンテにできるんじゃないかと。でも、画コンテとして出来上がったら、それ以上面白いものを探ることはできず、制作は開始してしまいます。なので、以前から画コンテありきの現場を何とか変えたかった。それに対してできる抵抗といえば、複数の人に画コンテをお願いし、それを取捨選択したり複合したり組み直したり自分で描き直したり等をすることで、試行錯誤からの決定稿を試みるということくらいでした。

　自分で画コンテを描いたらある程度のクオリティのものにはできます。0から1を作る作業もさんざんやってきたし、できるはできるのですが、自分で描いた画コンテに対してはやはり面白さに対して、懐疑的になるのです。ここは鶴巻が考えた方が面白くなるんじゃないか、というように思ってしまうわけです。それで鶴巻にお願いして、面白いものが出てきたらその方が当然よい。ここは僕の方がいいかな、というときには自分のアイディアを上乗せする。それは、鶴巻が考えてくれたおかげでできることです。0から自分でやるより面白くなる可能性が高い。なので、自分だけで画コンテを描くのは最後の手段です。時間がなくなり、もうどうしようもない時にだけやるようにしています。

　それに対して、散らばっている面白いアイディアをまとめることは自分に向いていると思っています。セレクトと編集が僕の才能だと思っています。これとこれを組み合わせたらもっと面白いものになる、といったアレンジです。

　なので、僕が監督する場合は、僕自身がやりたいと思っていたことは大抵、真っ先に削ることになります。『シン・エヴァ』でもそうでした。「これがやりたかったのに」っていうのが作品にま

ず残らない。作品に残したいのはやりたいことではなくて、面白いものなので。僕が「これをやりたい」っていうのは作品にとって、その程度のことなのです。面白いものになればそれでいい。そして面白いものというのは、自分の外側にこそ多くあると思います。

問5-2-1:

2020年の秋頃、終盤に向けてまだ相当の作業が残っているなか、庵野さんが編集室であるところをチェックし、それがうまくいったことを確認して「もうこれで『シン・エヴァ』は大丈夫」と言っていたという話を聞きました。これは『シン・エヴァ』が面白いかどうか不確実だったところに、そのチェックを経て、確実に面白いという感覚を得られたということだったのでしょうか？

答5-2-1:

作品としての強度が確認できたということです。それまでの制作過程で、クオリティは高くできたけれど、強度がどの辺りにあるかは分かっていませんでした。強度というのは、僕の考えでは、もう一度この作品を観たいと思わせるような力です。「これは面白い」と思って、観た人にその印象や記憶がこびりつくようなものです。

問5-2-2:

そのチェックで、ねらいどおりに強度を得られたことが確認できたということですか？

答5-2-2:

いえ、今回の作り方の場合にはねらいというのを予め設定することはできないのです。

他方、大抵のアニメにおいて、強度は画コンテが完成した時点で決まっています。後工程では若干のプラスアルファができるかどうか、というくらいです。もしくは宮﨑駿さんの作品のように、画コンテの強度をどこまで削ぎ落とさないようにするかという作業です。宮﨑さんの作品は、画コンテの時点が一番面白いと思っています。画コンテには宮﨑駿の100パーセントが表れているためです。商業アニメは集団制作なので仕方ないですが、後工程で他人の手が入ることによって、その宮﨑画コンテの強度はどんどん削られることになるのです。

画コンテ以外にも、キャラクターデザインが良いとか、上手いアニメーターがいるとかでも強度を得られることもありますが、画コンテが面白いものだったらそれだけで強度が出ます。

例えば富野由悠季さんの作品がそうです。『伝説巨神イデオン』[9]は、画コンテの面白さだけで強度が出ています。湖川友謙[10]さんが作監をしているビーボォー[11]が作画を担当している話数は、そのうえで絵も良いし、もともと声優さんや音も良いので、そういう話数はより高い強度が得ら

れています。『イデオン』も初期の方はそんなに面白く感じなかったのですが、途中から極端に脂が乗ります。あの後半に向けてのテンションの高さは、なかなか超えることができません。『機動戦士ガンダム』の1話と、劇場版まで含めての『イデオン』の強度にはなかなか到達できません。富野さんご本人も、以降は難しかったように見えました。

問5-2-3：

そういった卓越した強度に富野氏が到達できたのは、なぜだと考えますか？

答5-2-3：

富野さんの才能によるところが最も大きいと思います。さらに、その才能を発揮できる環境があり、才能と環境の合致が起きた。天の時、地の利、人の和が揃ったというやつです。

問5-2-4：

今回の作り方において、強度に「ねらい」はないとのことでしたが、計算して強度を得ることはできない中で、どのようにして強度を得るのでしょうか？

答5-2-4：

その場その場で強度を探る、ということです。そして探れるような作り方をすることです。それが不確実性を保った作り方ということです。次に何が来るか予めにはわからないようにする。探ってみるまでわからないようにする。今探って出来たカットやシーンが、次のカットやシーンの探りに対する刺激になる。都度都度により面白い映像を探り続ける。

画コンテというシステムで得られるよりもアニメーションにおいて高い強度を得るためには、それしかないと思います。

9　1980年5月8日から1981年1月30日まで放送された全39話のTVアニメシリーズ及びTVアニメシリーズの総集編『THE IDEON 接触篇』、新作映画『THE IDEON 発動篇』。総監督は富野喜幸（現・富野由悠季）。

10　1950年生。アニメーター、キャラクターデザイナー、演出家。『伝説巨神イデオン』ではキャラクターデザイン、アニメーションディレクター及び複数の話数で作画監督を務めた。

11　有限会社ビーボォー。1979年に湖川友謙によって設立された作画スタジオ。多数の名アニメーターを輩出した。1989年解散。

問6　スタッフの働きについて

問6-1:

本プロジェクトの中で、予期しなかったスタッフの働きというものはありましたか?

答6-1:

　特筆して記憶しているものはありません。常態として、予期せぬ働き、予期せぬ成果を出してもらえるように仕事をしてもらっているので。

　指示したものを指示どおりに仕上げるのではなくて、指示どおりにしなくて全然構わないから、自分自身がもっと面白いと思うものを考えて出してほしいとスタッフには伝えています。鶴巻や前田はそういうことを言おうが言うまいが勝手に自分が面白いと思うものを出してきます。でも、皆がそういうことを自発的にやれるわけではありません。

　だから、指示以前に「アングルも動きも僕が指示を与えることはないので、プリヴィズとして自分たちで0からやってみてくれ」と特にデジタル部（CGセクション）に伝えたりしました。自分たちで考えて自分たちで動き出さないと何も進まない、僕から指示が出てくるのを待ったところで仕方ない、というように、構造的に予期せぬ働きをせざるを得ないように仕組むということです。

　もちろんスタッフにもいろんなタイプの人がいて、仕事の種類や方法も様々でその向き不向きがあります。その中で与えられた指示だけでなく、自己主張の目的でもなく、作品を良くするために自分の考えを織り込みたいと思うスタッフがいれば、それをいかしたいし、驕った言い方をすれば育てたいと思っています。なので、『シン・エヴァ』ではその方法でも作業をしてくれるスタッフを信じて、独自のプラスアルファを託しています。

　『カレカノ』[12]の時はスタッフに「自分がやりたい部署を好きに選び、責任を持って完遂して欲しい」という方法でスタッフを育てました。漫画原作付きのテレビシリーズだからやれたことですが、若いスタッフの才能をかなり伸ばせたと思います。若い、というか経験が浅いうちに、適度な制約下で、自由度が高いけれどスケジュールが徐々に圧迫していくという修羅場までの経験を自分の選んだ仕事としてやった方が、アニメのスタッフは育つと思います。

12　『彼氏彼女の事情』。1998年10月2日から1999年3月26日にかけて放送された全26話のTVアニメシリーズ。原作は津田雅美による同名漫画。監督は庵野秀明、佐藤裕紀。制作は株式会社ガイナックス、株式会社ジェー・シー・スタッフ。

問7 事業としての『エヴァ』について

問7-1:

カラー設立後、事業として成長させるために『エヴァ』をどのように取り扱ってきたのでしょうか?

答7-1:

『新世紀エヴァンゲリオン』が終わったあとも佐藤裕紀[13]によって、2000年頃から今に至るまでは神村靖宏によって、商品化やタイアップやコラボ、遊技機の頒布等を通じて『エヴァ』という作品や、作品周辺のバリューがずっと維持されていました。カラーでもう一度『エヴァ』を始めるに際してすでに『エヴァ』が認知されているというのは、最初に『エヴァ』を作ったときとは全く違う状況です。ヒットするためのベースが『新劇場版』ではすでに出来ていたということです。

ベースがあるということは、余程の間違いをしなければそこそこはヒットするし、うまくいけば大きなものにできる可能性もあるということです。なので、ベースがあるということは『エヴァ』をもう一度作る判断をした大きな要因でもありました。会社として作品を作り続けていく、その実現を見据えたときに最も確率が高いのは『エヴァ』をやるということです。また、ベースがあることで最初の『:序』から単独自己出資による自主制作が可能となりました。

ただ、そこそこのヒットだけでは事業はなかなか維持できません。しかし『エヴァ』には大きな事業となるポテンシャルがあると感じていました。目指したのは『エヴァ』の持つポテンシャルをなるべく多く引き出せるようにし、かつ、『エヴァ』のポテンシャルを阻害してしまうようなものが入り込ませないようにする、ということです。その手段として、意思決定を僕に集中させてシンプルなものにする、ということをしてきました。作品を作るにしても、お金を使うにしても、僕ひとりで考えられることには限界があるし、もちろんいろいろな人の話を聞いたり、データを確認したりするけれど、最終的には全て自分自身で決めるということです。自分が責任を取る範囲を大きくする、ということでもありますね。

最初の頃は宣伝もシステムがよく分からなかったし、配給も自分自身は未経験だったので全部が全部を決めることはできなかったですが、『シン・エヴァ』では皆が経験も積んでいたし、『エヴァ』のバリューも大きくなったので、全部を決めることができたかなと思います。東映の紀伊さんが提案してくれた、劇場公開日を月曜日にするといった前例がないことも、最後は僕の一存でやると決められました。シンプルにあらゆるポテンシャルを引き出せたと思っています。

---

13 『新世紀』放送当時や『劇場版』公開時にガイナックスにて宣伝を担当。『フリクリ』(2000年〜2001年)、『トップをねらえ2!』(2004年〜2006年)等でプロデューサーを務めた。

問7-2：

先行事例として、他のアニメ等が『エヴァ』をモデルにすることができるようにも思いますが、庵野さんはどう考えますか？

答7-2：

　「アニメ業界はジブリみたいなことをやればいい」とこれまで散々言われてきましたが、ジブリみたいなことは結局ジブリにしかできていません。ジブリみたいなことは、高畑さんと宮﨑さんと鈴木（敏夫）さんにしかできなかったわけです。おそらくこういったことは個人に帰結しているので、スタジオや会社、商業としてのモデル化のようなことはなかなかできないのではないでしょうか。アニメスタジオごとの特性があって、それが量産メインの工場だったり質にこだわる工房だったりその融合だったりと本当にバラバラなので。

問8　新型コロナウイルス感染症の影響について

問8-1：

新型コロナウイルス感染症は『シン・エヴァ』の制作にどのような影響を与えたでしょうか？

答8-1：

　スタジオの生産性に対する大きな影響がありました。しばらくは全体の生産性が半分から、最も厳しいときには5分の1くらいに落ちてしまいました。僕自身も含めて、リモートツールとリモートワークに慣れたり、ツールの使い勝手が良くなっていったり、システムをコロナ禍に適応させていくことで何とか巻き返せたと思います。緊急事態宣言等の深刻な状況の到来が、主要な打ち合わせ等がかなり済んだあとだったことも幸運だったと思います。結果的にアニメ業界にリモートワークがある程度定着したのはよかったところもあると思います。

　ただ、最初から最後まで人と会わずに作るというのはパフォーマンスが悪いと思います。今は全てをデジタルに置き換えられるので技術的にはそれが可能だし、できないことはないと思いますが、スタッフ同士の対人関係を築かないままだと生産性やクオリティに対して影響が出るのではないかなと思います。

問8-2：

新型コロナウイルス感染症は『シン・エヴァ』のプロデュース面にはにどのような影響を与えたでしょうか？

答8-2：

　シンプルに、算術的に、深刻な悪影響があったと言えます。1回の劇場席数と1日の上映回転数によって、その日の興行収入の理論的上限値が導きだされます。諸々の行政的な自粛要請、というか実質的な強制による営業時間の短縮で上映回転数が減り、そのうえ時期によってはお客さん同士の間に空席を挟むよう要請が出たことで劇場の満席数が約半分に減ったり、地域によっては休業を要請され、お客さんを一人も入れられない時期もありました。するとその間は興行収入の上限値が通常時の半分未満になります。悪影響しかなかったですね。劇場運営に関わる皆さんも本当に苦しかっただろうと思います。

　あの状況下で興行収入100億円を達成できたのは、本当にファンの方々のおかげです。劇場はずっと感染対策をしていたし、劇場起因で感染したというのは認定されなかったわけですが、そ

れでもやはり人は不安になるものだし、劇場に足を運ぶ人は実際に著しく減っていました。

　そんななかでも劇場でアニメを観たい、という人がたくさんいてくれた。やはり、いま日本で一番強い興行はアニメだと思いました。そういうエネルギーがアニメにはある。実写でそこまでのエネルギーを人に発揮させることは、そうそうないと思います。

　巨大ロボットが出てくるニッチなアニメでこれだけの興行を残せたのは重ね重ね、ファンの方々のおかげです。

　今はもうあの頃の大変厳しかった状況のことはかなり忘れられてしまっていますが、あの状況下で100億円を達成するのは本当に困難なことでした。あの時期の100億円と他の時期の100億円では、意味するところがまるで違うと思います。数字だけで同じにしないでほしいと思う。このことは改めて主張しておきたいですね。

問9　アニメ業界について

問9-1:

現在のアニメ業界に何か感じていることはありますか？

答9-1:

　コロナ禍の前も、最中も、収束しつつあるように見える今も、大きくヒットする可能性が高い日本の興行作品はアニメしか残っていないと感じます。アニメ市場は近年で大きく拡大したと思います。ただ、本当のところそれが良いところばかりなのか、というのはなんともわからないですが。

　文化的なもので、いま日本国内で元気があるのはアニメと漫画とゲームかなと思います。これらはまだ、他国にないオンリーワンなところでラッキーなんだと思います。このまま業界を維持、成長させていければいいなと願っています。

問9-2:

今後のアニメ業界に対して、何か危惧していることはありますか？

答9-2:

　昔からあれこれといろいろある業界ですので、危惧をしても仕方ないと思います。何十年もどうしようもないので、この先もどうしようもないんじゃないかなと。業界を良くしようとか、そういったことを随分一生懸命やってきたつもりですが、もう諦めました。これからはカラーやATAC[14]等の事業とか、やれることをこつこつとやっていこうと思います。

14　特定非営利活動法人アニメ特撮アーカイブ機構（略称ATAC）。2017年に設立。散逸や破棄によって失われつつあるアニメや特撮映像に関わる資料を収集、整理、保管、研究、デジタル化し、利活用可能な状態とし、世に広報し、これらの活動の為の人材を育成することを目的に設立された。理事長は庵野秀明。

問10　加齢について

問10-1:

　かつて庵野さんは「人の能力は35歳がピークだから、35歳までに成果を出していないと厳しい」という趣旨のことを話されていましたが、実際に『新世紀エヴァンゲリオン』が放映開始されたのは庵野さんが35歳の時のことです。その後は、カラーの設立時が45歳、『シン・エヴァ』の公開は60歳の時でした。35歳がピークということ、そして加齢していくことについて、今はどのように考えますか?

答10-1:

　正確を期すと、もともとは『宇宙戦艦ヤマト』[15]のアニメーションディレクターや『超時空要塞マクロス』[16]のチーフディレクターをやっていた石黒昇さんと話していたときに彼が仰った言葉です。「演出家や監督がものを作るピークってみんな35歳なんだよ。俺も35歳で『ヤマト』をやった」と。「なるほど!」ってそれにすごく説得力を感じたのです。宮﨑さんも富野さんも、35歳近辺の頃に良い作品をやっているように思います。

　ただ、それは若い頃からずっとやってきたことについてのことだとも思っています。20歳くらいから初めた仕事は15年程経った頃にピークが来るということかと。

　でも、人間がやることにはどうしてもピークはあると思います。アニメーターという観点でいうなら僕自身のピークは『DAICON IV』[17]と『王立宇宙軍』[18]です。35歳どころか、どちらも20代の頃です。それ以後はもう全然です。アニメーターとしては、今の人たちには全然かないません。

　しかし、時間差で複数のピークを作り続けることもできると思っています。20歳で始めたことは35歳でピークが来るとしても、それ以後に始めたことは35歳よりもっと後にピークが来る。そ

15　1974年10月6日から1975年3月30日にかけて放送された全26話のTVアニメシリーズ。以後『宇宙戦艦ヤマトシリーズ』として多数の作品が制作されている。

16　1982年10月3日から1983年6月26日にかけて放送された全39話のTVアニメシリーズ。以後『超時空』シリーズとして2作、『マクロスシリーズ』として多数の作品が制作されている。

17　『DAICON IV OPENING ANIMATION』。1983年8月20日・8月21日に大阪市で開催された「第22回SF大会」(愛称「DAICON 4(ダイコン・フォー)」)にて披露された、自主制作集団「DAICON FILM」によって制作された約7分半のアニメーション。

18　『王立宇宙軍 オネアミスの翼』。1987年3月14日公開されたオリジナル長編アニメ映画。株式会社ガイナックス制作。

ういうものを組み合わせたり、経験も加味すると、総合的なクリエイションは簡単には縮まず、実は長続きできるし、失速ペースも抑えることができると思います。

また、ある人に対する評価は、評価者によって変わると思いますし、評価者自身も感性や年齢の変化に伴って評価の仕方が変わっていくものだと思います。ただそのうえで、ある種の発想だとか、記憶力のようなものは、やはり35歳くらいがピークかなとは思います。

監督業は幸いなことに、一定の体力さえあれば年齢にあまり関係なく続けることができます。宮﨑さんも富野さんも82歳だし、90歳を超えて実写映画を監督しておられる方も何人もいます。もちろん、体力低下によって稼働時間は減り、それによってペースはかなり落ちているはずですが。

宮﨑さんは『ナウシカ』の頃は1日12カットくらい直していました。もっと前、それこそ35歳辺りの『母をたずねて三千里』の頃は、そんなもんじゃない仕事量でした。今は1日に直接手を出せるのはできて1カットくらいだと思います。こういった方々のようなレベルまでいくと、クリエイションは物理的な寿命との戦いになっていくのでしょうね。

問 10-2-1:

鈴木敏夫さんは本プロジェクトの外部評価の中で、「『新世紀エヴァンゲリオン』は「自身の存在と価値を他者に認めてほしい」という願望を表したアニメだった。若い人たちみんなが、意識的、無意識的にそう思っているとき、それを表現してくれたのが庵野だった。あれだけヒットして社会現象になったのには様々な要素があると思いますが、一番大きなのはそこでしょう」と述べているのですが、今現在、庵野さんが若者の意識的・無意識的な欲求として感じているものは何かありますか？

答 10-2-1:

今の若者のことはわからないので、そういうのはないですね。

ただ、自分の中に若いというか幼いままな部分があるのかなと思います。人間の感情や欲求の根本は昔から変わらないので、意識してねらってやっているわけではなく、自分の中から自然に出たりしているその表現の仕方がマッチしたのかなと思います。

問10-2-2：

現代の社会の閉塞感や停滞と若者の関係についてはいかがでしょうか？

答10-2-2：

30年前からそういったことはあまり変わっていないのかなと思います。より細分化したことで、多様化した感じにはなっているかと思います。

問11 プロジェクト・シン・エヴァンゲリオンの遂行によって達成したこと

問11-1：

「プロジェクト・シン・エヴァンゲリオン」の始まりは、『新世紀』と『劇場版』を観返してみたところに遡るということでしたが、そこからリニューアルDVDを制作、カラーを設立して『新劇場版』シリーズの制作を開始し、その後約15年の歳月を経て『シン・エヴァ』を完成させました。このプロジェクトを遂行したことによって達成したことは何と言えるでしょうか？

答11-1：

　もう一度始めた『エヴァ』を終わらせることができたということです。三度目の終りができて本当によかったと、素直に思っています。それに尽きますね。

　正直なところ、疲れました。

　しばらくは監督みたいな大きな仕事はせずにゆっくりしようと思います。会社の仕事や、お世話になったスタッフへの恩返しとしての手伝いや、過去のアニメや、特撮作品への恩返しとしてATACの活動等をやっていこうと思っています。

　『シン・エヴァ』のパッケージも発売され、ひとまずの終了まで来られたことに感謝します。これもファンの皆様、スタッフやキャスト、そして妻の支えや内助の功のお陰です。改めて、感謝します。

　ありがとうございました。

試考2　AIについて

試問2-1:

『シン・エヴァ』では不確実性を保った「探り」を行うためにプリヴィズによる制作手法を取り入れましたが、そのためのVC素材は約9,500ショット、ロケ等による写真撮影枚数は70,000点を超えています。VCや写真撮影でその中枢を担った鶴巻さんや轟木さんによれば、庵野さんからVCや写真撮影を任された際は「自分自身のやりたいこと」「自分自身が好きなもの」「自分自身が良いと思うもの」という観点で作業したとのことでした。つまり、彼らによるVC素材や写真素材には彼らの強いバイアスがかかっていると言えると思います。ということは、彼らのバイアスを学習し、彼らの「やりたいこと」「好きなもの」「良いと思うもの」に近いものを生成するAIを、いずれは作成できるのではないかと思います。そのようなAIが現れた場合、「探り」等に活用できると思いますか?

試考2-1:

活用できると思います。ただ、僕自身がどう活用し得るかとは別に、アニメ、実写に限らず商業映像制作は、これまでもそうだったように経済性と効率性の影響を強く受けるものなので、AIは積極的に使われるようになっていくのではないかと思います。

例えば脚本だったらすでにプロット作成はAIを活用できるのではないでしょうか。というのも、今のタイプのAIが登場するよりずっと前に、人の手によって物語のパターンはほぼ確立されています。三幕構成も機能としては生成系AIのようなものです。感動、驚き、恐怖といった感情を脚本上で喚起する仕方もパターン化できています。受けるキャラクター、嫌われるキャラクターというのもパターン化できています。つまり、すでに脚本は組み合わせと順列の問題になっているのです。

近々、脚本に限らず様々な映像の要素をAIが作っていくような気がしています。

試問2-2:

興行収入100億円を超える作品の脚本をAIで作ることは可能と考えますか?

試考2-2:

それはまだ難しいかと思います。しかし、ダイアローグの組み合わせや心理描写、予算に合わせた内容の配慮等を学習していったら、将来的には大ヒットになるかも知れませんね。

試問2-3：

AIが当たり前に使われたり人と置き換わったりしたとき、監督の役割はどうなっていくと考えますか？

試考2-3：

1つめはセレクトすることだと思います。AIが作った中から選べばいいと思います。

2つめは判断です。AIが作ったものをOKにするかリテイクにするか、リテイクを出すときにはどのようなリテイク指示を入れるか、ということです。

3つめは編集です。AIが作ったものを分解し、再編集してもっと面白くすることができるのではないかと思います。

4つめは妥協して、諦めることです。AIは絶えず自己進化しながらいつまでも作り続けることができると思いますが、完成させて、作品にするためには監督がどこかで妥協し、諦める必要があると思います。

5つめは、責任を取ることです。

つまり、これまでとやることは変わりません。商業映像の制作において各セクションの作業がAIに置き換わるならば、究極的には、最後に残る人間はプロデューサーとディレクターなのかもしれませんね。

庵野秀明 略歴

1960年生。監督、プロデューサー、脚本家、アニメーター、経営者。株式会社カラー代表取締役社長、特定非営利活動法人アニメ特撮アーカイブ機構理事長、株式会社でほぎゃらりー取締役、株式会社プロジェクトスタジオＱ創作管理統括。

1981年 大学在学中にアニメ・特撮の自主制作集団「DAICON FILM」に参加。

1982年 大学在学中に『超時空要塞マクロス』に原画修正手伝いとして参加。本作が初の商業アニメ作品への参加となる。

1984年 株式会社ガイナックスの設立に参加。

1988年 オリジナルビデオアニメーション『トップをねらえ！』にて初めて商業アニメ作品の監督を担当。

1998年 劇場用実写映画『ラブ＆ポップ』にて初めて商業実写映画の監督を担当。

2006年 株式会社カラーを設立。代表取締役社長に就任。

2007年 株式会社ガイナックスを退社。

2015年 カラー、株式会社ドワンゴ、株式会社スタジオポノックで美術背景スタジオの株式会社でほぎゃらりーを設立。取締役に就任。

2017年 特定非営利活動法人アニメ特撮アーカイブ機構を設立。理事長に就任。

　　　　同年、カラー、株式会社ドワンゴ、学校法人麻生塾でCGアニメーションスタジオの株式会社プロジェクトスタジオＱを設立。創作管理統括に就任。

　　　　同年、芸術選奨文部科学大臣賞を受賞。

2021年 神奈川文化賞を受賞。

2022年 紫綬褒章を受賞。

主な監督・総監督履歴

1977年：
- 自主制作8ミリフィルムセルアニメーション『閉じた部屋の中で』

1978年：
- 自主制作8ミリフィルムプラスチック粘土アニメーション『無題（巨大ヒーローもの他）』
- 自主制作8ミリフィルムセルアニメーション『無題（巨大ロボットもの）』
- 自主制作8ミリフィルムセルアニメーション『反戦』
- 自主制作8ミリフィルムセルアニメーション『UBEKOSEI』
- 自主制作8ミリフィルム実写映画『ナカムライダー』

1979年：
- 自主制作8ミリフィルムペーパーアニメーション『ことわざ辞典 へたな鉄砲も数うちゃあたる！』

1980年：
- 自主制作8ミリフィルムペーパーアニメーション『みず』
- 自主制作8ミリフィルムスチルアニメーション『ザク』
- 自主制作8ミリフィルムペーパーアニメーション『バス停にて…』
- 自主制作8ミリフィルムスチルアニメーション『空中換装』
- 自主制作8ミリフィルムペーパーアニメーション『じょうぶなタイヤ！SHADOタイヤ』
- 自主制作8ミリフィルム実写映画『ウルトラマン』

1981年：
- 自主制作8ミリフィルムペーパーアニメーション『TEA TIME』
- 自主制作8ミリフィルムペーパーアニメーション『パワードスーツ！ 装甲強化服』

1983年：
- 自主制作8ミリフィルム実写映画『帰ってきたウルトラマン マットアロー1号発進命令』総監督

1987年：
- コマーシャル・プロモーションアニメーション『夢幻戦士ヴァリス』CM/PV

1988年：
- オリジナルビデオアニメーション『トップをねらえ！』VOL. 1

1989年：
- オリジナルビデオアニメーション『トップをねらえ！』VOL. 2
- オリジナルビデオアニメーション『トップをねらえ！』VOL. 3

1990年：
- テレビアニメーション『ふしぎの海のナディア』総監督
- コマーシャル・プロモーションアニメーション『アニメショップパロディ』CM／『BATTLE MODE』PV

1991年：
- レーザーディスクボックス『ふしぎの海のナディア　パーフェクトコレクション』映像特典『ナディア おまけ劇場』

1995年：
- テレビアニメーション『新世紀エヴァンゲリオン』

1997年：
- 劇場用アニメーション映画『新世紀エヴァンゲリオン劇場版 シト新生』
- 劇場用アニメーション映画『新世紀エヴァンゲリオン劇場版 Air ／まごころを、君に』

1998年：
- 劇場用実写映画『ラブ＆ポップ』
- 劇場用アニメーション映画『新世紀エヴァンゲリオン劇場版 DEATH(TRUE) 2 ／ Air ／まごころを、君に』
- テレビアニメーション『彼氏彼女の事情』

1999年：
- オリジナルビデオ『GAMERA 1999』
- オリジナルビデオ『GAMERA 1999＋』

2000年：
- 劇場用実写映画『式日』

2001年：
- プロモーションビデオ・コマーシャル『コイシイヒト』（松たか子）
- テレビ番組内ショートビデオ『24人の加藤あい』
- 劇場用実写映画パイロットフィルム『キューティーハニー』プレゼン用パイロット

2002年：
- ショートビデオ『流星課長』
- イベント用プロモーションアニメーション『アニメ店長』PV 友情監督
- 三鷹の森ジブリ美術館展示用短編映像『空想の機械達の中の破壊の発明』

2003年：
- DVD『新世紀エヴァンゲリオン』リニューアル版 再監督

2004年：
- 劇場用実写映画『キューティーハニー』
- オリジナルビデオアニメーション『Re：キューティーハニー』

2007年：
- 劇場用実写映画『ストリングス ～愛と絆の旅立ち～』日本語版
- 劇場用アニメーション映画『ヱヴァンゲリヲン新劇場版：序』

2009年：
- 劇場用アニメーション映画『ヱヴァンゲリヲン新劇場版：破』

2012年：
- 劇場用アニメーション映画『ヱヴァンゲリヲン新劇場版：Q』

2014年：
- ウェブ配信アニメーションシリーズ『日本アニメ（ーター）見本市 プロモーション映像』
- ウェブ配信アニメーションシリーズ『日本アニメ（ーター）見本市 オープニング映像 スタジオカラーバージョンA』
- ウェブ配信アニメーションシリーズ『日本アニメ（ーター）見本市 オープニング映像 スタジオカラーバージョンB』
- ウェブ配信アニメーションシリーズ『日本アニメ（ーター）見本市 オープニング映像 スタジオカラーバージョンC』

2015年：
- ウェブ配信アニメーションシリーズ『日本アニメ（ーター）見本市 オープニング映像 スタジオカラーバージョンD』

2016年：
- 劇場用実写映画『シン・ゴジラ』

2021年：
- 劇場用アニメーション映画『シン・エヴァンゲリオン劇場版』

2023年：
- 劇場用実写映画『シン・仮面ライダー』

プロデューサー・製作等

1994年：
- レーザーディスクボックス『トップをねらえ！ オカエリナサイBOX』映像特典『新・トップをねらえ！科学講座』

2007年：
- 劇場用アニメーション映画『ヱヴァンゲリヲン新劇場版：序』

2009年：
- 劇場用アニメーション映画『ヱヴァンゲリヲン新劇場版：破』

2011年：
- 劇場用実写映画『監督失格』
- ミュージックビデオ『しあわせなバカタレ』（矢野顕子）

2012年：
- 展覧会『館長 庵野秀明 特撮博物館　ミニチュアで見る昭和・平成の技』展示映像『巨神兵東京に現わる』
- 劇場用短編実写映画『巨神兵東京に現わる 劇場版』
- 劇場用アニメーション映画『ヱヴァンゲリヲン新劇場版：Q』

2014年：
- ウェブ配信アニメーションシリーズ『日本アニメ（ーター）見本市』

2016年：
- 『株式会社カラー10周年記念展 過去（これまで）のエヴァと、未来（これから）のエヴァ。そして、現在（いま）の
  スタジオカラー。』展示映像『よい子のれきしアニメ おおきなカブ（株）』

2017年：
- テレビアニメーション『龍の歯医者』

2021年：
- 劇場用アニメーション映画『シン・エヴァンゲリオン劇場版』

画コンテ・演出履歴（監督・総監督作品を除く）

1983年
- イベント上映用自主制作8ミリフィルムセルアニメーション『DAICON Ⅳ OPENING ANIMATION』

1987年：
- コマーシャル『ビクター ハイパー・ロボットコンボ』

1991年：
- オリジナルレーザーディスクアニメーション特報『炎の転校生』特報
- プロモーションアニメーション LD-BOX『ふしぎの海のナディア パーフェクトコレクション』PV

1994年：
- テレビアニメーション『美少女戦士セーラームーンS』ウラヌス＆ネプチューン変身BANK
- テレビアニメーション『機動武闘伝 Gガンダム』オープニング（プロト＆ファーストタイプ）

2001年：
- テレビアニメーション『まほろまてぃっく Automatic Maiden』オープニング

2002年：
- テレビアニメーション『アベノ橋魔法☆商店街』第13話
- テレビアニメーション『まほろまてぃっく Automatic Maiden ～もっと美しいもの～』

2003年：
- オリジナルビデオアニメーション『サブマリン707R』オープニング

2004年：
- 劇場実写映画『恋の門』劇中アニメ『不可思議実験体 ギバレンガー』

2005年：
- オリジナルビデオアニメーション『トップをねらえ2！』第4話
- テレビアニメーション『シュガシュガルーン』オープニング／エンディング
- 劇場用実写映画『ローレライ』特撮パート

2006年：
- オリジナルビデオアニメーション『トップをねらえ2！』最終話
- テレビアニメーション『シュガシュガルーン』新エンディング
- 劇場用実写映画『亡国のイージス』特撮パート

2008年：
- 劇場用アニメーション映画プロモーション映像『スカイ・クロラ』予告編祭り 庵野秀明監督バージョン

2012年：
- オリジナルビデオアニメーション『宇宙戦艦ヤマト2199』オープニング

2016年：
- ウェブ配信アニメーションシリーズ『日本アニメ（ーター）見本市 オープニング映像 スタジオカラーバージョンA』
- ウェブ配信アニメーションシリーズ『日本アニメ（ーター）見本市 オープニング映像 スタジオカラーバージョンB』
- ウェブ配信アニメーションシリーズ『日本アニメ（ーター）見本市 オープニング映像 スタジオカラーバージョンC』

作画履歴（監督・総監督作品を除く）

1981年：
- イベント上映用自主制作8ミリフィルムセルアニメーション『DAICON III OPENING ANIMATION』
  メカ・エフェクト作画他

1982年：
- テレビアニメーション『超時空要塞マクロス』第2話 原画修正手伝い
- テレビアニメーション『超時空要塞マクロス』第9話 原画

1983年：
- テレビアニメーション『超時空要塞マクロス』第18話 動画手伝い
- テレビアニメーション『超時空要塞マクロス』第24話 原画
- テレビアニメーション『超時空要塞マクロス』第27話 原画
- テレビアニメーション『超時空要塞マクロス』第28話 原画手伝い
- イベント上映用自主制作8ミリフィルムセルアニメーション『DAICON Ⅳ OPENING ANIMATION』
  メカ作画監督・原画

1984年：
- 劇場用アニメーション映画『風の谷のナウシカ』原画
- 劇場用アニメーション映画『超時空要塞マクロス 愛・おぼえていますか』原画
- オリジナルビデオアニメーション『BIRTH』原画
- オリジナルビデオアニメーション『くりいむレモンPART 2 エスカレーション 今夜はハードコア』原画手伝い
- オリジナルビデオアニメーション『くりいむレモンPART 4 POP CHASER』原画
- テレビアニメーション『うる星やつら』第156話 原画

1985年
- 劇場用アニメーション映画『うる星やつら3 リメンバー・マイ・ラブ』原画手伝い
- テレビアニメーション『魔法のスター マジカルエミ』第1話 原画手伝い
- オリジナルビデオアニメーション『メガゾーン23』原画

1986年：
- 劇場用アニメーション映画パイロットフィルム『王立宇宙軍』パイロットフィルム 作画監督・原画

1987年：
- 劇場用アニメーション映画『王立宇宙軍 オネアミスの翼』作画監督・スペシャルエフェクトアーチスト他
- オリジナルビデオアニメーション『メタルスキンパニック MADOX-01』原画
- コマーシャル『ビクター ハイパー・ロボットコンポ』エフェクト作画
- オリジナルビデオアニメーション『禁断の黙示録 クリスタルトライアングル』原画
- オリジナルビデオアニメーション『真魔神伝』原画手伝い

1988年：
- テレビアニメーション『ついでにとんちんかん』オープニング（第3期）原画手伝い
- 劇場用アニメーション映画『火垂るの墓』原画

1989年：
- オリジナルビデオアニメーション『バオー来訪者』原画手伝い
- 『ウルトラマンUSA ULTRAMAN THE ADVENTURE BEGINS』作画監督手伝い

1990年：
- オリジナルビデオアニメーション『江口寿史のなんとかなるでショ！』原画手伝い

1991年：
- プロモーションビデオ『装甲巨神ZNIGHT』原画

1992年：
- オリジナルビデオアニメーション『帝都物語』第四部 菩薩篇 原画
- オリジナルビデオアニメーション『ジャイアントロボ THE ANIMATION』Episode1 アバンタイトル原画

1993年：
- 劇場用アニメーション映画『美少女戦士セーラームーンR』原画手伝い

1994年：
- テレビアニメーション『美少女戦士セーラームーンS』第103話 原画手伝い
- オリジナルビデオアニメーション『マクロスプラス』VOL.1 原画
- オリジナルビデオアニメーション『ジャイアントロボ THE ANIMATION』Episode 5 アバンタイトル 原画

2000年：
- オリジナルビデオアニメーション『フリクリ』第2話 原画
- オリジナルビデオアニメーション『フリクリ』第4話 友情メカ作監
- オリジナルビデオアニメーション『フリクリ』第5話 原画
- DVD『トップをねらえ！』VOL.3 特典映像 原画

2002年：
- テレビアニメーション『アベノ橋魔法☆商店街』第12話 原画
- テレビアニメーション『アベノ橋魔法☆商店街』第13話 メカ作監

2005年：
- オリジナルビデオアニメーション『トップをねらえ2！』第2話 原画

2006年：
- オリジナルビデオアニメーション『トップをねらえ2！』第6話 第二原画

2012年：
- テレビ番組『コンテンツビジネス最前線 ジャパコンTV』オープニングアニメーション 原画

2014年：
- 劇場用アニメーション映画『宇宙戦艦ヤマト2199 星巡る方舟』原画

グラフィックデザイン履歴

1996年：
- 劇場用アニメーション映画『新世紀エヴァンゲリオン劇場版 シト新生』ポスター第1弾
- 劇場用アニメーション映画『新世紀エヴァンゲリオン劇場版 シト新生』プレスシート

1997年：
- 劇場用アニメーション映画『新世紀エヴァンゲリオン劇場版 シト新生』ポスター第3弾
  （兼・ビデオ付特別鑑賞券 特典ポスター）
- 劇場用アニメーション映画『新世紀エヴァンゲリオン劇場版 Air／まごころを、君に』劇場用ポスター
  （兼・特別鑑賞券 特典ポスター）
- 劇場用実写映画『ラブ＆ポップ』準備稿台本 表紙
- 劇場用実写映画『ラブ＆ポップ』決定稿台本 表紙
- 劇場用実写映画『ラブ＆ポップ』撮影台本 表紙
- 劇場用実写映画『ラブ＆ポップ』劇場用ポスター・チラシ

1998年：
- 劇場用アニメーション映画『新世紀エヴァンゲリオン劇場版 DEATH(TRUE)2 ／ Air ／まごころを、君に』
- 劇場用ポスター・チラシ表面
- レンタル用ビデオテープ『ラブ＆ポップ』パッケージ
- レーザーディスク／セル用ビデオテープ『ラブ＆ポップ』パッケージ・ライナーノート
- レーザーディスク／セル用ビデオテープ『ラブ＆ポップ』宣伝用ポスター（ラフ）
- テレビアニメーション『彼氏彼女の事情』番組宣伝ポスター

1999年：
- ビデオテープ『GAMERA 1999＋』パッケージ
- ビデオテープ『GAMERA 1999＋』宣伝用ポスター
- ビデオテープ『GAMERA 1999』パッケージ
- DVD『ラブ＆ポップ 特別版』パッケージ・ブックレット・レーベル

2000年：
- 劇場用実写映画『キューティーハニー』プレゼンテーション用イメージ絵コンテ 表紙
- 『サブライム・バースデイ（仮題）』（現『式日』）初稿台本 表紙
- 劇場用実写映画『式日』完成披露試写会用告知ポスター（非人物タイプ 赤）
- 劇場用実写映画『式日』完成披露試写会用告知ポスター（非人物タイプ モノクロ）
- 劇場用実写映画『式日』フォトコラージュポスター タイプＡ（販売用）
- 劇場用実写映画『式日』フォトコラージュポスター タイプＢ（販売用）

2002年：
- 劇場用実写映画『キューティーハニー』脚本検討稿 表紙

2003年：
- 劇場用実写映画『キューティーハニー』脚本準備稿 表紙
- 劇場用実写映画『キューティーハニー』決定稿台本 表紙
- 劇場用実写映画『キューティーハニー』撮影稿台本 表紙
- 劇場用実写映画『キューティーハニー』画コンテ 上巻 表紙
- 劇場用実写映画『キューティーハニー』画コンテ 下巻 表紙

2004年：
- DVD『帰ってきたウルトラマン マットアロー１号発進命令』パッケージ・レーベル

2005年：
- 劇場用実写映画『ローレライ』劇場用ポスター

2011年：
- コンパクトディスク『監督失格 soundtrack』（矢野顕子）ジャケットデザイン プロデュース

（ほか監修、作詞、映画出演、コメンタリー、対談収録等多数）

終章

シン・エヴァンゲリオン劇場版
全参加スタッフ一覧

企画・原作・脚本
庵野秀明

画コンテ
鶴巻和哉
前田真宏
庵野秀明

画コンテ案・イメージボード
平松禎史　樋口真嗣
摩砂雪　吉崎響
松井祐亮　鬼塚大輔

総作画監督
錦織敦史

作画監督
井関修一
浅野直之
田中将賀
新井浩一

メカ作画監督
金世俊

メカ作画監督補佐
亀田祥倫

アヴァン総作画監督
井関修一

副監督
谷田部透湖
小松田大全

主・メカニックデザイン
山下いくと

主・コンセプトアート
前田真宏

キャラクターデザイン原案
貞本義行　本田雄

キャラクターデザイン
錦織敦史
コヤマシゲト
井関修一
安野モヨコ
松原秀典

メカニックデザイン
渭原敏明
金世俊
高倉武史
渡部隆
平尾朋之

美術設定
串田達也
前田真宏
平松禎史
福留嘉一

デザインワークス
小堀史絵
浅野元
安野モヨコ
大村祐介　竹　ユミヤオシダ
スーパーログ　ミズノシンヤ
小林浩康　座間香代子

原画
前田真宏

小堀史絵	今石洋之
すしお	西尾鉄也
井上俊之	平松禎史
松原秀典	鈴木俊二
森久司	桝田浩史
橋本敬史	秋津達哉
浅野元	徳田靖
田川裕子	長部州太
林明美	篠田知宏
小松田大全	山間有慶
中武学	草間英興
長谷川哲也	羽山賢二
谷田部透湖	寺岡巌
和田直也	益山亮司
下司祐也	本村晃一
中村真由美	阿部尚人
富岡隆司	西原恵利香
高村和宏	小野田将人
酒井達基	高士亜衣
石上ひろ美	空賀萌香
張冠群	大山神
小口萌花	稲田有華
菱沼優子	宮元彩花
髙木麻穂	井畑翔太
吉邉尚希	金子秀一
伊藤憲子	碇谷敦
吉岡毅	松浦里美
伊藤秀次	村木靖
亀田祥倫	柴田夏来
榎戸駿	坂詰嵩仁

池田由美　　高橋裕一
金子雄人　　五十嵐海
竹田直樹　　菅野一期
芳垣祐介　　吉成曜
山下いくと　コヤマシゲト

マカリア
h.s　　ヘイン　　TMD　　杉山圭梧　　伊礼えり　　キワン　　bk

井関修一
金　世俊
浅野直之
田中将賀
新井浩一

錦織敦史

鶴巻和哉
摩砂雪
中山勝一

庵野秀明

ディテールワークス
渭原敏明
田中達也
高倉武史

第二原画
張　逸暉　　大谷里恵　　げそいくお　　髙木晴美　　河合桃子
小嶋慶祐　　石井哲哉　　千葉智晴　　田伸マイケル　神崎舞人
吉井勝也　　小沼由莉香　　本間晃

大町プロダクション
横山みゆき　　福原恵次　　福原裕子　　郡司智一　　仲條久美　　生水勇気

Yostar Pictures
村上貴哉　　松崎いずみ　　魏博勲　　井出冬馬　　亀井紫音　　山合沙良　　飛地泉里

BLAZE STUDIO
杉浦英之　　笹川弥幸　　下江侑子

デジタル作画修正
錦織敦史
田中将賀
谷田部透湖

Yostar Pictures
藤井辰己　　齋藤安由美　　松崎いずみ　　根本早織　　松崎大　　村上貴哉　　中島政興

奥居久明　　りお　　長田雄樹　　斉藤拓也　　佐藤颯　　中川美乃里

動画

χαρα
スタジオカラー

岩堀起久　　松村佳子　　藤原舞似子
村田康人

柴田夏来　　中野江美　　中川美乃里
増子裕美　　渡辺恵子　　秋山訓子　　佐藤千春　　阿武恵子　　五十嵐友美
三浦綾華　　又野貴菜　　周　美辰　　木下はる香　　張　逸暉

MADHOUSE

後藤愛香　　浅井美紀　　小島健広　　小林春香　　渡辺未来
萩原愛紗アリ　大西夕海　　張　雅涵　　藤井茉由　　小島拓也
千田桃花　　谷口円来　　萩田小織　　岩崎文萌　　宮原宏充

コミックス・ウェーブ・フィルム

金原知美　　鍵山莉奈　　永木歩実　　篠原天球馬
田邉香奈子　　竹下エリカ　　静勢　舞

ゼクシズ

大久保麻衣　　落合　祥　　木持彩佳　　仲上仁望　　亀田奈菜　　岡本さくら

サテライト

齋藤　海　　大西桃子　　古藤菜摘　　榊原大河

レヴォルト

大越武志　　小島知之　　佐藤諒美　　佐藤奈菜
澁澤千央　　竹村秀和　　平山紗也

SILVER LINK.

大内大和　　青木慎平　　紀ノ國太雅　　石井直樹　　丸山祐志
椛沢祥平　　胡内一希　　松尾　光　　小野　涼　　朧　仁潔　　中嶋美幸

LIDENFILMS

福島果林　　城戸　瞳　　榊原あす伽　　藤井七海

ボンズ作画部

亀山郁李　　宍戸俊介　　髙田実沙　　和泉百香　　五十君咲穂

C-Station

鴨田真由子　　高橋航貴　　五味輝秋

第五組

庵奥亮太　　斉藤靖徳　　赤坂玲菜　　寺田一真　　伊藤史華　　儀宝果奈

A-1 Pictures

橋元快斗　　南　りりこ　　鈴木小夜　　原島未来

CloverWorks

中村未奈美　　植松　凜

GRAPHINICA

村上朋子　　黄　旻淳　　呉　文奕　　古川嗣英　　関　麟太郎

Kinema citrus Co.
尾木花穂

たくらんけ
前島里彩

タツノコプロ

熊谷侑也　　櫻井琴乃　　清水秋帆　　千葉紗也

ディオメディア

山本祐仁　　元野琴美　　八幡佑樹　　北村真由紀　　堤　雅人　　上地拓実

スタジオ雲雀大阪スタジオ

岩倉みゆき　　大島愛加　　城下　萌　　岩井彩華　　武田風花

高田　彩　　上原真理子　　加藤治茄　　滝澤　陸　　松尾拓実

NOMAD

宇都宮亮　　足立和暉

ufotable

坂上純佳　　斉藤眞人　　星野秀馬　　川嶋優香

OLM, Inc.

伊藤里穂　　木村美香　　榎本冨士香

スタジオKAI

山本恭将　　森島未紗紀

株式会社ササユリ

小林仁美　　原島彩帆　　大貫仁也　　高畑今日子

えのせや　　　　　　コントレール　　　　　MAA MOPICS
中尾有里　福田大二　　　向山つかさ　　　　　　安　美京

DRMOVIE

Jeon Hye-jin　　Min Hong-yi　　Park Hyeon-ju　　Yoon Eun-joo　　Lee So-yeong

Gong Jin　　Lee Seon-mi　　Son Yeong-ju　　Ahn Mi-gyeong　　Jung Ju-ri　　Kim Kwan-woo

バイブリーアニメーションスタジオ　　オープロダクション　　スタジオリングス
太観アニメ　　productionGoodBook　　神龍

色彩設計
菊地和子

色指定検査
長尾朱美　　サイトウチヅエ　　岡本ひろみ

仕上げ検査補佐
奥井恵美子　　伊藤敦子　　上村貴子
佐藤美由紀　　中尾総子　　井上昭子

仕上げ管理
小橋幸亮

仕上げ
Wish

伊藤良樹	平出真弓	井上　泉	高橋友子	袴田純子
滝川ひかる	山崎久美子	野間口麻美	寺島伸弥	岡宮志帆
古河寿子	千葉陽子	梅村利恵子	天本洋介	金光洋靖
角野江美	田中恵梨香	古賀真利江	藤原優実	久島早映子
山瀬仁美	笹　愛美	櫻井沙弥香	楠本麻耶	牟田智美
渡邉裕美	泉　貴明	田尻佳奈子	久納友香里	金子美郷
畑野聡美	北沢理絵	石原裕子	周藤宏太	田中照佳
黒目綾子	小川真紗代	上野裕美香	田場　涼	山田照美
清田真由	小島悠香	平田奈緒美	湯澤真衣	三澤桃乃

水澤紘介　日下部里美　今本滉紀　大滝あや　張　涵錚
山﨑紗良　木上奈緒　Nguyen Thi Kim Phuong　高橋慈英　西之園未来
宮迫一成　石川直樹　江草大樹　高橋　祐　熊田真子
曽根菜津紀　中村優香　妻鹿真琴　関野響子　國井彩香
　　　　　田中結有菜　中村直美　吉岡友希

仕上げ協力
アニタス神戸
西脇洋平　　吉木絵理　　本田怜也　　時尾愛華
高柳美優　　田沼彩花　　中谷海月

スタジオギムレット
樫原ひとみ　　吉田園恵　　上田　幸　　溝口久美子

アニメッシュ
石川小百合　　菊地麻子　　川原彩子　　　積　光

新潟アニメーション
梁取春花　　鈴木綾乃　　大竹美帆　　高橋春奈
佐藤　栞　　菊池菜衣　　長谷川安南　　遠藤翔子

スタジオOZ
磯崎昭彦　　細谷明美　　長岡殊未　　大越裕美子
木村美佳　　伴野まどか　　橋本沙保里　　辻　由紀子

スタジオアド　　スタジオOM青森ワークス　　スタジオロード　　Be-Loop　　太観アニメ

特殊効果・ブラシワーク
イノイエシン

チーム・タニグチ
谷口久美子
星美弥子　　荒畑歩美　　小林香織

美術監督
串田達也

美術
渡辺悠祐

美術アシスタント
大久保錦一

 Bamboo
長島孝幸　　山田那央子

背景
でほぎゃらりー
福留嘉一　　高松洋平
久保友孝　　中村聡子
林孝輔　　石井弓
劉雨軒　　岩熊茜
笠井美枝　　小粥郁子

美術2Dワークス
増田朋子(カラー)

美術制作管理
稲村　薫(でほぎゃらりー)

美術制作コーディネーター
小林　毅(でほぎゃらりー)

大森崇　本田敏恵　池信孝　片山久瑠実
　野村裕樹　村形夏海　日野香諸里

美術制作協力
大橋由佳　竹田悠介(Bamboo)

279

CGI・VFX

xαρα
スタジオカラー

CGIアートディレクター
小林浩康

2DCGIディレクター
座間香代子

2DCGI・モーショングラフィックスデザイナー
柴崎都　齋藤弘光　渭原百藻　吉崎響

モーショングラフィックスデザイナー
影山慈郎 (T2 studio)
青木隆
橋本麦

ビジュアルデベロップメント
千合洋輔

SIGNIF

モーショングラフィックスデザイナー　荒牧康治
エフェクトアーティスト　千木良凌　近藤日明

flapper3 inc.

モニターグラフィックス　白砂貴広　鈴木陽太　山本太陽

3DCG

xαρα
スタジオカラー

CGI監督　　　　　　　　CGIモデリングディレクター
鬼塚大輔　　　　　　　　小林学

CGIアニメーションディレクター　CGIテクニカルディレクター
松井祐亮　　　　　　　　鈴木貴志

CGIルックデヴディレクター
岩里昌則

CGIリードアニメーター
仲眞良一　釣井省吾　岩里昌則

CGIアニメーター
米山一美　村上和浩　山内研
神前豊　織笠晃彦　戸塚正紘
渡辺達也　吉武薫　松井祐亮

CGIリードモデラー
若月薪太郎

CGIモデラー
高部翼　五島瑞希　楠戸亮介
齋藤弘光　柴崎都　宮城健

鹿野文浩　　浅井真紀
香田一成　　小林和史

吉國　圭　　宮嶋克佳
田村　健　金谷翔子　今泉隼介

リードテクニカルアーティスト
高部　翼　熊谷春助

テクニカルアーティスト
山内　研　神前　豊　楠戸亮介
老沼秀紀　近藤孝幸

レンダリングアーティスト
上松妃香里

CGIデベロップメント
佐藤　到　直井健太郎　桝内　進　杉林博之

プロダクションマネージャー
岩見正潤

CGI Studios, Animation Works

Q PROJECT STUDIO Q,INC.

CGIディレクター	山内智史	
CGIリードモデラー	林田　樹	
CGIアニメーター	喜多耕平	田川真妃
	白井健太	江藤鮎子
	塚本瞭矢	
CGIモデラー	渡真利諭	岡崎滉平
	徳永虎次朗	山脇春奈
テクニカルアーティスト	執行拓美	後藤にいな
	俵　ひかる	
プロダクションマネージャー	山田裕次郎	岩崎匡芳

CGCG STUDIO Inc.

CGIディレクター	野呂和真	
CGIアニメーター	平栗義樹	武田和也
	水本一輝	玉田翔大
FXアニメーター	阿部慶一	
CGIモデラー	岡安健一	鈴木大介
テクニカルアーティスト	佐々木智章	
アセットスーパーバイザー	寺島嘉紀	
プロジェクトマネージャー	中山千佳	
CGIプロデューサー	伊藤義夫	

unknownCASE inc.

CGIアニメーションディレクター	崎山敦嗣	
CGIリードアニメーター	小川朗広	中村俊一
CGIアニメーター	宮下　翔	安永裕貴
	境　駿太	小川瑛介
	高田昌吾	杉山由里子
CGIディレクター	加島裕幸	

MORIE Inc.

CGIリードアニメーター	丹原　亮	東孝太郎
CGIアニメーター	菅原愁也	小川光悦
CGIモデラー	木寺　桂	田島誠人
	岸本ひろゆき	北岡明佑子
プロダクションマネージャー	大野陽祐	
CGIプロデューサー	森江康太	

Group A

CGIディレクター	Veerapatra Jinanavin
プロジェクトマネージャー	Sornperes Subsermsri
プロダクションプロデューサー	Danai Meesilpa
プロダクションコ・プロデューサー	Preeyarat Naweerueanrat
ストーリーボードアーティスト	Chawanat Rattanaprakarn
コンセプトアーティスト	Vorrarit Pornkerd
CGIモデリングディレクター	Manatpong Raksapon
プリヴィズアーティスト	Phatchara Chattupot
	Pakorn Naktippawan
CGIアニメーションディレクター	Totsapon Suriyamanee
	Ekkasit Triemtang
CGIアニメーター	Nattapon Hongthong
	Chayanat Sangkharak
	Apisit Saitananuruk
	Sujan Manandhar
	Nutthapong Suknoppakit
	Suthiroj Jayasananon
	Pasin Nakin
	Phavinthon Phuboon
	Kunnarit Tangkamonsukati
	Boonyarit Terawitchanun
	Thanapon Oumyat

TRICK BLOCK

CGIリードアニメーター	岩崎健司	
CGIアニメーター	畠中雄志	宮岡成哉
	李 キン	
テクニカルアーティスト	田井地諒	島田智宏
CGIモデラー	沖 拓也	
レンダリングアーティスト	山内理美	
プロジェクトマネージャー	藤沼優子	
CGIアニメーションディレクター	笹川恵介	

西龍

CGIプロデューサー	川崎雅也	
CGIディレクター	早野海兵	
CGIアーティスト	恒川幸生	藤本 拓
	山下及彰	
プロジェクトマネージャー	南 麻衣子	

SAMURAI PICTURES

CGIモデリングディレクター	林 和正	
CGIモデラー	熊谷直希	
CGIモデラー・CGIリードアニメーター	村上テイ子	
CGIアニメーター	長島遼太	橋本卓也
プロダクションマネージャー	草間博之	
CGIプロデューサー	谷口顕也	

E7

プロダクションマネージャー	Prissaporn Tangpaisalkit
	Keerata Uthairungratsamee
CGIアニメーター	Nuttawat Thip-o-sot
	Kasidis Tumkunarnon
	Sakol Sutthipak
	Praeploy Rajchapakdee

	Mahitthapat Worapho Woramessiah
	Tanupong Sratongyae
パイプラインスーパーバイザー	Chanon Vilaiyuk
パイプラインテクニカルディレクター	Nattapong Nilprohm
	Chaiyachat Ritsomboon
VFXスーパーバイザー	Pisan Zimkrathoke
VFXプロデューサー	Thipsuda Kasate
ライティングアーティスト	Tanarat Poonprasert
	Tulyawat Sripraram
コンポジター	Jiraphat Hunseree
	Thodsaporn Charkrittanon

Group B

技術開発ディレクター	Eddy Vorachart
プリヴィズスーパーバイザー	Anusart Supcharoenchai
CGIアニメーションディレクター	Chakkarin Sriwattanamongkol
	Sasipohn Jinanavin
	Muhammad Irfan Farooq
CGIアニメーションマネージャー	Thapana Inthaiwong
CGIアニメーター	Jittrapa Kuljittisuteeporn
	Narawit Pimonphun
	Sasawat Rattanawannakul
	Sittakarn Maidee
	Yousuf Abbas
	Muhammad Nasir
	Muhammad Shehroz
	Panupong Tipmonta
	Siwinee Meechan
	Supachai Thein
	Veeravit Pongniticharoen
ストーリーボードアーティスト	Natchayaporn Saengkham
パイプラインテクニカルディレクター	Jittarin Jaroensook
VFXスーパーバイザー	Sakda Wankan
	Patanasak Vorasayan
	Chaloempong Balpala
VFXマネージャー	Tanawat Wattanachinda
VFXプロデューサー	Panitpim Iamlek

CGI Studios, Modeling Works

CYCLONE GRAPHICS inc.

CGIモデラー	設楽友久	津田くみえ
	千田やよい	くつぎけんいち

LARX ENTERTAINMENT

CGIモデラー	内山正文	加藤大輔
	平山知広	小川裕樹

Sublimation

CGIモデラー	須貝真也	伊藤弘樹

武右工門 BUEMON inc.

CGIモデラー	今野 航

ModelingCafe

プロダクションマネージャー	北田栄二	
CGIプロデューサー	武田郷平	
コンセプトアーティスト	山家 遷	
CGIモデラー	吉川貴弘呂	凩 利樹
	奥村勇人	丸山照太
	大和秀征	井上剛登
	齋藤隼人	

LAPIZ INC.

CGIプロデューサー	深津存可
CGIディレクター	江澤和仁
CGIリードモデラー	小林理貴
CGIモデリング	嶋田健人

CGI Studios, Technical Works

BACKBONE RIG & TR EXPERTS

リグコンサルタント	福本健太郎
リガー	油原　彩　塙　学
	田渕玲児　守實友美

eST デベロップメントチーム
冨樫正樹　佐野洋子

日本CGサービス
痴山紘史

東映ツークン研究所

フェイシャルキャプチャーチーフデザイナー	木下　紘
フェイシャルキャプチャーデザイナー	永木慎一　高橋和也
プロジェクトマネージャー	木村尚平
プロデューサー	樋口純一

日下部実　楊上弘

CGI協力

AMATA STUDIO

Nuntavit Suriyunkietkaew　清弘文哉

Wonderful Works
榊　馨

OMNIBUS JAPAN
A TOHOKUSHINSHA COMPANY

渋谷美久　詫間浩太
君塚紀貴　加藤就平

テクニカルコンサルタント
小森俊輔

Composite・VFX

χαρα
スタジオカラー

撮影監督
福士　享 (T2 studio)

副撮影監督
平林奈々恵 (カラー)

撮影監督補佐
染谷和正 (T2 studio)

撮影

T2studio

田澤二郎	江間常高
児玉純也	鈴木麻予
赤尾英美	Tan Xiao Hui
久野宙山	

χαρα
スタジオカラー

浦林和紀　鄭　吉

MAD BOX

酒井淳子　畑中宏信

でんぎゃらりー

山口直人

アニメフィルム

千葉洋之　井上江美

chiptune.
町田　啓

Color&Smile
植村優基

泉津井陽一

283

特技監督
山田豊徳

特殊技術撮影
矢辺洋章　石塚恵子　李　周美　上遠野 学
池田健一　先名美帆　福澤　瞳

撮影管理
清水一達

特技開発　　　　　　コンポジットテクニカルアーティスト
矢辺洋章　　　　　　　　浦林和紀

セル画アナログ撮影
藪田順二　奥井　敦

ラインテスト
asurafilm

梶田　至	比嘉友哉	出嶋　渉	伍　偉明	村上孝徳
金澤泰斗	三浦大和	川内之碩	早川悟史	宮城勝伍
池田優希	鮑焯軒	豊田恵理	赤嶺晴生	大塚紅葉
陳　長巻	松井　士	葛西芳樹	加藤孝史	入澤渓太
田口　慎	廣田　茜	木村佳胤		

Assez Finaud Fabric.　　　C-Station

名誉特技監督
増尾昭一

編集
辻田恵美

編集助手
高野圭亮　上野聡一　丹羽真結子

声ノ出演

緒方恵美
林原めぐみ
宮村優子
坂本真綾
三石琴乃
山口由里子
石田　彰
立木文彦

清川元夢	関　智一
岩永哲哉	岩男潤子
長沢美樹	子安武人
優希比呂	大塚明夫
沢城みゆき	大原さやか
伊瀬茉莉也	勝　杏里

山寺宏一　　内山昂輝

川田紳司　　興津和幸　　下山吉光　　星野充昭

さとうあい　　滝沢ロコ　　堀越真己　　八百屋杏　　斎藤千和
小野塚貴志　　儀武ゆう子　　手塚ヒロミチ　　堝真奈美　　大南悠
中務貴幸　　丹羽正人　　広瀬さや　　中村源太　　武蔵真之介
新祐樹　　前田玲奈　　村田知沙　　虎島貴明　　井関花芽

神木隆之介

テーマソング
「One Last Kiss」
「Beautiful World (Da Capo Version)」
宇多田ヒカル
(Sony Music Labels Inc.)

音楽
鷺巣詩郎

演奏	Perry Montague-Mason and The London Studio Orchestra
指揮	Nick Ingman　John Ashton Thomas　天野正道
編曲	天野正道　挾間美帆　CHOKKAKU　鷺巣詩郎
Lyrics	Mike Wyzgowski
独唱	Mike Wyzgowski　Hazel Fernandes　Catherine Bott　Michael George　林原めぐみ
合唱	Catherine Bott　Deborah Miles-Johnson　Andrew Busher　Michael George
	Emma Brain-Gabbott　Simon Grant　LOREN and Freedom Gospel Choir
	TOKYO FM 少年合唱団　佐々木詩織　高橋洋子
ピアノ	宮城純子　北るみ子　クリヤ・マコト　中西康晴　Dave Hartley　鷺巣詩郎
エンジニア	Rupert Coulson　Jonathan Allen　Simon Rhodes　Philip Bagenal　川口昌浩　鷺巣詩郎
ライブラリアン	鷺巣由比子　谷本由紀子　Ron Shillingford
Contractor	Isobel Griffiths Ltd.

音楽制作
島居理恵　　ロージャム有限会社

音響効果
野口透

録音
住谷真

台詞演出
山田陽 (サウンドチーム・ドンファン)

台詞演出助手
鶴巻慶典 (サウンドチーム・ドンファン)

音響効果助手
鋤柄務

音響制作
サウンドチーム・ドンファン

プリヴィズ制作
χαρα
スタジオカラー

プリヴィズ制作協力
特撮研究所
尾上克郎　　三池敏夫

音響制作・担当
有馬加奈子　松下春香　中内真子

台詞録音スタジオ
Studio Don Juan

ダビングステージ
東宝ポストプロダクションセンター

スタジオエンジニア　テクニカルサポート
佐野優介　越真一郎

東宝スタジオコーディネート
立川千秋　早川文人　西野尾貞明

Digital Intermediate
Di Factory

DIプロデューサー・カラーグレーダー　齋藤精二
フィニッシングエディター　大竹航
ポスプロマネージャー　中村旭臣

第3村ミニチュア制作
DEN
ミニチュア制作　田島勇
ミニチュア制作助手　福島彰夫　鶴田智也

第3村モーションキャプチャー
モーションアクター
小野瀬侑子　竹内恵美　来栖杏夏
杉浦功兼　タイソン大屋　加納健詞

テクニカル
クレッセント
Mocapスーパーバイザー　小谷創　峠美也子
チーフMocapスペシャリスト　若井雅幸
Mocapスペシャリスト　福島丘八　本間克昂　三宅伸一
工藤史皓　近藤悠人　陳柏霖
太田貴士　横山亮平　辻野マクシミリアン
システムコーディネーター　林直樹
テクニカルエンジニア　菊谷康太　下釜恵黎也
チーフCGデザイナー　落合位至
CGデザイナー　大淵啓吾

助監督
大庭功睦　上田倫人

プリヴィズヴァーチャルカメラマン
摩砂雪　鶴巻和哉　轟木一騎

プリヴィズカメラマン
松井祐亮　釣井省吾　仲眞良一　岩里昌則　鬼塚大輔

モーションキャプチャー・ヴァーチャルカメラ収録スタジオ
東宝映像美術
尚建設株式会社
　　　　　　　　　　　　　　テクニカルサポート　加々美守
美術進行　鍵和田正樹　スタジオコーディネート　牛房修一　會田望
大道具　百瀬久寿　大塚進一　立松雄太郎

東宝スタジオサービス

制作応援
大屋哲男　津久井勝也　加用梨恵　宮下果代

プリヴィズガイドボイス
川上彩　倉冨祐一郎　斎藤楓子　坂本あすみ　障子聖奈
関口量治　田端祐佳奈　夏生　新田大地　野澤早織
長谷川暖　福西勝也　前迫有里紗　松川裕輝　本山かおり
山口智広　吉岡沙知　吉田丈一郎

アクションパートモーションキャプチャー
アクション
STUNT TEAM Gocoo (STUNT JAPAN)
アクション監督　田渕景也
モーションアクションアクター　荒川真　坂井良平　中山甲斐

モーションキャプチャー収録スタジオ
ディーワン
古賀祐次　斉藤仁平　小西麻央　齋藤ちひろ

ヴァーチャルカメラ収録スタジオ
χαρα
スタジオカラー

アクションパートヴァーチャルカメラマン
摩 砂雪

アクションパートカメラマン
松井祐亮　　釣井省吾　　鬼塚大輔

パネル美術制作
背景
アトリエ雲
島倉二千六

特殊技術素材・パネル美術撮影
特撮研究所
特殊技術　尾上克郎
美術　三池敏夫
撮影　鈴木啓造　　岡本純平
照明　山崎　豊
操演特殊効果　中山　亨
撮影助手　内田　圭　　髙橋優作
照明助手　堀本奈穂
美術助手　松浦　芳　　長谷川俊介　　髙橋　一
操演特殊効果助手　和田宏之　　花谷充泰　　髙橋ひと美
助監督　小串遼太郎　　福吉麟太郎　　橋本　彗
制作進行　髙柳優一

テクスチャパネル制作　小林　椿

空中映像撮影班
空中撮影
空撮コーディネーター　志田信幸
ドローンカメラマン　上村哲平
ドローンパイロット　森　康智

Composite・VFX
●Throne Inc.　SERAPH　　　　alphaliez
VFXプロデューサー　結城崇史　シニアコンポジター　美佐田幸治　　コンポジット　豊岡由之
VFXコーディネーター　リー・ロクサナ　リード・コンポジター　護摩堂雅子　　マネジメント　福嶋瞬カルロス
リードCG　近藤寿明

プリヴィズ制作担当
川島正規(カラー)

総監督助手
轟木一騎

脚本協力
榎戸洋司　　鶴巻和哉

翻訳・外国語監修
兼光ダニエル真

翻訳協力
津久田重吾　　ジェーニャ　　Mikhail Koulikov　　Stéphane Lapie　　萬德邦尚
Oliver Bolzer　　Joachim Jaentsch　　スタンザーニ詩文奈　　John R Robison
Eleni Aloupogianni　　白石隆治　　Ein Lee

筆記協力
宮村優子　坂本真綾　関 智一　内山昂輝　ルイーズ

スタッフロール
竹内秀樹 (サバタイトル)

制作
χαρα
スタジオカラー

制作統括プロデューサー
岡島隆敏

制作進行補佐
白木皓亮　長屋春華

アニメーションプロデューサー
杉谷勇樹

スタジオマネジメント
西川 恵
澤木沙織　加藤真弓　城内友紀　髙野由加里

設定制作
田中隼人

コーポレートマネジメント
武井成浩

制作進行
成田和優
山城幸誉
藤原滉平
髙橋福大郎

システムマネジメント
鈴木慎之介
三澤一樹　高田圭祐　阿部湧人

リテイク管理
藤田規聖
工藤 優

社長室マネジメント
菊池啓子　里見かな

車両協力
アルファロード
加藤健一　桝本雪路

制作協力

TRIGGER
志太駿介　市山力也
堤 尚子　栗原 健

T2studio
高橋賢太郎　別府光太郎
若林 優　狐塚菜穂

Wish
伊藤良樹

アルバクロウ
稲垣亮祐

大町プロダクション
大町義則

ナンナントウ
長橋珠美　雪丸博子

Q PROJECT STUDIO Q,INC.
麻生 健
秋本泰行　横溝亜希子
前園勝稔　谷 恵梨香
石村理紗　諫山秀一
早田久美子　高須裕子
中村 太　伊東えりか

MAD◇BOX
川下裕樹

アニメフィルム
古林一太

株式会社ササユリ
舘野仁美　有村虎彦

chiptune.
熊澤祐哉

Creators in Pack inc.
別府洋一　はたなかたいち

productionGoodBook
山田聖也

DRMOVIE
Kim Kwan-woo　Moon Seong-ho

キネマシトラス　WIT STUDIO　MAPPA　ゼクシズ　MSJ武蔵野制作所

機材協力

Adobe Premiere Pro

Atsuko Yamagishi　　Todd Reeder　　Keiko Yamada　　田中玲子

blender　　PSOFT　　unity　　Sync　　EIZO

.Too　　Fontworks　　NetWave　　splashtop　　wacom

曽根　剛　　是松尚貴　　北村浩久(SILVER LINK.)　　bry-ful　　福井友里恵

画面協力

株式会社スタジオジブリ「となりのトトロ」
有限会社ナンナントウ
株式会社円谷プロダクション
NASA's Scientific Visualization Studio「CGI Moon Kit」
市古斉史(TGB design.)
摩砂雪「水中映像」

音響協力

「真実一路のマーチ」　　　　「世界は二人のために」　　　　「人生を語らず」
作詞:星野哲郎　作曲:米山正夫　　作詞:山上路夫　作曲:いずみたく　　作詞:吉田拓郎　作曲:吉田拓郎

「惑星大戦争BGM」　　　　「VOYAGER～日付のない墓標～」
作曲:津島利章　　　　作詞:松任谷由実　作曲:松任谷由実

アーカイブ協力

特定非営利活動法人アニメ特撮アーカイブ機構（ATAC）
田中美津子　　三好　寛
辻　壮一

取材・考証協力

小熊英二　　宮崎慶一郎　　松村嘉浩　　角川浩　　佐藤裕美子　　小島健一　　百束泰俊
平田成　　川原田円　　上田倫人　　橋本幸士　　浅野竜一　　大野章　　齋藤幸久

東京大学情報システム工学研究室　　公益財団法人日本盲導犬協会　　認定NPO法人全国盲導犬施設連合会
盲導犬普及支援の会　　アビオ株式会社　　日本ジムニークラブ関西支部
株式会社オズコーポレーション(OZ MOTORS)　　ヤマナ鉄工建設株式会社　　一般社団法人梅酒研究会
株式会社ウイング・クラブ　　株式会社東急レクリエーション　　渋谷駅桜丘口地区市街地再開発組合

ロケーション協力

天竜浜名湖鉄道株式会社　　特定非営利活動法人大山千枚田保存会　　株式会社松井建設
甲州市観光商工課　　くめがわ電車図書館　　東村山市立中央図書館
東村山市教育委員会　　公益財団法人東日本鉄道文化財団青梅鉄道公園
森田美好　　株式会社太陽家具百貨店　　大森一弘　　太陽石油株式会社 山口事業所
宇部興産株式会社　　JR西日本ロケーションサービス　　宇部フィルムコミッション

終章

協力
株式会社美松堂　株式会社三交社　株式会社J's コーポレーション　株式会社シネバザール
株式会社SMALL WORLDS　株式会社ファンテック　TVPaint Developpement　株式会社コルク
鶴巻夏旗　前田真那　小林　椿　小林浅黄　菊池　健
菊池　陽　岩里匠真　岩里　樹　山崎莉乃　BOCHEW Emmanuel
菅野千愛　Lise Menzin　笠井圭介　北林秀生　阿部敏昭

鈴木敏夫　川上量生　高橋　望

配給
東宝
市川　南　吉田充孝　臼井　央　中山正樹　井上　拓　馮　年

東映
紀伊宗之

カラー
緒方智幸

宣伝
カラー
轟木一騎　加藤亜姫
島居理恵

東映
湯口隆明　孤嶋健二郎　河野和孝
高橋遥介　蓬田　智　長門彩音　井手美月
小川寿美子(ティ・ジョイ)　新妻貴弘(ヨアケ)　三瓶貴士(東映エージェンシー)

グラウンドワークス：
神村靖宏
神村典子　濱岡清吾　神村綾子　田渕浩久

八万・能
ナカヤマン。　庵野秀明

ナカヤマン。サポート
加藤杏奈　原田美緒　スー　島崎令子　丹波伸輔
村野友哉　鳴海　翔　神農佑典
FACiliTY

宣伝補佐
増田勇翔　田所さおり(キングレコード)　佐々木和子(ムービック)

宣伝協力
氷川竜介
株式会社ムービック
EVANGELION STORE　RADIO EVA
EVA-EXTRA

290

株式会社KADOKAWA	パナソニック株式会社	ソニーモバイルコミュニケーションズ株式会社	
東日本旅客鉄道株式会社	朝日新聞社	株式会社ローソン	株式会社セブン-イレブン・ジャパン
株式会社丸井グループ	PARCO	小田急グループ	箱根小涌園ユネッサン
株式会社富士急ハイランド	東映太秦映画村	SMALL WORLDS TOKYO	東京スカイツリー
キャナルシティ博多	阪神高速道路株式会社	中京テレビ放送	名古屋鉄道
あおなみ線	参天製薬株式会社	シック・ジャパン株式会社	株式会社ゼンショーホールディングス
カレーハウスCoCo壱番屋	ユニクロ	株式会社スギ薬局	UCC上島珈琲株式会社
山崎製パン株式会社	株式会社ラウンドワン	JOYSOUND	フィールズ株式会社
株式会社海洋堂	株式会社バンダイ	株式会社BANDAI SPIRITS	株式会社バンダイナムコアミューズメント
株式会社セガ	株式会社メディア・マジック	株式会社SCRAP	株式会社CDG
株式会社トーハン	日本テレビ放送網株式会社	株式会社BS日本	ボノス株式会社
XFLAG	LINE株式会社	ガンホー・オンライン・エンターテイメント株式会社	
テクテクライフ株式会社	pixiv	株式会社エイチーム	全日本刀匠会
龍遊館	ゲヒルン株式会社	株式会社effective	株式会社J・Grip

上海新創華文化発展有限公司　　Anime Ltd.

エヴァンゲリオン レーシング　　神奈川県箱根町　　新幹線変形ロボ シンカリオン

キングレコード株式会社

版権管理
株式会社グラウンドワークス：
神村靖宏
柳澤由香　　首藤一真　　佐竹寛　　王珺珊

製作
株式会社カラー

エグゼクティブ・プロデューサー
庵野秀明
緒方智幸

監督
鶴巻和哉
中山勝一
前田真宏

総監督
庵野秀明

付録I

株式会社カラーの沿革(年表)

　株式会社カラーは2006年5月17日に庵野秀明を代表取締役社長として設立された。本付録は、設立から2023年3月現在までの株式会社カラー関連の主な沿革を年表としてまとめたものである。

	出来事	備考
2006年		
5月17日	株式会社カラー設立	大安吉日、創立。会社名の「カラー」はギリシャ語で「歓喜」の意。命名とロゴの手書き文字は取締役・安野モヨコによるもの。
9月15日	スタジオカラー設立	『新劇場版』シリーズの制作開始に伴い、株式会社カラーのアニメーション制作スタジオとして、スタジオカラーを設立。こちらもロゴの手書き文字は安野モヨコによる。
2007年		
9月1日	劇場用アニメーション映画『ヱヴァンゲリヲン新劇場版：序 EVANGELION:1.0 YOU ARE (NOT) ALONE.』公開	製作／カラー 配給／カラー、クロックワークス 制作／スタジオカラー 監督は摩砂雪、鶴巻和哉。総監督は庵野秀明。興行収入20億円。
2008年		
4月1日	『ヱヴァンゲリヲン新劇場版：序 アニメーション原画集』発売	
4月25日	DVD『ヱヴァンゲリヲン新劇場版：序 EVANGELION:1.01 YOU ARE (NOT) ALONE.』発売	
5月15日	『ヱヴァンゲリヲン新劇場版：序 全記録全集』発売	
2009年		
5月27日	Blu-ray・DVD『ヱヴァンゲリヲン新劇場版：序 EVANGELION:1.11 YOU ARE (NOT) ALONE.』発売	
6月27日	劇場用アニメーション映画『ヱヴァンゲリヲン新劇場版：破 EVANGELION:2.0 YOU CAN (NOT) ADVANCE.』公開	製作／カラー 配給／カラー、クロックワークス 宣伝／カラー 制作／スタジオカラー 監督は摩砂雪、鶴巻和哉。総監督は庵野秀明。興行収入40億円。
2010年		
5月26日	Blu-ray・DVD『ヱヴァンゲリヲン新劇場版：破 EVANGELION:2.22 YOU CAN (NOT) ADVANCE.』発売	
7月15日	『松原秀典イラストワークス』発売	
8月18日	『FLCL Blu-ray BoX』期間限定版　発売	
9月6日	『ヱヴァンゲリヲン新劇場版：破 全記録全集』発売	
2011年		
5月28日	『ヱヴァンゲリヲン新劇場版：破 アニメーション原画集 上巻』発売	
8月24日	ミュージックビデオ『pair＊／メーヴ』収録コンパクトディスク発売	制作／スタジオカラー カラーデジタル部が単独で手掛けた初作品。監督は小林浩康。
9月3日	劇場用実写映画『監督失格』公開	製作／カラー、コイノボリピクチャーズ 庵野秀明の実写初プロデュース作品。
10月28日	『ヱヴァンゲリヲン新劇場版：破 アニメーション原画集 下巻』発売	
11月23日	『ふしぎの海のナディア Blu-ray BOX』発売	
2012年		
2月13日	展覧会『「オチビサン」とまめつぶ屋』展開催	大阪会場：天満橋「ギャラリーセンティニアル」にて開催。期間は2012年2月13日(月)〜22日(水) 東京会場：根津「ギャラリーTEN」にて開催。期間は2012年3月20日(火)〜25日(日)
2月24日	展覧会『松原秀典原画展』開催	高岡市美術館にて開催。期間は2012年2月24日(金)〜3月4日(日)
	『トップをねらえ！ Blu-ray Box』発売	
4月6日	テレビ番組『コンテンツビジネス最前線 ジャパコンＴＶ』オープニングアニメーション放送	制作／スタジオカラー
6月22日	『トップをねらえ２！ Blu-ray Box』発売	

	出来事	備考
2012年		
7月10日	展覧会『館長 庵野秀明 特撮博物館　ミニチュアで見る昭和平成の技』開催	東京展：東京都現代美術館にて開催。 期間は2012年7月10日（火）〜10月8日（月・祝） 主催／公益財団法人東京都歴史文化財団 東京都現代美術館、日本テレビ放送網、マンマユート団 企画制作協力／スタジオジブリ、三鷹の森ジブリ美術館 館長／庵野秀明 副館長／樋口真嗣 カラーは協力として参加。 松山展：愛媛県美術館にて開催。 期間は2013年4月3日（水）〜6月23日（日） 新潟展：新潟県立近代美術館にて開催。 期間は2013年11月8日（金）〜2014年1月21日（火） 名古屋展：名古屋市科学館にて開催。 期間は2014年11月1日（土）〜2015年1月12日（月・祝） 熊本展：熊本市現代美術館にて開催。 期間は2015年4月11日（土）〜6月28日（日）
	同展覧会にて展示映像『巨神兵東京に現わる』発表	制作／カラー、特撮研究所
	劇場用短編実写映画『巨神兵東京に現わる 劇場版』公開	制作／カラー、特撮研究所
11月17日	劇場用アニメーション映画『ヱヴァンゲリヲン新劇場版：Q EVANGELION:3.0 YOU CAN (NOT) REDO.』公開	製作／カラー 配給／カラー、ティ・ジョイ 宣伝／カラー 制作／スタジオカラー 監督は摩砂雪、前田真宏、鶴巻和哉。総監督は庵野秀明。興行収入53億円。
11月28日	展覧会『オチビサン』原画展開催	西武池袋本店書籍館にて開催。期間は2012年11月28日（水）〜12月20日（木）
2013年		
1月23日	展覧会『「オチビサン」とまめつぶ屋』展開催	ギャラリーヨコにて開催。 期間は2013年1月23日（水）〜27日（日）
4月24日	Blu-ray・DVD『ヱヴァンゲリヲン新劇場版：Q EVANGELION:3.33 YOU CAN (NOT) REDO.』発売	
7月20日	アニメーション映画『風立ちぬ』公開	庵野秀明が主人公・堀越二郎役で声の出演。
8月7日	展覧会『エヴァンゲリオン展』開催	東京展：松屋銀座にて開催。 期間は2013年8月7日（水）〜8月26日（月） 福岡展：北九州市漫画ミュージアムにて開催。 期間は2013年10月26日（土）〜12月27日（金）
8月9日	展覧会『安野モヨコのしごと展』開催	STITCH TOKYOにて開催。 期間は2013年8月9日（金）〜8月25日（日）
8月29日	プロモーションビデオ『魔神ステーション』公開	制作／スタジオカラー 監督は小林浩康。
11月23日	ミュージックフィルム『Shiro SAGISU petit film #01』公開	制作／スタジオカラー 監督は樋口真嗣、前田真宏。
12月29日	短編アニメーション『超亜空間防壁チーズ・ナポリタン』公開	制作／スタジオカラー 監督は鬼塚大輔。
2014年		
3月14日	『ヱヴァンゲリヲン新劇場版：Q アニメーション原画集 上巻』発売	
8月22日	『ヱヴァンゲリヲン新劇場版：Q アニメーション原画集 下巻』発売	
10月23日	第27回東京国際映画祭にて特集上映『庵野秀明の世界』開催	第27回東京国際映画祭（2014年10月23日（木）〜10月31日（金））での特集上映としてTOHOシネマズ日本橋にて開催。期間は10/24（金）〜10/30（木） 庵野のTVアニメ、劇場用アニメ、実写映画監督作品に加えて『アマチュア・庵野秀明』、「アニメーター・庵野秀明」、「監督他・庵野秀明（短編）」として42作品を上映した。 主催／公益財団法人ユニジャパン 共催／経済産業省（マーケット部門）、国際交流基金アジアセンター（アジア映画交流事業）、東京都（コンペティション部門）
11月7日	ウェブ配信アニメーションシリーズ『日本アニメ（ーター）見本市』配信開始	製作／カラー、ドワンゴ 制作／スタジオカラー（一部作品を除く） ロゴの題字は宮崎駿。題字色彩は鈴木敏夫。 全36話を制作。
11月29日	企画展『アンノヒデアキノセカイ』開催	ときわ湖水ホールにて開催。 期間は2014年11月29日（土）〜2015年1月12日（祝・月）

	出来事	備考
2014年		
12月3日	ミュージックビデオ『Beautiful World／宇多田ヒカル』公開	制作／スタジオカラー 監督は鶴巻和哉。『新劇場版』シリーズの映像を、新作カットも含め特別に再編集した。
12月6日	劇場用アニメーション映画 『宇宙戦艦ヤマト 2199 星巡る方舟』公開	前田真宏が絵コンテ、 庵野秀明、摩砂雪が原画に参加。
2015年		
4月1日	『シン・エヴァンゲリオン劇場版』及び ゴジラ新作映画に関する庵野秀明のコメントを発表	※図-1を参照
6月20日	劇場用実写映画『マッドマックス 怒りのデス・ロード』公開	前田真宏がConcept Art and Designとして参加。 米国では同年5月15日に公開。
7月1日	美術背景スタジオ『株式会社でほぎゃらりー』共同設立	株式会社カラー、株式会社ドワンゴ、株式会社スタジオポノックの共同出資によって設立。
7月18日	劇場上映『日本アニメ（ーター）見本市』開催	『見本市』のファーストシーズン全12話と、ウェブ配信前だったサードシーズンから5話を2週間限定で全国劇場上映。
8月7日	『新世紀エヴァンゲリオン TVアニメーション設定資料集 2015edition』発売	
8月26日	『新世紀エヴァンゲリオン Blu-ray BOX』発売	
	『新世紀エヴァンゲリオン TV放映版 DVD BOX』発売	
10月4日	**『エヴァンゲリオン』シリーズ20周年**	1995年10月4日に『新世紀エヴァンゲリオン』放映開始。 ※図-2を参照
2016年		
4月5日	学校法人専門学校 HALのCM「嫌い、でも、好き」篇 を監督	監督／吉崎響
5月17日	**株式会社カラー 設立10周年**	
7月1日	『khara inc.10th anniversary』ワールドツアー開始	Anime Expo2016：会場はロサンゼルスコンベンションセンター。 期間は2016年7月1日（金）～7月4日（月） Japan Expo2016：会場はパリ・ノール・ヴィルパント展示会会場。 期間は2016年7月7日（木）～7月10日（日） その他、以下に参加。 J-POP SUMMIT2016（サンフランシスコ 2016年7月22日～24日） ACG2016（香港 2016年7月29日～8月2日）アニメイト香港ブース 台湾漫画博覧会 日本館（台北市 2016年8月11日～16日） AFA2016 THAILAND（タイ 2016年8月19日～21日）アニメイトJMAブース AFA2016 INDONESIA（インドネシア 2016年9月16日～18日） AFA2016 SINGAPORE（シンガポール 2016年11月25日～27日）
7月20日	Blu-ray『庵野秀明 実写映画作品集 1998-2004』発売	
7月29日	劇場用実写映画『シン・ゴジラ』公開	総監督、脚本、編集、音響設計、ゴジラコンセプトデザイン、画像設計、画コンテ、タイトルロゴデザイン、 D班撮影・録音・監督、予告編演出、 宣伝監修・ポスター・チラシデザイン／庵野秀明 総監督助手、画コンテ、タイトル、D班撮影・録音・監督、 宣伝監修・ポスター・チラシデザイン／轟木一騎 画コンテ、D班撮影・録音・監督／摩砂雪 画コンテ／鶴巻和哉 画コンテ／前田真宏 プリヴィズ制作／スタジオカラー
	日本アニメ（ーター）見本市資料集Vol.1『西荻窪駅徒歩20分2LDK敷礼2ヶ月ペット不可 のいろいろ詰まった本』発売	
8月27日	劇場用アニメーション映画『この世界の片隅に』公開	松原秀典がキャラクターデザイン・作画監督として参加。
9月1日	展覧会 安野モヨコ展『STRIP!』開催	パルコミュージアムにて開催。 期間は2016年9月1日（木）～9月26日（月）
9月19日	ミュージックビデオ『桜流し／宇多田ヒカル』公開	制作／スタジオカラー 監督は吉崎響。『Q』の映像を中心に、新たに撮影効果などを加えて再編集した。

	出来事	備考
2016年		
10月15日	劇場上映『ゴーゴー日本アニメ(ーター)見本市』開催	『見本市』セカンドシーズン及びサードシーズンから12話と、初公開となる新作『機動警察パトレイバーREBOOT』を1週間限定で上映。
10月20日	日本アニメ(ーター)見本市資料集Vol.2『旅のロボからの歩き方』発売	
11月23日	展覧会『株式会社カラー10周年記念展 過去のエヴァと、未来のエヴァ。そして、現在のスタジオカラー。』開催	ラフォーレミュージアム原宿にて開催。 期間は2016年11月23日(祝・水)〜11月30日(水) 主催／カラー ※図-3を参照
	同展覧会にて展示映像『よい子のれきしアニメ おおきなカブ(株)』公開	企画／カラー 製作／カラー 制作／スタジオカラー 監督は小林浩康。安野モヨコが『10周年記念展』及び本冊子のために描き下ろした漫画をアニメーション化。
	『FLCL Blu-ray BOX』発売	
12月30日	『ジ・アート・オブ シン・ゴジラ』発売	
2017年		
1月19日	短編アニメーション『GRAVITY DAZE The Animation 〜 Ouverture〜』公開	制作／スタジオカラー 監督は小林浩康。
2月18日	テレビアニメーション『龍の歯医者 天狗虫編』放送	製作／カラー、NHK、NHKエンタープライズ、ドワンゴ 制作／スタジオカラー 監督は鶴巻和哉。
2月24日	準天頂衛星「みちびき」打ち上げのミッションロゴに採用	コンセプトデザイン／山下いくと 仕上げ／カラーデジタル部 監修／庵野秀明
2月25日	テレビアニメーション『龍の歯医者 殺戮虫編』放送	製作／カラー、NHK、NHKエンタープライズ、ドワンゴ 制作／スタジオカラー 監督は鶴巻和哉。
3月8日	庵野秀明が平成28年度(第67回)芸術選奨映画部門 文部科学大臣賞を受賞	
3月22日	コンサート『シン・ゴジラ対エヴァンゲリオン交響楽』開催	Bunkamuraオーチャードホールにて2017年3月22日、23日に開催。 主催／カラー エグゼクティヴ・プロデューサー／庵野秀明 作曲、編曲、総監督／鷺巣詩郎 指揮／天野正道 演奏／東京フィルハーモニー交響楽団 合唱／新国立劇場合唱団 ゲスト演奏／エリック宮城(トランペット)、今剛(ギター)、高水健司(ベース)、山木秀夫(ドラム)、宮城純子(ピアノ) キーボード／鷺巣詩郎 特別ゲスト／高橋洋子、和田薫 司会／林原めぐみ、松尾諭
5月9日	ニンテンドー3DSソフト『ファイアーエムブレム Echoes もうひとりの英雄王』のカットシーン制作を担当	カットシーン制作／スタジオカラー 監督／鬼塚大輔
5月12日	日本アニメ(ーター)見本市資料集Vol.3『カセットガール 全記録全集』発売	
6月9日	「特定非営利活動法人 アニメ特撮アーカイブ機構(ATAC)」設立	以下を目的に設立された。 〇日本で制作されたアニメーション及び特撮の記録と記憶を集め、少なくとも今後数世代以上にわたって受け継ぐことで、アニメと特撮を育み、また育まれた豊穣なヒトの営みを遺す。 〇アニメと特撮が世代や時代を超えた文化として、50年、100年を超え長く社会に親しまれ、新たな作品が創り続けられていくことを目指す。 〇デジタル技術を積極的に活用し、展示や人材育成に資する活きたアーカイブを構築及び運用するため、下記の活動を行う。 散逸又は毀損の恐れが高い事物の受入 アーカイブ手法確立のための調査研究 アーカイブの対象となり得る事物の現況調査 受入事物の整理・体系化及び活用方法の研究 オーラルヒストリーの実施 アニメ及び特撮の文化的価値等に関する普及啓発次世代を担う人材育成等 〇関係組織や団体、施設等ともなるべく連携することで、取組を通じて蓄えた情報やノウハウ、人材等を広く社会に還元する。 理事長／庵野秀明 副理事長／氷川竜介、樋口真嗣

	出来事	備考
2017年		
6月23日	テレビアニメ『龍の歯医者』が第23回上海国際テレビ祭「マグノリア賞」最優秀アニメーション賞受賞	
7月3日	アニメ・CG制作会社「「株式会社プロジェクトスタジオQ」共同設立	株式会社カラー、株式会社ドワンゴ、学校法人麻生塾の共同出資によって設立。
7月24日	『ヱヴァンゲリヲン新劇場版：序 画コンテ集』『ヱヴァンゲリヲン新劇場版：破 画コンテ集』『ヱヴァンゲリヲン新劇場版：Q 画コンテ集』同日発売	
7月28日	『よい子のれきしアニメ おおきなカブ（株）』公開	『株式会社カラー10周年記念展 過去のエヴァと、未来のエヴァ。そして、現在のスタジオカラー。』にて公開した同作品をカラー公式YouTubeチャンネルにて公開。企画／カラー　製作／カラー　制作／スタジオカラー　監督は小林浩康。
12月29日	『龍の歯医者』劇場上映	テレビアニメーション『龍の歯医者』を2週間限定で上映。
2018年		
1月11日	『龍の歯医者』原画展開催	ササユリカフェにて開催。期間は2018年1月11日（木）〜2月26日（月）
1月24日	龍の歯医者設定資料集『体系的 龍の歯医者 録』発売 Blu-ray『龍の歯医者』発売	
3月20日	『エヴァンゲリオンイラスト集 2007-2017』発売	
6月12日	日本アニメ（ーター）見本市資料集 Vol.4『ME!ME!ME! BOOK!BOOK!BOOK!』発売	
9月23日	ゲーム『ACE COMBAT™ 7: SKIES UNKNOWN』のシネマティクスディレクターを担当	シネマティクスディレクター／吉﨑響
2019年		
3月27日	『彼氏彼女の事情 Blu-ray BOX』発売	
6月1日	キャナルシティ博多にて『エヴァンゲリオン 使徒、博多襲来』上演開始	キャナルシティ博多にてキャナルアクアパノラマ第10作として上演。総監督／小林浩康　監督／千合洋輔　制作／スタジオカラー、プロジェクトスタジオQ
6月7日	『ヱヴァンゲリヲン新劇場版：序 全記録全集 ビジュアルストーリー版・設定 資料集』発売	ハードカバーの書籍『全記録全集』をソフトカバー化して再発売。
7月1日	エヴァ初の公式アプリ『EVA-EXTRA』配信開始	
7月24日	『新世紀エヴァンゲリオン Blu-ray BOX STANDARD EDITION』TVシリーズ単巻Blu-ray&DVDとともに発売	
7月26日	『ヱヴァンゲリヲン新劇場版：破 全記録全集 ビジュアルストーリー版』、『設定 資料版』同日発売	ハードカバーの書籍『全記録全集』をソフトカバー化して再発売。
2020年		
4月8日	学校法人専門学校 HALのCM「Power of Voice」篇のディレクターを担当	ディレクター／吉﨑響
6月9日	『新世紀エヴァンゲリオン 原画集』を電子書籍で復刻発売	
7月1日	展覧会 安野モヨコ展『ANNORMAL』開催	東京展：世田谷文学館にて開催。期間は2020年7月1日（水）〜9月22日（祝・火） 仙台展：仙台文学館にて開催。期間は2020年10月4日（日）〜12月13日（日） 釧路展：北海道立釧路芸術館にて開催。期間は2021年7月16日（金）〜9月20日（月・祝） 大阪展：阪急うめだギャラリーにて開催。期間は2022年4月27日（水）〜5月9日（月） 金沢展：金沢21世紀美術館にて開催。期間は2022年9月10日（土）〜10月10日（月・祝） 名古屋展：ジェイアール名古屋タカシマヤにて開催。期間は2023年2月17日（金）〜2月27日（月）
10月4日	**『エヴァンゲリオン』シリーズ25周年**	
11月3日	須賀川特撮アーカイブセンター開館	
12月16日	『ふしぎの海のナディア Blu-ray BOX STANDARD EDITION』発売	
2021年		
1月23日	『新世紀エヴァンゲリオン原画集ダイジェスト』発売	『新世紀エヴァンゲリオン』TVシリーズオープニング及び第1話から第26話までの原画他を収録

	出来事	備考
2021年		
3月8日	劇場用アニメーション映画 『シン・エヴァンゲリオン劇場版 EVANGELION:3.0+1.0 THRICE UPON A TIME』公開	製作／カラー 配給／カラー、東宝、東映 宣伝／カラー、東映、グラウンドワークス： 制作／スタジオカラー 監督は中山勝一、前田真宏、鶴巻和哉。総監督は庵野秀明。 興行収入102.8億円。動員数672万人。
3月9日	宇多田ヒカル『One Last Kiss』ミュージックビデオ制作	監督／庵野秀明 編集／辻田恵美
3月22日	Blu-ray・DVD『シン・ゴジラ』発売	
4月24日	『新世紀エヴァンゲリオン劇場版 原画集ダイジェスト』発売	『新世紀エヴァンゲリオン劇場版』より 『EVANGELION:DEATH』及び『Air/まごころを、君に』の原画他を収録
5月17日	**株式会社カラー 設立15周年**	※図-4を参照
6月30日	『ヱヴァンゲリヲン新劇場版：Q 全記録全集 ビジュアルストーリー版』発売	
8月25日	4K Ultra HD Blu-ray・Blu-ray 『ヱヴァンゲリヲン新劇場版：Q EVANGELION:3.333 YOU CAN (NOT) REDO.』発売	
10月1日	展覧会『庵野秀明展』開催	東京展：国立新美術館にて開催。期間は2021年10月1日（金）〜12月19日（日） 大分展：大分県立美術館にて開催。期間は2022年2月14日（月）〜4月3日（日） 大阪展：あべのハルカス美術館にて開催。 期間は2022年4月16日（土）〜6月19日（日） 山口展：山口県立美術館にて開催。期間は2022年7月8日（金）〜9月4日（日） 新潟展：新潟県立万代島美術館にて開催。 期間は2022年9月23日（金・祝）〜2023年1月9日（月・祝） カラーは企画協力として参加。
11月3日	庵野秀明が第70回神奈川文化賞を受賞	
2022年		
2月14日	『シン・ジャパン・ヒーローズ・ユニバース』始動	カラー、東宝、円谷プロダクション、東映の4社により『シン・ゴジラ』『シン・エヴァンゲリオン劇場版』『シン・ウルトラマン』『シン・仮面ライダー』4作品のコラボレーションプロジェクトを立ち上げ。
3月15日	『Adam by Eve: A Live in Animation』一部パートのアニメーション制作を担当	楽曲／『暴徒』 作詞・作曲／Eve 制作／スタジオカラー 監督／吉﨑響
4月28日	庵野秀明、『紫綬褒章』を受章	※図-5を参照
5月13日	劇場用実写映画『シン・ウルトラマン』公開	共同製作／カラー 企画、脚本、編集、コンセプトデザイン、撮影、画コンテ、タイトルロゴデザイン、モーションアクター、ティザーポスター・ティザーチラシ表面デザイン、総宣伝監修、選曲、総監修／庵野秀明 プロデューサー／川島正規 撮影、画コンテ、アクションパートヴァーチャルカメラマン、ティザーポスター・ティザーチラシ表面デザイン、副監督／轟木一騎 撮影、画コンテ、アクションパートヴァーチャルカメラマン、監督補／摩砂雪　デザイン／前田真宏
	『シン・ウルトラマン デザインワークス』発売	
7月8日	『シン・エヴァンゲリオン劇場版 アニメーション原画集 上巻』発売	
7月15日	展覧会『EVANGELION CROSSING EXPO - エヴァンゲリオン大博覧会 -』開催	東京展：渋谷ヒカリエにて開催。 期間は2022年7月15日（金）〜2022年8月26日（金） 大阪展：阪急神田本店にて開催。 期間は2022年12月27日（火）〜2023年1月16日（月） カラーは特別協力として参加。
11月11日	『シン・エヴァンゲリオン劇場版 アニメーション原画集 下巻』発売	
2023年		
1月17日	特定非営利活動法人 アニメ特撮アーカイブ機構（ATAC）、東京都より「認定特定非営利活動法人（認定NPO）」に認定	この認定取得により、個人・法人いずれの場合も、寄付者に対して税制上の優遇措置を受けることが可能に。
2月24日	『トップをねらえ！』&『トップをねらえ2！』 各Blu-ray Box Standard Edition発売	
3月8日	Blu-ray・DVD『シン・エヴァンゲリオン劇場版 EVANGELION:3.0+1.11 THRICE UPON A TIME』発売	
3月17日	劇場用実写映画『シン・仮面ライダー』公開	共同製作／カラー 脚本、監督、コンセプトデザイン等／庵野秀明 副監督等／轟木一騎 デザイン／前田真宏 アクションプリヴィズスーパーバイザー／鬼塚大輔 ビジュアルデベロップメントディレクター／小林浩康 アソシエイトプロデューサー／川島正規

※表記は一部抜粋・省略。

図-1：『シン・エヴァンゲリオン劇場版』及びゴジラ新作映画に関する庵野秀明のコメント
（出典：カラー公式HP）

我々は、何をまた作ろうとしているのか。
そして何故、空想特撮映画を作る事を決めたのか。

2012年12月。エヴァ：Qの公開後、僕は壊れました。
所謂、鬱状態となりました。
6年間、自分の魂を削って再びエヴァを作っていた事への、当然の報いでした。

明けた2013年。その一年間は精神的な負の波が何度も揺れ戻してくる年でした。自分が
代表を務め、自分が作品を背負っているスタジオにただの1度も近づく事が出来ません
でした。
他者や世間との関係性がおかしくなり、まるで回復しない疲労困憊も手伝って、ズブズ
ブと精神的な不安定感に取り込まれていきました。

その間、様々な方々に迷惑をかけました。
が、妻や友人らの御陰で、この世に留まる事が出来、宮崎駿氏に頼まれた声の仕事がア
ニメ制作へのしがみつき行為として機能した事や、友人らが僕のアニメファンの源になっ
ていた作品の新作をその時期に作っていてくれた御陰で、アニメーションから心が離
れずにすみました。友人が続けている戦隊シリーズも、特撮ファンとしての心の支えに
なっていました。

同年11月。鷺巣詩郎氏のPV制作をヒントにアニメの短編集企画を思い付いたのも、なん
とかアニメの面白さを今一度、体感し、アニメが好きだった事を今一度、確認し、アニ
メの現場に戻る拠り所を今一度、切望したかったからです。それと、エヴァの制作で疲
弊していたスタッフやスタジオにも、エヴァ以外の新企画が必要と感じたからでした。
この試みは、日本アニメ（ーター）見本市として現在も継続し、やって良かったと実感
しています。

2014年初頭。ようやくスタジオに戻る事が出来ました。それから、1年以上かけた心の
リハビリにより徐々にアニメの仕事に戻っています。同年10月に行われた東京国際映画
祭の特集企画で、高校時代から自分の作ってきた作品を、素直に振り返れた事も幸いし
ました。

そして、2015年。旧エヴァの放送から20年後の今、すでに2年以上もお待たせしてい
る、シン・エヴァンゲリオン劇場版の完成への実現に向けた作業も、なんとか進められ
ています。
僕の周囲の方々、そしてアニメファンの皆様が、再び完結に向かうというモチベーショ
ンを支えてくれているからです。本当に、感謝します。
そして、皆様から、シン・エヴァの公開まで今しばらくの時間をいただければ、幸いで
す。

と、同時に今は、空想特撮映画を形にする作業も行っています。
始まりは、2013年1月末でした。

東宝の方から直接「ゴジラの新作映画の監督をお願いしたい」と、依頼を受けました。
精神的にも不安定でしたし、「無理です。エヴァもあるし、出来ませんよ」と、その場は固辞しました。
が、東宝の誠意と盟友樋口真嗣監督の熱意に心が動かされ、
同年3月、監督を引き受ける事にしました。

過去の継続等だけでなく空想科学映像再生の祈り、特撮博物館に込めた願い、思想を具現化してこそ先達の制作者や過去作品への恩返しであり、その意思と責任の完結である、という想いに至り、引き受ける事にしました。
今しか出来ない、今だから出来る、新たな、一度きりの挑戦と思い、引き受ける事にしました。
エヴァではない、新たな作品を自分に取り入れないと先に続かない状態を実感し、引き受ける事にしました。

同年5月、作品として描きたい、描くべき主題を決めました。
そして同年6月、G作品メモという企画書を東宝に提出、プロット等の作成を開始。

ゴジラが存在する空想科学の世界は、夢や願望だけでなく現実のカリカチュア、風刺や鏡像でもあります。現在の日本でそれを描くという無謀な試みでもあります。
正直、世界資本に比べると制作費も制作時間も極端に少ない日本の現場で、様々な内容面に関する制約の中で、果たしてどこまで描けるのかはわかりません。

ただ、映画としてのプライドを持ち、少しでも面白い映像作品となる様に、本作もシン・エヴァも全力で作っていく事が、今の僕に出来る事だと思って作業を進め、映画の方向性や脚本内容等で紆余曲折あり、現在に至っています。

制作者が何を書いても言い訳にしか過ぎず、善意と悪意の前に晒される事態を重々承知の上で、こんな時代のこの国で日本を代表する空想特撮作品を背負って作る、という事を少しでも理解していただけたらという願いから、拙文を寄せています。

最後に、自分を支えてくれる周囲の人々と、作品を支えてくれているファン・観客の皆様の御陰で再び、映像が作れる、という事に改めて感謝します。

ありがとうございます。

監督・プロデューサー　庵野秀明

図-2：『エヴァンゲリオン』シリーズ20周年に寄せた庵野秀明のコメント（出典：カラー公式HP）

「エヴァンゲリオン」 シリーズ20周年 庵野秀明より御挨拶

1993年から企画を始めて1995年にTV放送が始まり、その時に作品舞台の設定年代を近未来の20年後、ジェッターマルスと同じ2015年とし、今年ついにTV版エヴァは近未来から過去の話になりました。

それでもなお、今もエヴァを作る事が出来るのは、ひとえに作品を支えてくれているファンの方々とスタッフの皆さんのお陰です。

本当に、20年間の御支援、ありがとうございました。

再び始めた新劇場版における物語を今一度終息させるべくがんばりますので、これからも、よろしくお願いします。

そして重ねて、御礼申し上げます。

ありがとうございます。

「エヴァンゲリオン」シリーズ 原作・脚本・監督　庵野 秀明

図-3：展覧会『株式会社カラー10周年記念展　過去のエヴァと、未来のエヴァ。そして、現在のスタジオカラー。』で配布された「株式会社カラー10周年記念冊子」に掲載された庵野秀明のコメント

御挨拶

(2016年5月17日 株式会社カラー創立10周年記念謝恩会にて)

株式会社カラー代表取締役　庵野秀明です。
本日は御多忙の上、御足元の悪い中を大勢の方に御来場いただき、誠にありがとうございました。
皆様やファンの御支援の御陰で、弊社も10年に渡り維持成長を続ける事が出来ました。

振り返れば、2006年3月に轟木と二人で西新宿に事務所を開設、5月17日大安吉日、会社設立の手続き一切を引き受けてくれた日テレの高橋君に登記書類を法務局まで出社途中に届けていただき、スタッフが増え西荻窪に2度のスタジオ開設をし、今日に至るまで、長い様であっという間の10年でした。なお弊社10年のヒストリーの概要は本会場内の展示物、詳細は今秋に都内にて開催予定の展覧会をご覧いただけると、幸いです。

昔話はさておき、弊社の展望について御話しさせていただきます。

最初に、主幹事業であるアニメーション等の映像製作。
鶴巻監督、前田監督、小林監督、鬼塚監督、吉崎監督らのアニメ作品を作り続けていきます。
そして、あれこれと遠回りをしつつですが、次回作、シン・エヴァンゲリオン劇場版も気力を尽くして取り組み続けていきます。
機会があれば、弊社製作の実写作品等も作っていきたいと思います。

次に、書籍出版だけでなく、新たな事業として厳しい業界への新規参入となりますが、音楽出版も立ち上げる予定です。

また、我々を育ててくれたアニメや特撮作品への恩返しとして2009年7月から細々と始めた文化事業ですが、今年は新たにNPO法人を立ち上げ、アニメや特撮の資料、ミニチュア等のアーカイブを各方面と協力して推進していきたいと考えています。

カラーの歴史はまだ10年です。まだまだ先は長く続くと思っています。
これからも、面白い作品を作り続け、アニメーションと社会に役立つ会社であり続けたいと思っておりますので、皆様、よろしくお願いいたします。
この機に社員一同、一層の日々精進をしていく所存です。

最後に、改めて御礼申し上げます。
ありがとうございました。

図-4：株式会社カラー設立15周年に寄せた庵野秀明のコメント（出典：カラー公式HP）

カラー設立15周年記念　御挨拶

新会社に関する最初のメモ（ペラ2枚）が書かれたのが2005年11月22日。
その時の会社名のメモを先程見たら「株式会社　シン・企画」というのが有り、すっかり今の今まで忘れていました。
因みに他には「株式会社　プロダクション2199」というメモも。
画像は2006年1月15日に決まった会社名を最初にWordで打った時のデータです。
その時から4ヶ月後の2006年5月17日（大安）に株式会社カラーが設立されました。
あれからちょうど15年。
弊社がこれまで続いたのも、新たな劇場版エヴァシリーズが完結出来たのも、応援してくれているファンの皆様や社員、スタッフ、キャスト、家族の御蔭です。

改めて、御礼申し上げます。
ありがとうございました。

5年前と同じ言葉ではありますが、これからも面白い作品を作り続け、アニメーションと社会に役立つ会社であり続けたいと思っておりますので、皆様、よろしくお願いいたします。
この機に社員一同、一層の日々精進をしていく所存です。

改めて、よろしくお願い申し上げます。

株式会社カラー代表取締役
庵野秀明

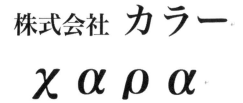

図-5：紫綬褒章受賞に寄せた庵野秀明のコメント（出典：カラー公式HP）

文化庁の方から御連絡を頂くまで勲章と褒章の区別も曖昧で、勲章と言えば1966年の「ロボタンの歌」と「ロボタンマーチ」が真っ先に浮かんでしまう、如何しようもないオタクな自分が、この様な名誉をいただいて良いものか戸惑いましたが、他界した両親と祖母が喜ぶかと思い、ありがたくお受けすることにしました。

この様な褒章を頂けるのも、妻や友人、映像関係のスタッフやキャスト、そしてアニメや特撮を支えて下さっているファンの皆様のお陰です。

有り難う御座います。

これからもアニメや特撮文化に御恩返し出来る様、面白いアニメや特撮映像作りに携わり、アーカイブ事業を推し進めていこうと思います。

よろしくお願いします。

監督・プロデューサー等　庵野秀明　2022/04/28

付録II

総監督による指示と修正の実例

　本付録は、『シン・エヴァ』制作中に総監督の庵野からスタッフに展開された実際の指示・修正の一部を示すものである。

設定・デザイン等に対する指示・修正

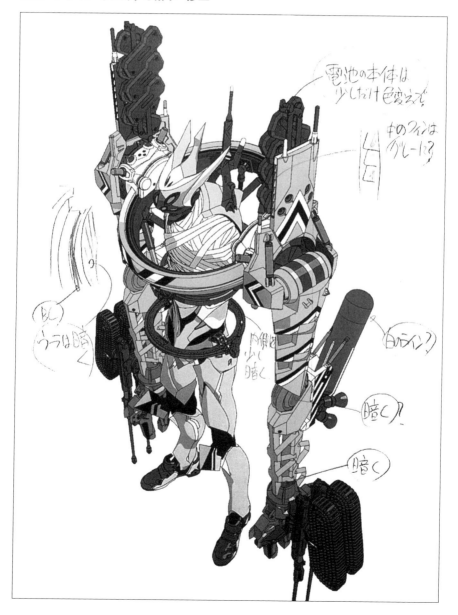

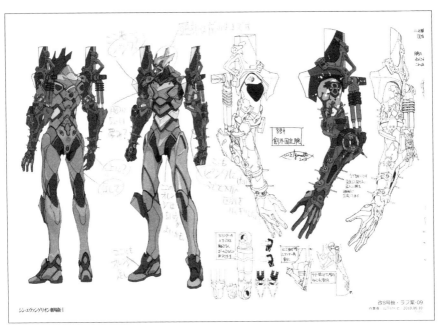

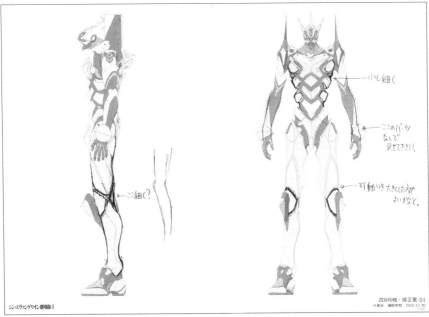

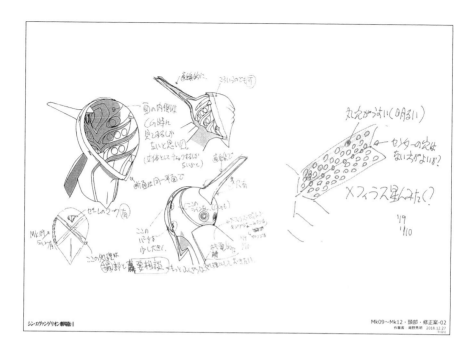

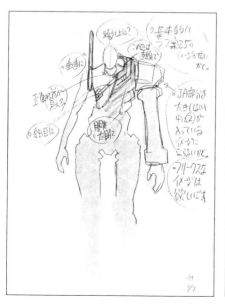

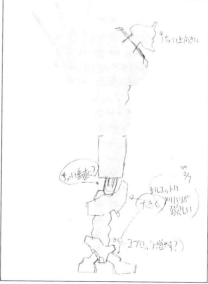

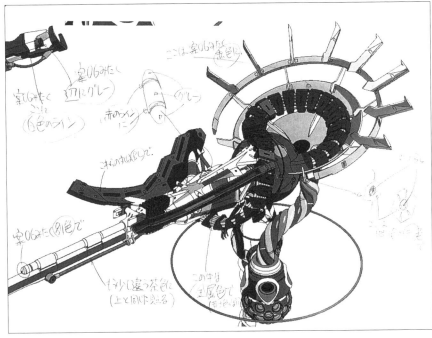

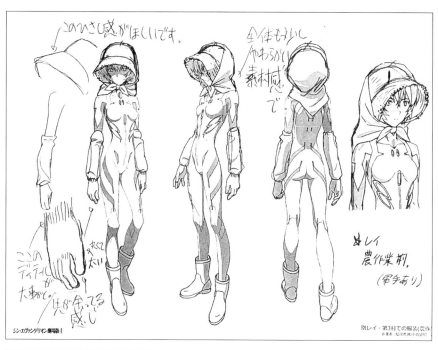

シン・エヴァンゲリオン劇場版Ⅱ

別レイ・第3村での服装(農作)

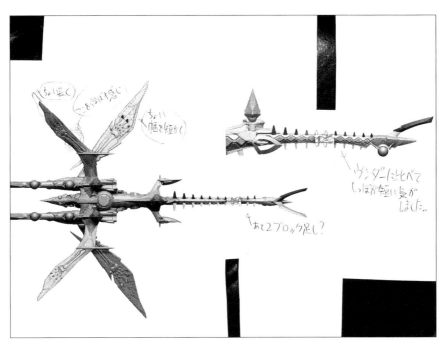

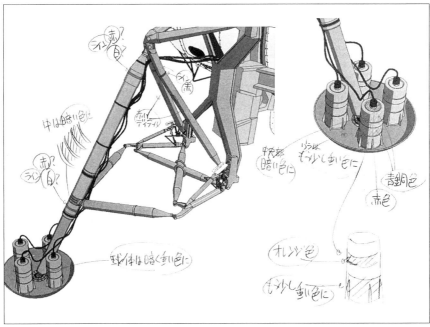

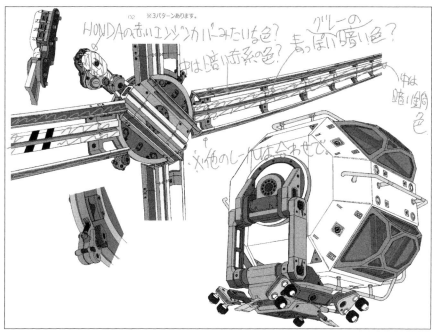

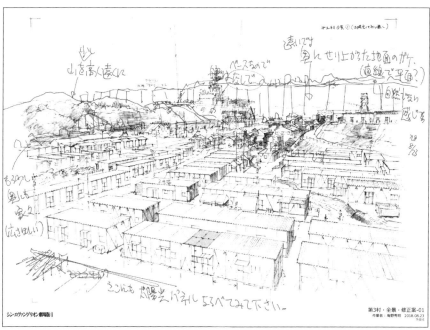

ラッシュに対するリテイク指示・修正（絵）

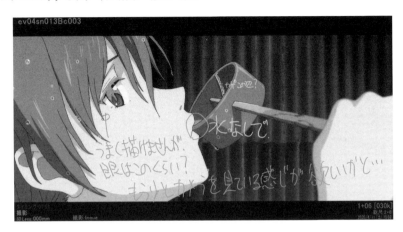

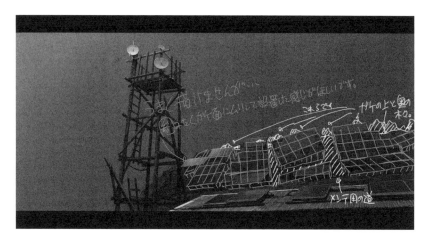

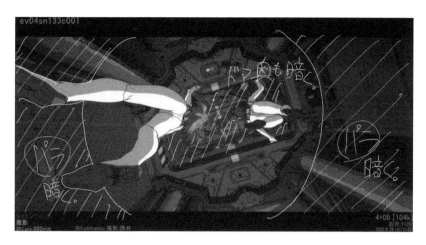

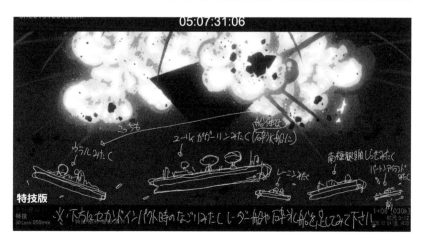

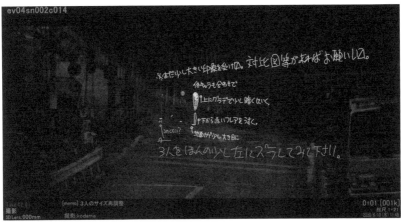

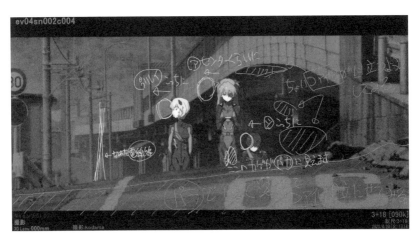

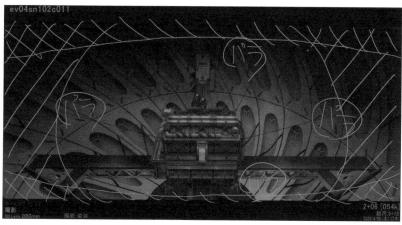

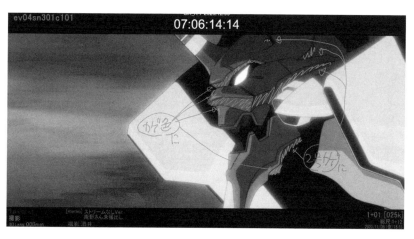

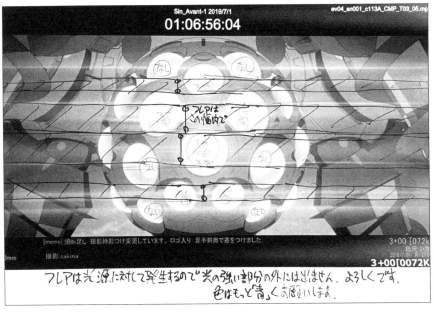

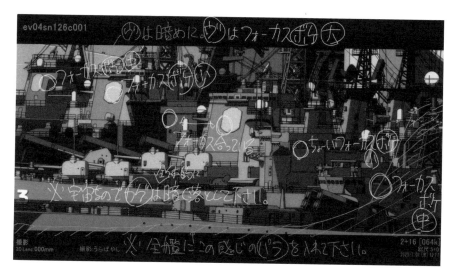

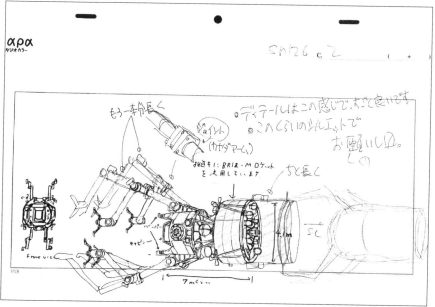

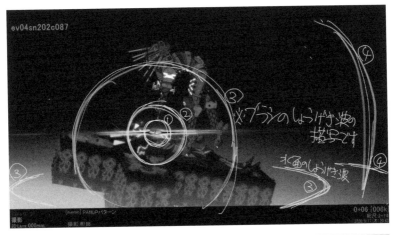

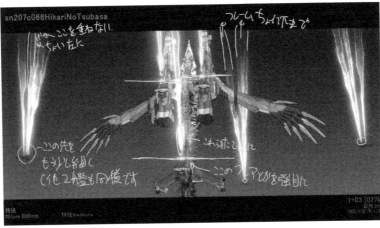

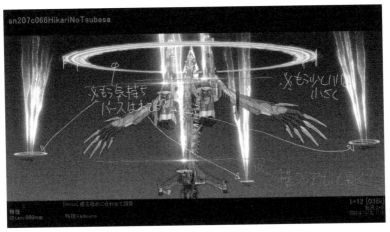

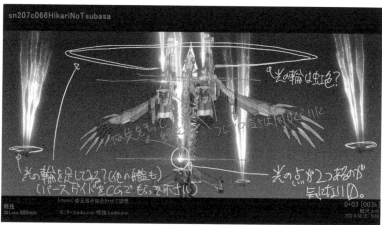

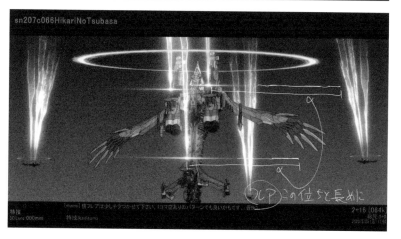

ラッシュに対するリテイク指示・修正 (メール文章)

前略。

Sn001C045、C050、C074、C079ですが、マーキングの白色等が強過ぎるかと。もう少し馴染ませて下さい。

Sn134C017の尺足らずは、編集対応で済めばそれで。

Sn007AC001のBG引きの修正を撮出し時にお願いします。

Sn008C004ですが、歩きの上下動に反応すると思うので左右に動き過ぎかなと。上下動もリズミカルな感じになると思います。尺も2秒半くらいにしてみて下さい。

Sn011C005Bですが、シンジを少し右にズラしてカット尻にトウジの左目が隠れない様にして下さい。後、6コマくらい尺足しをしておいて下さい。編集で対応できればそれで。

Sn011C007Aですが、テーブル上の瓶の透明度をもう少し下さい。今だと曇りガラスに見えるので。

Sn025C005の手の振りですが、もう少しメリハリを下さい。

Sn028AC013に枕木がないですが、これは大丈夫かと思います。

Sn043C004ですが、サイドミラーに写っている空BGも少し引いておいて下さい。

Sn048C002のジムニーは3DCGだったかと思います。コンビナートの目立つ箇所にコア化処理をお願いします。

Sn061AC001ですが、ジムニーの車体がボケ過ぎかなと。地面も奥のインフィニティーの手も少しフォーカスをボカしてキャラだけあっているのが良いかもです。後、二人のシルエットは重ならない様にシンジを右に少しズラす様、お願いします。

他はこれで進めて下さい。

よろしくお願いします。

　　　　　庵野 秀明

前略。

Sn201C009ですが、ミサトの動きが引っ掛かるので、編集室にてシート修正を試みます。シートだけでは上手くいかない時は作画修正をお願いします。

Sn202C076ですが、脚と水柱のズレの修正を願います。後、左右の脚が水面下に着いた時に水柱の頭だけでも感じさせて下さい。流用できる作画素材があればそれを足してみて下さい。

Sn301C358ですが、マリとゲンドウを白く抜いてみて下さい。

Sn301C364ですが、月の周りのタッチ線に他カットみたくブレを入れて下さい。（横線の素材で良いかと）

Sn301C592ですが、血糊にタタキをお願いします。

Sn021C008ですが、長回しなのでシンジの足元等に接地影とかを足して下さい。添付に有ります。

Sn201C051ですが、タイミング修正を編集室で探ります。

Sn208C025はFIXで。

Sn301C575Aですが、もう少しだけ逆光にするかどうかを前後の他カットが揃った時に検討します。

他はこれで進めて下さい。

よろしくお願いします。

　　　庵野 秀明

前略。
済みません。遅くなりました。

Sn201C053ですが、修正を入れるのでプリントを２４コマ目のプリントを下さい。

Sn201C104Aですが、もっと全体をスローモーション的なカットにしてみて下さい。
手前のひしゃげた爆発球のインアウトに１秒１２コマは欲しいところです。

Sn202C012ですが、カット頭の方で腕や脚を動かすのが中途半端なので無しにして下さい。

Sn202C016Cですが、対面口頭で説明します。

Sn202C016Hですが、対面口頭で説明します。

Sn202C034ですが、対面口頭で説明します。

Sn202C037ですが、対面口頭で説明します。

Sn206C017ですが、鶴巻監督に判断を貰って下さい。

Sn207C064Aですが、Aバージョン一択で上手くいかない（妙なパース等）理由を知りたいのでモデルの
配置アセットの状態を見せて下さい。後、カット尻は空全面を覆うところまでお願いします。

Sn301C273ですが、対面口頭で説明します。

Sn301C594Jですが、これでお願いします。

よろしくお願いします。

　　　　　　　　　庵野 秀明

前略。
Sn20AC005ですが、PANが上手くいっていない感じです。
検証したいので元のムービーのデータを下さい。
Sn28AC002ですが、元の写真に比べてかなり人物が小さくなっています。修正願います。

Sn28AC003ですが、左の人物の胸のクレーディトマークの貼り込みがちと乗っていない感じがします。

Sn28AC004ですが、別レイと子供のシルエットが重なり過ぎています。子供を右側にズラして下さい。
後、地面影（BLの線っぽいので可）を描き足し願います。

Sn28AC005ですが、軽く特効をお願いします。（発注済みかと思いますが）

Sn28AC008ですが、輪郭にもっと実線部分を足して下さい。

Sn28AC009ですが、別レイの顔（髪の毛の下部分）に影を追加願います。

他はこれで進めておいて下さい。
よろしくお願いします。

　　　　　　　　　庵野 秀明

前略。

済みません。遅くなりました。

Sn106C005ですが、宇宙機の位置と引き速度等を修正します。

Sn106C006ですが、上手側の船外作業者二人を外します。大きさが合いませんでした。

Sn201C010ですが、Sn201C004のモニター同様に流れていく十字描写を足してみて下さい。

Sn202C031ですが、使い所が変わったので泡を無しにして下さい。フレームをなるべく引いてカット頭にQ.T.Bを付けてみて下さい。

Sn207C012ですが、ミサトの口の実線をもう少し入れておいて下さい。

Sn208C030ですが、ラストフレームは出来るだけ上に上げておいて下さい。

Sn301C188ですが、黒目部分が明るくし過ぎた（？）感じです。何処か作り物に見えるので少し暗くしてみます。黒目のハイライトが明る過ぎる（目立ち過ぎる）気もします。（他カットも同様に修正願います）

Sn301C190ですが、同上です。

Sn301C388ですが、同上です。

Sn301C392ですが、同上です。手の部分をもっと画面に入れ込んで（左に大きくズラして）みます。

Sn301C405ですが、同上です。

Sn205C0001ですが、爆発の作画を修正します。カット袋を回して下さい。

Sn206C018Aですが、マスクを描き足します。カット袋を回して下さい。

Sn207C051ですが、爆発の原画を描きます。カット袋を回して下さい。

Sn208C042ですが、ミサトとシンジの顔を修正願います。ミサトは真顔でお願いします。

Sn301C259ですが、赤バラは無しにしてみて下さい。金具やダンパーベッド等の色を修正します。

Sn301C260ですが、赤バラは無しにしてみて下さい。金具やダンパーベッド等の色を修正します。

Sn301C261ですが、赤バラは無しにしてみて下さい。金具やダンパーベッド等の色を修正します。高尾のポーズを両目を閉じての腕組みに修正してみて下さい。

Sn301C262ですが、赤バラは無しにしてみて下さい。金具やダンパーベッド等の色を修正します。高尾のポーズを点を仰いだ感じの腕組みに修正してみて下さい。

Sn301C639ですが、既出かと思いますが、電車は黄色い元写真合わせお願いします。

他はこれで進めて下さい。

よろしくお願いします。

　　　庵野 秀明

Sn201C009ですが、ミサトの後方のブリッジの支柱が抜けている気がします。

Sn202C042ですが、特技のデータを追加願います。その際、後半の発光フレアは無しで、１６コマ目からのフィールドだけで良いかもです。

Sn301C025ですが、ゲンドウの奥の背景にDF（ちょい強目？）を入れてみて下さい。そこに直接いる感じが強過ぎるので。。。

※ここのシーン通してゲンドウの時に。

Sn301C053は同上です。

Sn301C054も同上です。初号機にもDFを入れてみて下さい。

Sn301C036Aですが、撮出しをさせて下さい。フレームの修正をします。（セルのフレーム下を切って上を生かす）

Sn301C040ですが、手の甲の赤い部分にゆっくりとした回転を足してみて下さい。

Sn301C199ですが、回遊しているレイの群がボケ過ぎかと。足の甲の影が暗すぎかと。

Sn301C259ですが、撮出しをさせて下さい。

Sn301C260ですが、撮出しをさせて下さい。

Sn301C261ですが、撮出しをさせて下さい。

Sn301C448ですが、撮出しをさせて下さい。

Sn301C457ですが、撮出しをさせて下さい。

Sn301C493ですが、撮出しをさせて下さい。

Sn301C497Bですが、撮出しをさせて下さい。

Sn301C499ですが、撮出しをさせて下さい。

Sn301C501ですが、撮出しをさせて下さい。PANのスタートが早すぎです。フレーム調整します。

Sn301C503ですが、撮出しをさせて下さい。フレーム調整します。（アスカをフレームの上に）

Sn301C504Bですが、撮出しをさせて下さい。

Sn301C514ですが、撮出しをさせて下さい。

Sn301C621ですが、兼用カットに合わせてフレームを修正します。

Sn301C630ですが、水で濡れた表現のラインを修正します。

Sn301C634ですが、海面の影の揺らぎが大き過ぎました。エヴァは８０メートルあるのでもっと細かい感じでお願いします。

Sn301C641ですが、撮出しをさせて下さい。全体的に写真の印象に近づけておいて下さい。

Sn301C653ですが、撮出しをさせて下さい。全体的に写真の印象に近づけておいて下さい。

他はこれで進めて下さい。

よろしくお願いします。

　　　庵野 秀明

前略。
Sn046C004ですが、このカットではレンズ的に手のフォーカスは合っているかと思います。BGも上手奥の木の枝と上手下の森部分は多少ピンボケになる程度かなと。演出的にも釣竿がボケるとケンスケの意図（演出意図）が、ぼやけて伝わらないかとも思います。

Sn057C007ですが、手前とかの電柱をもう少し暗い灰色にして下さい。ちとビルに混ざって溶け込んでしまっている感じがします。一番奥の電柱の電線が奥側に無いように見えるので、ちと描き足して下さい。後、地面に落ちているレーダーパーツをカビや草等を絡ませて草面と馴染ませて下さい。

ローリングは、２の弱い方がカートを押している感じがして良いのかなと。

他はこれでお願いします。

よろしくお願いします。

　　　庵野 秀明

前略。

Sn047C008はビデオを望遠で撮影して、そのトラッキング合わせで手ブレを再現して下さい。川島と轟木に撮影を頼んで下さい。

Sn129C005C006にフォギーフィルターを入れてみて下さい。旧作のアダムや序のリリスのシーン等に合わせたいです。バージョンはその場に撮影者がいたのではなく無人のイメージなのでカメラブレのないノーマルな方でお願いします。

Sn201C058のヴンダーの主ノズルの中の光はこのカットでは見えないでしょうか？
何か推進システムを感じるところがあれば良いのですが。。。

Sn205C018ですが、ぶつかった衝撃でライトが１コマ消えで明滅した感じを足してみて下さい。

他はこれで進めて下さい。

よろしくお願いします。

　　　庵野 秀明

「撮出し」についての補足

　　庵野のメールに頻出する「撮出し」とは、撮影工程のひとつ（2-3「工程」p35の「⑦撮影」を参照）であり、総監督、監督、副監督等が撮影担当者に直接指示を出しながら行われる撮影作業である。基本的に全てのカットに対して行われ、通常は撮影担当者の隣（横並び）で、担当者とともに撮影用のモニター画面を見ながら行われる（リモートで画面共有をしながら行うことも可能）。カラーではこの工程を「撮出し」と呼称しているが、他のアニメ制作会社では同様の工程に別の呼称を当てていることがある。

　　元来は撮影指示内容の整理及び確認と、素材不備がないかのチェックを指し、撮影作業に入る前に行われていたもので、特にアニメがアナログ制作されていた頃は一般的な工程、呼称だった。

付録Ⅱ

前略。

Sn103C010Aですが、親指がゲーム機から離れているのが良くないのかなと。親指をスイッチに付けたままの動きに修正願います。

Sn202C022Aですが、１３コマ目から１２コマくらいの間でダマスカス模様が浮き出て消える描写を足してみて下さい。

Sn205C021ですが、赤バラを入れておいて下さい。

Sn207C081Aですが、撮影フレームを寄り過ぎたかも知れません。ラッシュに入れて確認します。

Sn301C 413ですが、ガラスを透明では無くオレンジ色を入れてみて下さい。奥と手前の火花を作画（動画済）に変えてみて下さい。

Sn301C086Aですが、一番引いた絵でのFIXにして下さい。

Sn202C073ですが、手前に波があると何も見えないので波を入れるのなら１０５コマ目からにして下さい。その際は波のアウトが速いので１２４コマ目と１２５コマ目の間と１２７コマ目と１２９コマ目の間に中割りを１枚ずつ足して下さい。

Sn301C134ですが、編集で中抜きします。

Sn202C021Bですが、編集で中抜き等をしてみます。

他はこれで進めて下さい。

よろしくお願いします。

　　　庵野 秀明

前略。

Sn067C001Cですが、カメラワークがちとブレ過ぎな印象です。ファインダーではなくモニターを見ながらなので、シンジに向ける時も外れ過ぎな印象です。自動フォーカスもちと印象が違う感じです。
実際にカメラで撮影してみた動きを参考にしてみてもらえますか。川島、轟木に相談してみて下さい。

他はこれで進めて下さい。

よろしくお願いします。

　　　庵野 秀明

前略。

Sn002C003ですが、シンジの背中だけ逆光（C002も逆光なので）なのが気になります。シンジを明るくせず、アスカと別レイの髪の毛のノーマルを少し暗くして光源のバランスを取ってみて下さい。

Sn131C006Aですが、作画修正をします。カット袋を下さい。

Sn137C003ですが、二人の目線が直っていない気がします。

Sn143C002ですが、背景の上の方を前カットに合わせて暗くして下さい。

Sn206C026ですが、画面全体がモヤっぽいので締まった感じがしなくなっているのが気になります。撮出しをさせて下さい。影を濃くする等を試してみます。

Sn301C185Aですが、雨が見えないのが気になります。雨をもっと明るい色にしてみて下さい。

Sn301C204はMacBookのモニターだと良く分かりませんが、回遊しているレイたちがボケ過ぎな印象です。

Sn301C429ですが、前テイクとどちらが良いか編集で選びます。

Sn301C484ですが、前テイクとどちらが良いか編集で選びます。

Sn301C493Aですが、撮出しをさせて下さい。

Sn301C565ですが、撮出しをさせて下さい。

Sn301C572ですが、背景を変更します。モニターを修正します。ラストフレームのプリントを下さい。

Sn301C581ですが、撮出しをさせて下さい。

Sn301C583ですが、撮出しをさせて下さい。

Sn301C596Bですが、撮出しをさせて下さい。

Sn301C659ですが、撮出しをさせて下さい。

他はこれで進めて下さい。

よろしくお願いします。

　　　庵野 秀明

前略。
ev04_sn058_c002は、手の形やポーズがちと固すぎるのでちと鶴巻監督に見てもらって下さい。その後、またチェックさせて下さい。

ev04_sn002_c007のインフィニティーは、尺が１秒１８コマしかないので、止めで良いかと。動いているインフィニティーは、AパートSn-047まで取っておくのが吉かとも。

他は、これでお願いします。

よろしくお願いします。

　　　庵野 秀明

前略。

Sn129C009ですが、煙はカット尻に一瞬でバッと入って画面を覆う感じにして下さい。CT優先で作業願います。

Sn205C026Aですが、もっと発光感を強くしておいて下さい。

Sn301C315ですが、このカットはカメラ前にも薄くモヤをスーパーで入れて引いておいて下さい。

Sn301C488ですが、車両前の警備員の服装をロシアの冬服っぽい感じに変更願います。

Sn137C012Dですが、モニター点灯後のヘックスのラインが残り過ぎな感じです。もっと素早く消してみて下さい。CT優先で作業願います。作画の影修正は小林君にラフな指示を渡しています。

他はこれで進めて下さい。

取り急ぎ。
よろしくお願いします。

　　　庵野 秀明

前略。

Sn201C005ですが、５１９コマ目からアスカの手がシンジから離れています。
５３９コマ目でまたシンジの口元に戻る間の手をレーションを握った形にして（レーションの破片がボロボロ落ちている）しまうか、手が口元から離れないままに修正するか、をお願いします。

見せ場のカットなので、何卒よろしくお願いします。

　　　庵野 秀明

前略。

既出かもですが、田中君の的確な指摘により、以下を修正願います。

Sn301C504Bの28歳のアスカの服装をAパートのケンスケのパーカー姿（チョーカーとバンダナは無し）にして下さい。

Sn301C512からのカヲルのシーンのシンジもプラグスーツに変更して下さい。

後、Sn301C577、Sn301C577A、Sn301C578、Sn301C579、Sn301C580、Sn301C581、Sn301C583のユイをQのダイレクトエントリー時のスーツ姿にして下さい。後の羽根の様なパーツと頭のヘッドセットの様なパーツは無しで良いです。

止めが多いので作業的な負担は少ないかなと思いますが、色が揃わないと気が付かない事が多く、済みません。。。

取り急ぎ。
よろしくお願いします。

　　　庵野 秀明

前略。

Sn002C019ですが、PANの絵を1枚にまとめたデータを下さい。足りない瓦礫の位置を描き足します。

Sn204C042ですが、とにかく鬼気迫る異様な迫力が欲しいのでエフェクト処理や微少の画面動、DFや波ガラス等の処理をお願いします。できれば2本の腕フレーム上にアウトした時に微妙にカメラが追いかける様な動きが欲しいです。

Sn301C008ですが、PANのスタートを94コマ目からにしてみて下さい。

Sn301C025ですが、首が圧迫されている所にエフェクトを足してみます。マスクを作画で作成します。

Sn301C239ですが、作画の波の揺らぎがリピートになっていないので逆シート等で処理をお願いします。この辺りのシーンは旧劇場版#26みたく水の実写素材の合成もお願いします。

Sn301C505ですが、微振動の画面動やT.B、DF等もお願いします。

他はこれで進めて下さい。

よろしくお願いします。

　　　庵野 秀明

前略。

Sn007AC018ですが、特報用なので背景を抜ける様な青空（Sn061AC015）にして下さい。

Sn202C005ですが、カメラ前（8号機の空母の手前）にも通り過ぎる白線を足しておいて下さい。

Sn204C003ですが、T01_01：一コマで青と赤を交互（イデオンパターン）で良いかと。

Sn207C058ですが、肩から出ている粒々エフェクトがフレーム外まである感じにしてみて下さい。

Sn301C444ですが、シーンが揃うまで処理を保留させて下さい。

他はこれで進めて下さい。

よろしくお願いします。

　　　庵野 秀明

皆様、長きに渡り、本当に御苦労様でした。
そして、ありがとうございました。

取り急ぎ、御礼まで。
よろしくお願いします。

　　　庵野 秀明

333

付録Ⅲ

編集ラッシュに合わせて更新された
画コンテの実例

　本付録は、『シン・エヴァ』制作中に実際に使用した画コンテを実例に、編集ラッシュに合わせて作成・更新された画コンテの変遷を示すものである。

　以下は、『シン・エヴァ』Aパート内のsn009（シーン009）の画コンテが確定するまでの変遷である。

2018年5月24日版

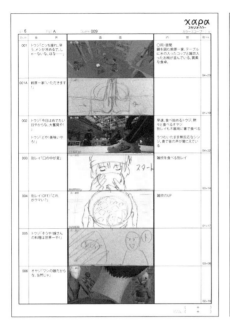
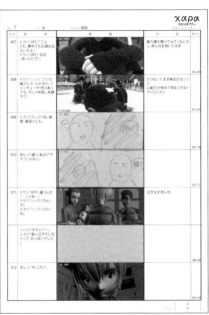
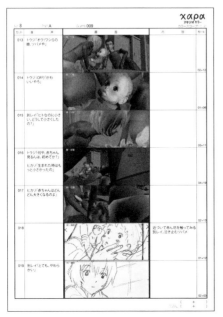
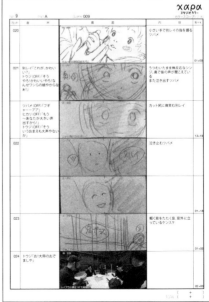

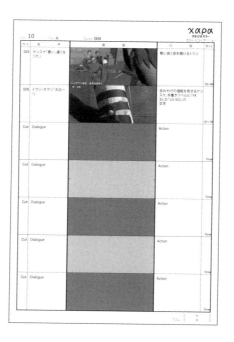

sn009として最初に画コンテ化されたもの。まずバーチャルカメラ（VC）、手描きの絵、実写写真を素材として編集が行われ、次にその編集結果が編集ラッシュとしてムービー化され、その編集ラッシュを基に画コンテが作成された。

2018年9月7日版

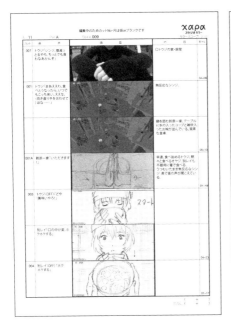

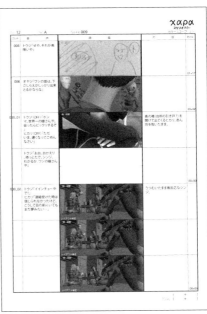

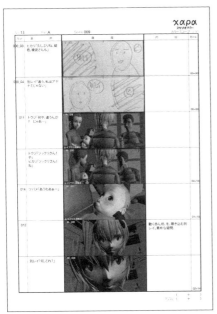

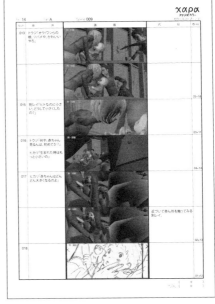

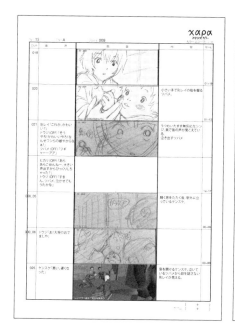
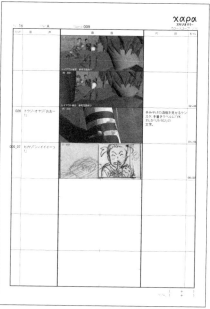

　スタッフへのアンケートの結果、脚本から書き直されて大々的に修正された。画コンテ上部に「編集中のためカットNo・尺は仮orブランクです」の注釈が付いている。

2018年9月13日版

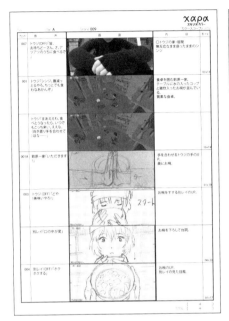

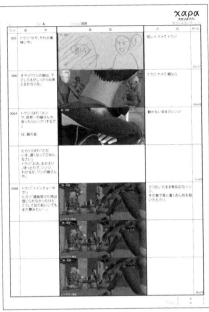

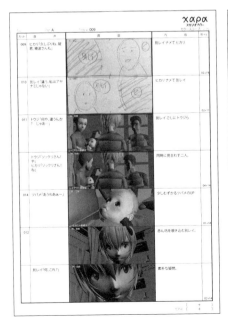

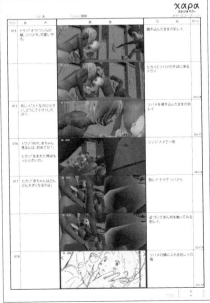

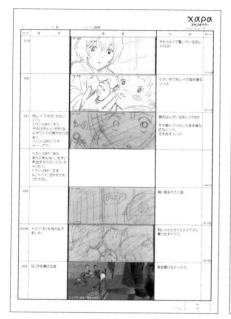

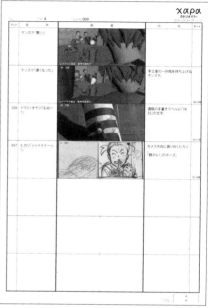

画コンテ右段「内容」に、動作や行動の指示である「ト書き」が書き加えられた。

2018年10月2日版

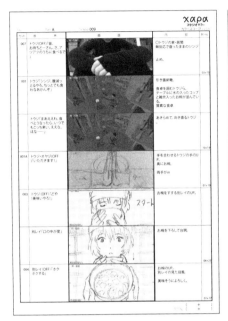

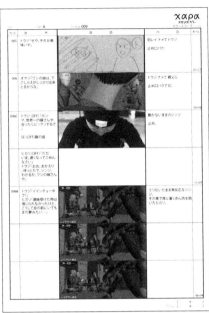

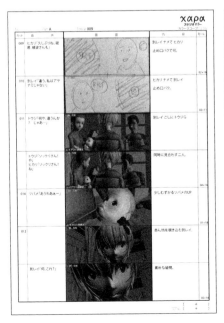

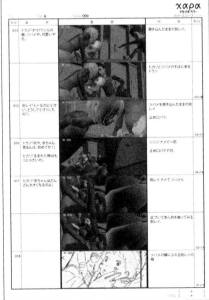

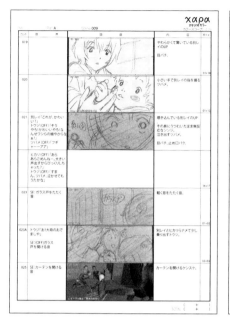

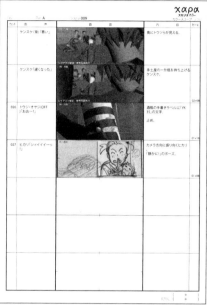

カット006の次の画を006Aから006Cに変更。また、「ト書き」が追記された。

2018年11月9日版

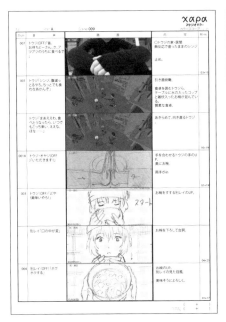

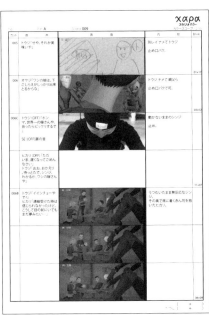

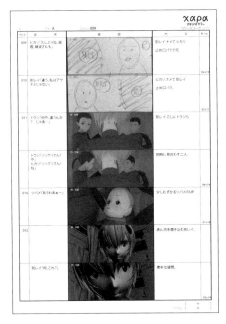

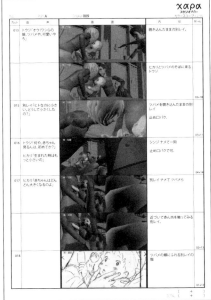

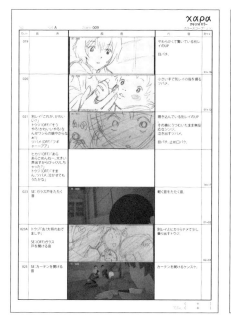

改めてバーチャルカメラ（VC）と実写撮影を行い、カット006B、011、014、023、025、026の画が差し替えられた。sn009はこの版で確定となった。

以下は、『シン・エヴァ』Aパートの画コンテ表紙の履歴である。表紙には『シン・エヴァ』のタイトル表記、パート名、更新を見込んでの「準備稿」の表記、更新した日付け、カット数、尺（時間）が記載され、編集ラッシュの更新がある程度溜まったところで画コンテは更新された。Aパートは、2018年5月24日に最初の画コンテが作成され、2020年10月23日に確定するまでに22回更新された。

2018年5月24日版

2018年6月1日版

2018年9月7日版

2018年9月10日版

2018年9月13日版

2018年9月18日版

2018年10月2日版

2018年10月17日版

2018年11月9日版

2018年12月8日版

2019年1月29日版

2019年2月27日版

2019年3月6日版

2019年3月8日版

2019年4月30日版

2019年5月15日版

2019年5月30日版

2019年6月5日版

2019年7月16日版

2019年9月19日版

2020年5月20日版

2020年9月17日版

2020年10月23日版

本書の制作協力 〔五十音順、【】内は『シン・エヴァンゲリオン劇場版』制作時の役職〕

株式会社カラー

阿部湧人　【システムマネジメント】

庵野秀明　【企画、原作、脚本、画コンテ、原画、宣伝、エグゼクティブ・プロデューサー、総監督】

安野モヨコ　【キャラクターデザイン、デザインワークス】

井関修一　【キャラクターデザイン、作画監督、アヴァン総作画監督、原画】

岡島隆敏　【制作総括プロデューサー】

緒方智幸　【配給、エグゼクティブ・プロデューサー】

鬼塚大輔　【CGI監督、画コンテ案・イメージボード、プリウィズカメラマン、アクションパートカメラマン】

川島正規　【プリウィズ制作担当】

五島瑞希　【CGIモデラー】

小林浩康　【CGIアートディレクター】

座間佳代子　【2DCGIディレクター】

島居理恵　【音楽制作、宣伝】

杉谷勇樹　【アニメーションプロデューサー】

鈴木慎之介　【システムマネジメント】

鈴木貴志　【CGIテクニカルディレクター】

田中隼人　【設定制作】

鶴巻和哉　【監督、脚本協力、プリヴィズバーチャルカメラマン、画コンテ、原画】

轟木一騎　【総監督助手、プリヴィズバーチャルカメラマン、宣伝】

長屋春華　【制作進行補佐】

西川恵　【スタジオマネジメント】

平林奈々恵　【副撮影監督】

藤田規聖　【リテイク管理】

藤原滉平　【制作進行】

前田真宏　【監督、コンセプトアートディレクター、画コンテ、美術設定、原画】

増田朋子　【美術2Dワークス】

松井祐亮　【CGIアニメーションディレクター、画コンテ案・イメージボード、CGIアニメーター、
　　　　　　プリウィズカメラマン、アクションパートカメラマン】

松原秀典　【キャラクターデザイン、原画】

三好寛　【アーカイブ協力】

村田康人　【動画検査】

山城幸誉　【制作進行】

山田豊徳　【特技監督】

若月薪太郎　【CGIモデラー】

株式会社カラー外からの協力

浅野元 【デザインワークス、原画】

稲田有華 【原画】

渭原敏明 【デザインワークス、メカニックデザイン、ディテールワークス】

臼木皓亮 【制作進行補佐】

加藤亜姫 【宣伝】

金世俊 【メカ作画監督、メカニックデザイン、原画】

小堀史絵 【デザインワークス、原画】

清水一達 【撮影管理】

鈴木俊二 【原画】

高倉武史 【デザインワークス、メカニックデザイン、ディテールワークス】

田中達也 【ディテールワークス】

辻田恵美 【編集】

錦織敦史 【キャラクターデザイン、総作画監督、原画、デジタル作画修正】

丹羽真結子 【編集助手】

林明美 【原画】

福士亨 【撮影監督】

増田勇翔 【宣伝補佐】

谷田部透湖 【副監督、原画、デジタル作画修正】

山下いくと 【主・メカニックデザイン、デザインワークス、原画】

有限会社Wish 【仕上げ、制作協力】

株式会社でほぎゃらりー 【美術背景】

株式会社グラウンドワークス：

神村靖宏 【宣伝、版権管理】

神村典子 【宣伝】

佐竹寛 【版権管理】

特定非営利活動法人アニメ特撮アーカイブ機構（ATAC）

辻壮一 【アーカイブ協力】

一柳理 伊藤貴一 上野大樹 金井淳之介 熊坂賢二 相良浩一 塩田昌之
清水圭介 関川知里 髙橋茜 田渕美紀 百束泰俊 村瀬拓男

プロジェクト・シン・エヴァンゲリオン
―実績・省察・評価・総括―

初版発行　2023年7月14日
2刷発行　2023年8月30日

企画・制作／株式会社カラー
アートディレクション・デザイン／市古斉史（TGB design.）
デザイン／奥野真行（HOMEAL1）
編集／田渕浩久（株式会社グラウンドワークス：）、島居理恵（株式会社カラー）
制作・取材・執筆／成田和優（株式会社カラー）

校正協力／鷗来堂

発行：株式会社カラー
販売：株式会社グラウンドワークス：
　　　東京都杉並区上荻4-9-8

EVANGELION STORE
https://www.evastore.jp/

印刷・製本　大日本印刷株式会社

ISBN978-4-905033-31-8
Printed in Japan
©カラー